国家出版基金项目
NATIONAL PUBLICATION FOUNDATION

中国盐业考古与盐业文明

丛书主编◎李水城

滇藏地区的盐业与地方文明

李何春 著

西南交通大学出版社
·成都·

图书在版编目（CIP）数据

滇藏地区的盐业与地方文明 / 李何春著. —成都：西南交通大学出版社，2019.10（2022.11 重印）
（中国盐业考古与盐业文明）
国家出版基金资助项目
ISBN 978-7-5643-7200-2

Ⅰ.①滇… Ⅱ.①李… Ⅲ.①盐业史－研究－云南②盐业史－研究－西藏 Ⅳ.①F426.82

中国版本图书馆 CIP 数据核字（2019）第 234918 号

国家出版基金资助项目
中国盐业考古与盐业文明

Dian-Zang Diqu de Yanye yu Difang Wenming

滇藏地区的盐业与地方文明

李何春　著

出 版 人	阳　晓
责 任 编 辑	居碧娟
封 面 设 计	原谋书装
出 版 发 行	西南交通大学出版社 （四川省成都市金牛区二环路北一段 111 号 西南交通大学创新大厦 21 楼）
发行部电话	028-87600564　028-87600533
邮 政 编 码	610031
网　　　址	http://www.xnjdcbs.com
印　　　刷	成都市金雅迪彩色印刷有限公司
成 品 尺 寸	170 mm×240 mm
印　　　张	17.5
字　　　数	291 千
版　　　次	2019 年 10 月第 1 版
印　　　次	2022 年 11 月第 2 次
书　　　号	ISBN 978-7-5643-7200-2
定　　　价	69.00 元

图书如有印装质量问题　本社负责退换
版权所有　盗版必究　举报电话：028-87600562

中国盐业考古与盐业文明丛书编委会

主编 李水城

编委 （以姓氏笔画为序）

王子今 李小波

李何春 赵 逵

总序

2016年，我和北大中文系李零教授向国家出版基金办公室推荐了"中国盐业考古与盐业文明"丛书出版项目。这套学术著作包括：《中国盐业考古》（李水城，北京大学）、《秦汉盐史论稿》（王子今，中国人民大学）、《长江上游古代盐业开发与城镇景观研究》（李小波，四川师范大学）、《中国古代盐道》（赵逵、张晓莉，华中科技大学）、《滇藏地区的盐业与地方文明》（李何春，云南民族大学）。以上学术著作分别从考古学与民族志、历史学与古文献学、交通史、历史地理学、文化线路、文化人类学的不同视角对中国古代的制盐遗址、制盐工艺与技术、盐政以及与盐有关的贸易通道、城镇发展、盐产区的景观环境和文化习俗等进行了广泛、深入的研究，可以说是全方位地对中国盐业发展的历史和研究做了系统展示。最近，这套学术著作即将出版，这无论是对学术界还是对出版界都是一件值得庆贺的喜事，借此机会表示衷心的祝贺！

盐是人类日常生活的必需品，看似极为普通，但却是维系地球生命繁衍生存的重要元素，其作用就如同空气、粮食和水一样。食盐的主要成分为氯化钠。盐的重要性在于它能够保障人体的新陈代谢、血液循环，增强神经和肌肉的兴奋性，还能调节体内酸碱平衡，使血压维持正常。可见，盐对人的生存和健康是何等重要！

盐的重要性还在于它关乎国计民生，盐税在历史上曾是国家财政的支柱和赋税的重要来源。因此，中国历朝历代都将盐当作战略资源来掌控。先秦时期，齐国的"管仲相桓公，霸诸侯，一匡天下"（《论语·宪问》）；汉昭帝时，组织召开了一场关于盐铁专卖政策的大讨论，即著名的盐铁会议，最终朝廷将盐、铁视为国家的经济支柱；盛唐一代，盐税几占国家财政总收入的一半；宋代以后，朝廷更是将盐税全部收归国有。由此不难看出，

"盐"对一个王朝、一个国家的政权稳固和社会安定是多么重要,无怪乎中国古人很早就将盐视为"国之大宝"。

中国古人开采过池盐、井盐、海盐和岩盐。传说古代山东沿海的"宿沙氏煮海为盐",有说宿沙氏为黄帝臣,也有说是炎帝的诸侯。总之,早在新石器时代人们就知道采卤制盐了。四川出土的汉代画像砖就有开采井盐的生动画面。但过去传统研究盐史和盐文化主要依靠文献记载,多有局限。盐业考古是我国近些年来才有计划地开展起来的新领域。较早的工作从长江三峡起步,特别是对重庆忠县中坝遗址的考古发掘。接下来在黄河三角洲的莱州湾地区发现了大量煮海盐的遗迹,数量多达700余处,规模巨大。此后,又在全国其他地方陆续调查发现不少制盐遗址。以上工作的绝大部分是在北京大学考古系李水城教授的主持下进行的。其中,有些是与国外学者合作的,有些是与相关学科的科技工作者协作开展的,可谓国际合作和多学科协作的成功典范。李水城教授和美国加州大学的罗泰(Lothar von Falkenhausen)教授还在此基础上主编出版了几部中国盐业考古文集,并在《南方文物》开设"盐业考古"专栏,向学术界和公众介绍中国盐业考古的发现和研究,所取得的诸多成果已引起国内外学术界的广泛关注和高度评价。由此也显示出盐业考古是个非常具有潜力的新兴研究领域。

以李水城教授为代表的一批学者不仅迅速填补了中国盐业考古的长期空白,在中国考古学中建立起盐业考古这一分支学科,还极大地推进了中国盐业史和盐文化的研究。在即将出版的"中国盐业考古与盐业文明"这套丛书中,李水城所著《中国盐业考古》一书不但对中国的盐业考古做了全面介绍,同时还介绍了欧美与亚非拉等地的盐业考古情况以及有关的人类学调查研究,视野广阔,提供了比较研究的大量资料。

我是做考古研究的,难免对盐业考古说的话比较多。其他几部书的内容也非常的丰富多彩,涉及盐史、盐文化和文化遗产的方方面面,有些领域我不是很熟悉,就不赘述了。相信这套著作的出版,必将对中国盐业史、盐业考古乃至中国经济发展史、科技史和文化史的研究起到积极的推动作用。

2019年5月10日

目 录

导 论 / 001

第一节 滇藏地区的盐业资源概述 / 002
  一、西藏自治区境内的盐业资源及其交易 / 003
  二、云南省境内的盐业资源及盐务概述 / 005

第二节 盐：人类文明不可或缺的要素 / 009
  一、盐之大义：生理上不可或缺之物 / 010
  二、盐之贸易：族群互动的催化剂 / 012
  三、盐之税收：国家视野下的权和利 / 014

第三节 本书关注的问题及研究倾向 / 019
  一、研究的立足点 / 019
  二、研究的路径 / 020

上篇 历史篇

第一章 远古至两汉：澜沧江流域的族群及盐的利用与开发 / 024

第一节 文明伊始：滇藏地区早期人类的活动及社会形态 / 025
  一、人类在青藏高原上活动的历史考察 / 025
  二、滇藏地区早期人类活动的考古发现 / 028
  三、川滇藏交界地区早期人类的生活形态 / 034

第二节　商周至两汉时期滇藏地区的族群及盐业开发 / 036
　　一、古羌族四个文明区的形成与盐泉之关系 / 036
　　二、古羌分化及南下寻找盐泉 / 038
　　三、两汉及以前云南重要盐区与地方民族的关系 / 042
　　四、南中大姓和爨氏时期云南境内盐的开发与利用 / 049

第二章　唐代滇藏地区的盐业资源及其争夺 / 054

第一节　青藏高原东南部食盐争夺的神话传说 / 055
　　一、英雄史诗中的盐池之战 / 055
　　二、姜岭大战有关问题论述 / 056
第二节　吐蕃境内的盐业资源及其交换 / 059
　　一、吐蕃境内的藏北湖盐 / 059
　　二、吐蕃时期藏北的盐粮交换 / 061
第三节　南诏境内的盐业资源及生产技术 / 062
　　一、南诏境内的盐业资源分布 / 063
　　二、南诏境内的盐业生产技术考察 / 066
第四节　川西及滇中地区的盐池之争 / 070
　　一、吐蕃、南诏和唐王朝之关系 / 070
　　二、川西及滇中的盐池之争 / 074

第三章　元明清时期的云南盐业与地方文明 / 076

第一节　元明清时期的云南盐业生产及盐务概述 / 077
　　一、元明清时期云南境内的盐井及其分布 / 077
　　二、元代以来云南盐务管理机构的形成与变迁 / 082
　　三、明代云南盐法开中制及其成效 / 087
　　四、明清两代的云南盐税收入概况 / 089

第二节　明清以来云南三大盐区的形成与地方文明 / 091
　　一、滇中盐业文明区 / 091
　　二、滇西盐业文明区 / 103
　　三、滇南盐业文明区 / 114

第四章　变动的时代：民国时期的云南盐业及其在地方社会中的意义 / 119

第一节　民国时期云南盐务管理体系及运销制度 / 120
　　一、三大盐区盐务管理机构的变革 / 120
　　二、三大盐区运销制度及其变迁 / 127
第二节　民国时期云南盐业生产及产量概述 / 133
　　一、民国时期的云南盐业生产技术 / 133
　　二、民国时期云南盐区各盐场的产量 / 137
第三节　民国时期云南盐税征收及地方截留问题 / 144
　　一、民国时期云南盐税征收情况 / 144
　　二、民国时期云南盐税地方截留问题 / 148

下篇　现代篇

第五章　滇藏地区澜沧江上游的营盐村落 / 158

第一节　西藏东部传统晒盐村落 / 159
　　一、类乌齐县吉亚村 / 159
　　二、芒康县晒盐三村 / 161
第二节　滇西沘江流域的传统制盐村落 / 163
　　一、云龙县境内制盐四村 / 163
　　二、兰坪县境内啦井村 / 176

第三节　滇藏地区营盐村落的地方历史 / 180
　　一、动荡的川边：不同政权下的西藏盐井地方社会 / 180
　　二、江内与江外：滇西云龙井盐产地的地方历史 / 183

第六章　滇藏地区的盐业生计及其变迁 / 193

第一节　盐粮交换：西藏东部盐井村落的生计模式 / 194
　　一、盐业 / 194
　　二、农业 / 197
　　三、商业 / 199
　　四、种植业 / 201
　　五、采集业 / 203

第二节　滇藏地区盐村的繁荣、衰落与发展 / 205
　　一、以井代耕：盐在地方经济社会中的作用 / 206
　　二、盐业时代：滇西云龙制盐工艺及地方记忆 / 210
　　三、村寨旅游：滇藏两地传统盐村的开发与利用 / 222

第七章　盐与文明：滇藏地区多元文化的互动与交融 / 226

第一节　路与桥：盐的交换及其载体 / 227
　　一、盐路：人马通行之孔道 / 227
　　二、古桥：因盐而兴的古道遗风 / 233

第二节　从聚落到民俗：盐在地方多元文化中的比较分析 / 241
　　一、制盐村落的格局及各类建筑 / 241
　　二、盐与地方饮食文化 / 247

参考文献 / 253
后　记 / 267

导论

  盐是物质世界中较微小的颗粒,却可以从最基本的家庭调味品,变成一种能影响区域、民族和国家的特殊商品。盐在早期被人开发和利用后,便不断促进族群迁徙和分化;其后又在民族交往交流和交融过程中发挥着不容忽视的作用,有效促进了聚落的形成。盐的生产、流通和消费,不断让一个个小型的制盐村落同更大的复杂社会紧密联系起来。通过对盐文化的研究发现,围绕盐可以形成不同的区域文化,在一个以盐为核心的区域文化中,人们又可以看到不同的制盐技术、不同的村落格局、不同的历史记忆、不同的饮食文化,等等。

  一个地方的盐业生产达到一定规模后,盐的生产和运输往往被地方政权或国家控制,上贡或纳税使得再偏远的地区也能同中央保持一定的联系。这是地方同国家层面进行互动的基本路径之一。

  盐,自从人类发现它、认识到它是人类生存不可或缺的物质开始,就逐渐从自然界走进国家的视野,并成为各方势力争夺的对象。自春秋以来,盐已是国家掌控的重要资源,盐税逐渐成为国家财政收入的重要组成部分。

  有关盐的史料、地方志以及各类论著可谓不胜枚举。客观来说,这些记载和论述为我们理解和掌握中国博大精深的盐文化提供了良好的素材和较好的参考点。但是,纵观各类作品,应该说停留在历史层面的宏观解读多于微观的比较研究。笔者曾指出,中国盐文化的研究,较多地关注了那些在历史上对国家和地方影响深远的大型盐场,但是对边疆地区的传统小型盐场关注得还不够，①其原因无非是国家对这些小型盐场管控时间短，影响较为有限，也有一些观点认为这些盐场对当下的社会启发意义较弱。恰恰相反，这些盐场长期以来承担着较多少数民族的食盐消费任务，并能有效促进各个民族之间的交流和交往。从这个层面出发，它们更应该受到学界的重视。

事实上，任何一个盐场对当地社会都有或多或少的影响。那么如何判断盐场对一个地区或民族的影响呢？从制度层面来说，中央管控的程度越深，其影响也越大。原因是中央集中管控的这些盐场投入的资金多，产量也高，盐税所占比例较大，地方财政收入往往依赖这些盐场。但是，从一定程度上来说，国家所关注的盐场多数是那些已成规模、区位优势明显的盐场。然而，从制度层面来评价和考量一个盐场在地区或民族中的作用，就盐这一特殊的产品而言，似乎还忽视了人类对其特有的依赖性。尽管人对盐的摄取量并不大，但"人体若长期缺盐，血液里的钠、氯等电离子比例会失调，体液循环出现紊乱，轻则使人疲乏无力，食欲缺乏，消化不良，头晕目眩；重则心神恍惚，肌肉痉挛，甚至昏迷，危及生命"②。因此，毫不夸张地说，盐对人类社会的每一个个体、每一个民族、每一个区域都发挥着不可替代的作用。

第一节　滇藏地区的盐业资源概述

人类对盐的需求是一种共性的存在，全世界各国（地区）或多或少都有盐业资源的分布，有的地区利用海水来制作卤水，进一步提炼出盐；有的地区则利用地下的卤水资源，经熬制或蒸发（晒卤）来获得食盐；也有绝少部分地区，通过燃烧植物的茎或叶，进一步提取到少量盐分。人类获取食盐的

---

① 李何春：《动力与桎梏：澜沧江峡谷的盐与税》，中山大学出版社2016年版，第14页。
② 夏建军：《说盐与用盐：食盐知识与生活用盐经验》，人民军医出版社2008年版，第38页。

| 导 论 |

途径大抵是相同的，只是在生产技术方面有所不同而已。

一、西藏自治区境内的盐业资源及其交易

从地理环境来看，西藏自治区位于青藏高原西南部，该地区海拔高、气候恶劣、资源有限。尽管如此，青藏高原作为"世界屋脊"，并非一开始就有这么高的海拔。2.8亿年前的乌拉尔统时期，青藏高原还处在一片汪洋大海之中。后印度洋板块与亚欧板块冲撞挤压等一系列构造运动使得青藏高原被不断抬高。不过，抬高的速度并非人们想象中的那么激烈、持久，而是时续时停，也有匀速上升的时期。通过对地质的了解，学界指出，这一系列运动对西北地区的成盐有重要的影响。①青藏高原被抬升之后，内部的海水不断沉降，在挤压的作用下形成了盐矿。盐矿经地下水溶解后，形成卤水，再经江水切割，冒出地面，终被人类或动物发现。

西藏的井盐主要分布在藏东昌都市的类乌齐县、贡觉县和芒康县等境内，通过实地考察发现，类乌齐县境内的甲桑卡乡有吉亚盐田，芒康县境内的纳西民族乡有盐井盐田，贡觉县境内有油札盐矿。②类乌齐和芒康二县同属澜沧江流域，均采用传统的晒盐技术获取食盐。不过，让人惊奇的是在工业发达的今天，当地民族还在采用这项传统的技术来生产盐巴。类乌齐县境内产盐时间较晚，当在中华人民共和国成立后。该盐场产量较低，仅供周边民族饲养牲畜以及本地食用。芒康县境内的盐井产盐历史较早，各处有盐泉。③当地的盐田分布在澜沧江两岸，其面积较大，产量高，主要在川滇藏

---

① 袁见齐：《中国盐类矿床的成矿规律》，见《袁见齐教授盐矿地质论文选集》，学苑出版社1989年版，第216页。

② 地方记录该盐矿"位于贡觉县哈家乡油札村，海拔3700米。盐层埋深140米至260米，厚度137米至309米，平均厚度188.32米，钻探已控制的盐层面积为3.5平方千米，呈一大型透镜体状。含氯化钠平均品位38%左右，探明C+D级氯化钠3亿吨。自油札盐矿向北，位于同一红层盆地中的还有察那托和草尔茶卡盐泉，卤水均自侵蚀冲积层中流出，全年流量分别为6780.6立方米和4229.2立方米，含盐量分别为224 104吨和94 948吨"。见西藏昌都地区地方志编纂委员会编《昌都地区志》（上册），方志出版社2005年版，第82页。

③ 方志记录："盐井一带的盐泉点，北起拉久徐，南至木水，沿澜沧江西岸，长达3余千米均有出露。共有盐泉83个，分12群，其流量为：加达乡泉点298米^3/日，上盐井泉182米^3/日，下盐井泉点149米^3/日。卤水化学成分以氯化钠为主。年产量100万公斤。"见西藏昌都地区地方志编纂委员会编《昌都地区志》（上册），方志出版社2005年版，第82页。

交界区进行交易。

藏北还有为数较多的池盐分布，袁见齐在论述西北地区的盐产区时指出："高原气候，以酷寒为特征，年平均气温不足5℃，年差日差均巨，皆在20℃以上，风势强劲，雨量稀少，年不过百余毫米。气压低下，蒸发力强。湖泊之中，水量日减，盐质自增，或结晶而出，以成池盐。"[1]藏北湖盐丰富，但是环境恶劣，路途遥远，目前学界在这方面的认识和研究还较为不足。牧民到藏北采盐的历史悠久。学界认为人们对藏北池盐的利用可追溯至7世纪松赞干布之父囊日松赞执政时期。《贤者喜宴——吐蕃史译注》中提及了这样一则传说：囊日松赞时期，有名为昌戈波（sprang-dgav-po）和木崩仁（rmu-dpung-ring）的两位力士为其侍者。一天，牛群中有一头名为泰嘎如仁的北方疯野牛被力士所杀，其肉被悬挂在马鞍之上。然而肉不小心掉落在地上，沾附了盐巴，人们突然发现咸肉特别美味，于是开始学会获取食盐，并形成了到北方采运食盐的习俗。[2]

学者曾指出藏北"仅马尔盖茶卡的储量，可供全西藏人食用一万年以上，而该湖仅是藏北众多盐湖中的一个"[3]，可以想象其储藏量有多大。此外，学界对此有一些零星的描述，如李坚尚指出："藏北地区的食盐（其中包括碱），纯系大（自）然产物，不用加工，只要有人力和畜力，即可前往挖掘装运，投入交换的领域。出产这类食盐的地域，遍布藏北地区，如巴青、比如、聂荣、嘉黎、那曲、当雄、安多、班戈、申扎及阿里地区的改则、革吉、噶尔等。"[4]周猛对位于藏北高原湖盆区的改则县情况进行了介绍：一是这里的湖泊星罗棋布，而且多是咸水湖，可供湖盐开发和利用；二是对当地盐粮交换的历史进行了解读，认为改则的盐粮交换最初起源于色锅部落，起源时间在约900年前色锅部落形成之初；三是交换的情况，藏民先是制作装盐的工具，一般是用羊毛制成线，再按照羊的大小来缝制盐袋子，

---

[1] 袁见齐：《西北盐产概论》，见《袁见齐教授盐矿地质论文选集》，学苑出版社1989年版，第14页。
[2] 巴卧·祖拉陈瓦：《贤者喜宴——吐蕃史译注》，黄颢、周润年译注，中央民族大学出版社2010年版，第15页。此外，铁木尔·达瓦买提在所著的《中国少数民族文化大辞典·西南地区卷》中，也持同样的观点，认为是在囊日松赞时期，"从北方拉措湖取得食盐，从此开始了食盐之习俗"。见铁木尔·达瓦买提《中国少数民族文化大辞典·西南地区卷》，民族出版社1998年版，第453页。
[3] 李坚尚：《盐粮交换及其对西藏社会的影响》，《西藏研究》1994年第1期，第47页。
[4] 李坚尚：《盐粮交换及其对西藏社会的影响》，《西藏研究》1994年第1期，第47页。

色锅部落时期盐袋子比较小,一般可装食盐 20 公斤,装粮食 15 公斤。在帮巴、改则部落则用牛来驮盐,盐袋子自然要大些,一般可装 40 公斤粮食。驮队规模少则三四人,多则七八人,自西线可进入尼泊尔境内,自南线则可达中印交界地区进行定点交换。①

二、云南省境内的盐业资源及盐务概述

云南省境内的盐业资源被人类发现并利用的历史比较悠久,据地方志记载,汉代盐的开发已成规模,国家在产盐处设立盐官,对盐业进行管控。

云南省境内的盐矿资源,主要为地下固相的岩盐和液相的盐泉,后者当是前者被地下水溶解后形成的。地质学家袁见齐曾指出:"云南盐矿,虽属岩盐与卤水俱备,然后者即系前者之化身,因含盐地层,被地下水渗入,或采盐之处,地近沟谷之旁,而在河面之下,或系低洼之处,地下水易聚之所,原来含岩盐之层,恒被其融化,若凿井取泉,则系卤水。"②盐泉在地质变化或江水的冲刷、切割下容易露出地表,成为人类最早发现的盐泉。从各类传说所记载的情况来看,人类多是依赖动物的习性,如羊群经常去某个地方或牛常常舔一个地方的岩石等,在这些地方人类均可发现盐泉。这类动物,有的是家畜,如羊、牛等;有的是如猴子、老鹰等野生动物。这些动物都有一个共同的特点,那就是天生对盐有依赖性,生理上的反应通常比人类敏感。

就盐矿的成因而言,云南省和全国其他地方基本相同,即"由于造山运动后,常常会形成一些大的封闭的坳陷(或盆地),这些坳陷(或盆地)为盐类沉积提供了良好的场所,当盐类物质来源丰富,气候干旱蒸发强烈时,便沉积了规模巨大的岩盐矿床,燕山运动后,沉积了广布的白垩—第三纪岩盐矿床,云南绝大部分岩盐即在这一地质时代沉积的"③。

云南省境内盐矿的成盐时期主要是侏罗纪和白垩纪。前者的盐矿主要分布于楚雄到昆明附近的安宁、富民等地,含盐层位于上侏罗统。这个区

---

① 周猛:《藏西北牧区的盐粮交换》,《中国民族》2012年第5期,第38页。
② 袁见齐:《滇中盐矿》,见《袁见齐教授盐矿地质论文选集》,学苑出版社1989年版,第1页。
③ 云南省地方志编纂委员会:《云南省志·卷十九 盐业志》,云南人民出版社1993年版,第60页。

域盐井开发和利用较早,有汉朝时就设盐官的安宁井。白垩纪盐盆分布较广,涉及滇中、滇西和滇南三大区域,其中滇中地区含禄丰的元永井、黑井、阿陋井和大姚境内的石羊（即白盐井）等矿区；滇西的盐盆主要分布在云龙、兰坪、乔后等矿区；滇南的盐盆则广泛分布在思茅坳陷区内,主要是属于上白垩统的古新勐野①井组,包含镇沅—景谷、磨黑—整董、勐腊、江城和复兴5个含盐带。②应该说,云南省境内的盐业资源非常丰富,据20世纪90年代的统计数据,已经探明的盐储量,滇中地区为1 413 339.8万吨,滇西地区为5847.7万吨,③滇南地区为1 393 525.8万吨,全省合计储量为2 812 713.3万吨。④应该说,云南省境内盐业资源储量比上述统计数据还要高,如滇中地区的储量中并未包括大姚县的石羊矿区,据估算,该盐区表外储量达1709.59万吨。⑤而滇西地区的统计数据又未包含云龙井,此处通过地质勘探,估计盐的远景储量将达15亿吨。⑥从盐泉的含盐量来看,滇中地区和滇西地区较高。滇中地区最高可达269.95克/升（禄丰县黑井裕济井）,最低为7.48克/升（元谋县江边盐水井）,其他盐井的盐泉普遍为20～100克/升,部分达160克/升以上；滇西地区含盐量最高可达300克/升（云龙县顺荡井）,最低为16.33克/升（云龙县检槽乡文兴东南）；滇南地区的盐泉含盐量普遍偏中等,最高为92.65克/升（景谷县文海）,最低为15.74克/升,其他盐泉为20～86克/升；滇东北地区的盐泉的含盐量为全省最低,多数在11克/升以下,最高也仅为20.68克/升。⑦这也决定了有些盐泉因含盐量低不利于开发,而开发较早的盐泉往往含盐量高,利用时间长。从盐质来看,滇中和滇西的较好,如黑井、白井、啦鸡⑧井等所产盐品因盐

---

① 有的文献中"勐野"也作"猛野",本书中两种写法实为同一井的不同称呼。
② 云南省地方志编纂委员会：《云南省志·卷十九 盐业志》,云南人民出版社1993年版,第62页。
③ 这个数据仅涉及洱源县乔后和兰坪县啦鸡两处,未包含云龙境内的储量。
④ 云南省地方志编纂委员会：《云南省志·卷十九 盐业志》,云南人民出版社1993年版,第80页。
⑤ 大姚县地方志办公室：《大姚县盐业志》,楚雄日报社印刷2002年版,第11页。
⑥ 《云龙盐矿前期工作总结》,见云龙县档案馆资料,卷宗号：8-19-1。
⑦ 云南省地方志编纂委员会：《云南省志·卷十九 盐业志》,云南人民出版社1993年版,第82-84页。
⑧ 此处的"啦鸡井"与其他文献中的"喇鸡井""拉井""啦井""喇井""喇鸡鸣井""啦鸡鸣井"等为同一盐井。

质最好而深受欢迎。①

通过对地质成因以及地下盐矿分布的分析，可以判断盐业资源的分布决定了云南几大盐区的形成。总体来说，云南省分三大盐区，即滇中、滇西和滇南。其中，滇中和滇西开发时间较早，均可追溯至汉代；滇南地区开发时间在唐代，清代之后才得到进一步发展。

云南盐井的发展呈现出从单井到多井的趋势特点，随着越来越多外来人来开井，盐井附近人口渐渐增长，继而逐渐形成盐区。汉时的盐区，主要是滇中的安宁（今同名）、比苏（今云龙、兰坪一带）、青蛉②、姑复③等地，盐井数量却无资料记载，难以考证。唐时，在原来的盐井基础之上，禄丰、剑川、景谷、洱源等地也有盐井开发。据史料记载，云南境内"其盐出处甚多，煎煮则少"，但不见具体的盐井数量记载，仅提及安宁井城内都是石头砌成的盐井，城外有四井，劝百姓煮盐。④而其他史料记载，南诏时期境内的盐井有四十处，姚安白盐井和楚雄黑井盐品最佳。⑤

元代，从史料记载来看，盐井数量并不比唐代多。这和元时云南的政局不稳定有关。

明代，云南盐业进入发展期，盐井数量得到记载。据《滇略》所载，楚雄有七井，姚安有十井，大理云龙县境内有十一井，安宁有五井，鹤庆有二井，武定有二井，全省共有三十七井。⑥应该说，《滇略》所记主要为生产规模较大的盐井，但是除此之外，还有一些小井。如黑井为几个盐井的总称，并非单井，所辖井数达五十一个。那样算起来，云南省境内的各类大小盐井不在少数。

---

① 牛鸿斌、文明元、李春龙等点校：《新纂云南通志7》卷一百四十七，云南人民出版社2007年版，第209页。
② 据方国瑜考证为今云南省楚雄自治州永仁县、大姚县。见方国瑜《中国西南历史地理考释》，中华书局1987年版，第95页。
③ 据方国瑜考证为今云南省丽江市华坪县境内。见方国瑜《中国西南历史地理考释》，中华书局1987年版，第89页。
④ ［唐］樊绰纂，向达校注：《蛮书校注》，中华书局1962年版，第184页。
⑤ ［明］倪辂辑，［清］王崧校理，[清]胡蔚增订，木芹会证：《南诏野史会证》，云南人民出版社1990年版，第379页。
⑥ ［明］谢肇淛：《滇略》卷三《产略》，见方国瑜《云南史料丛刊》（第六卷），云南大学出版社2000年版，第691页。

清代是云南境内盐业发展的黄金时期。清初设黑井、白井、石膏井三提举司，并设黑井、白井、阿陋井、弥沙井大使各一人。云龙井设大使四人。由此来看，清代的盐井依然主要分布在滇中、滇西和滇南三个地区。盐井数量在不同时期也在不断发生变化。

清初，据《全滇盐政考》，云南省境内有盐井九处。后人言："按《全滇盐政考》井有九，黑、白、琅、云龙、安宁、阿陋、只旧、弥、沙景东也。"①可见，这个时期盐井主要集中在滇中和滇西两个地区。但是到了雍正元年（1723年）之后，云南境内盐井数增加至十五口，新增按板、抱母、丽江、磨黑、勐野、乌得，计六井。②其中除了丽江井在滇西之外，其余均分布在滇南一区。从文献来看，雍正二年（1724年）开始，云南进入开井的巅峰时期，雍正年间先后开按板、抱母③、勐野（土井）、磨黑、磨弄④等井；乾隆年间又在姚安新开盐井。⑤到乾隆十六年（1751年），朝廷题定有盐额的盐井数为十八口，分别为：黑盐井、白盐井、安丰井、丽江井、老姆井、琅盐井、安宁井、云龙井、阿陋井、只旧井、草溪井、抱母井、香盐井、按板井、恩耕井、景东井、弥沙井、磨黑井等。⑥其中，滇南地区除了磨黑井之外，还有一些小井，如慢磨井、猛茄井、木城井、安乐井等。直至乾隆五十八年（1793年），滇南盐区的磨黑和慢磨二井缺额，于是开石膏箐井（即石膏井）来补缺。⑦

嘉庆时期，滇南盐区较有起色，特别是石膏箐井的开发，促进了这个地区盐业的发展。至嘉庆十八年（1813年），因石膏箐井产量增加，长期以来一直食用粤盐的开化、文山两府改食石膏箐井盐。道光时期，云南盐产量下

---

① 刘孟弘：《盐法考略》。见清代周钺纂修《云南大理文史资料选辑·地方志之六·雍正宾川州志》，大理白族自治州文化局1984年版，第119页。
② 黄培林、钟长永：《滇盐史论》，四川人民出版社1997年版，第36页。
③ 按板和抱母二井为雍正二年（1724年）年新开。有些文献中"抱母"作"抱姆"，本书中两种写法实为同一井的不同称呼。
④ 磨黑和磨弄二井为雍正四年（1726年）年新开。
⑤ 姚安之井为乾隆七年（1742年）新开。
⑥ 牛鸿斌、文明元、李春龙等点校：《新纂云南通志7》卷一百四十七，云南人民出版社2007年版，第150-156页。
⑦ 牛鸿斌、文明元、李春龙等点校：《新纂云南通志7》卷一百四十七，云南人民出版社2007年版，第156页。

滑,朝廷虽采取了一些措施,但是效果并不明显。

同治十二年(1873年)十一月,朝廷奏准"滇省盐务,废弛多年,遽难归复旧额。自同治十三年正月为始,试办三年,尽征尽解,按年奏销。试办期内,免开督征、经征考成职名,俟三年期满,再行奏请定额,开列井员考成"①。次年,朝廷将滇西地区的盐井交由盐道委提举大使接办;滇南地区的盐井则归盐道委管辖;石膏、磨黑、勐野各井则要求普洱府地方政府来整顿。

光绪初期,朝廷对云南盐务进行整顿,先是淘汰琅井提举,归并黑井提举,后对滇南地区私开的勐野以阻碍石膏和磨黑两井销路为由,进行永久封闭。此后朝廷在盐务管理方面虽做了很多改革和探索,但是清末云南省的盐务整体萧条,盐业产量不断下滑。

第二节 盐:人类文明不可或缺的要素

人类文明是以人类的存在和发展为前提的,而这一前提又建立在人类同自然界发生源源不断的物质交换的基础之上。盐就是这样一种物质,它对人类的重要意义决定了人类对盐的获取将是一个永恒的过程。正是因为盐的重要性,所以盐一旦被开发和利用,通常就被精英群体所控制。这类精英可能是世俗的,也可能是宗教领袖。随着人类社会组织形式从部落发展到国家,盐也随之进入国家视野当中。

纵观中国乃至世界有关盐的研究成果,其丰富之程度恐怕只有农业方面的研究能与之相媲美。在这种情况下,对盐的相关研究成果进行逐一回顾

---

① 牛鸿斌、文明元、李春龙等点校:《新纂云南通志7》卷一百四十七,云南人民出版社2007年版,第165页。

显然是不现实的。因此，本书采用的方法是将人类社会对盐的认识以及盐所发挥的作用放到三个层面上进行论述：一是人类（以及动物）为什么需要盐这一微小物质，人类通常是如何发现盐的，盐是如何被生产的；二是盐的生产、流通和消费是如何促进族群之间的互动、推动区域文化的发展的；三是地方政权或中央管控盐的目的是什么，其控制的手段如何。这三个层面的内容涉及盐诸多方面的内容，如盐业生产技术、盐政、盐法、盐税、盐的运销（专卖）及消费、盐业人物、盐与民俗等，既有宏观层面的，也有微观层面的。

一、盐之大义：生理上不可或缺之物

人类的生存离不开盐，这一知识早已被古人所了解。明代宋应星在《天工开物》中提道："口之于味也，辛酸甘苦经年绝一无恙，独食盐禁戒旬日，则缚鸡胜匹，倦怠恹然。岂非天一生水，而此味为生人生气之源哉？"①那么，为什么人类对盐如此依赖呢？自然科学表明，"在人们的生活中，盐与蛋白质、维生素、糖类、脂肪和水一样，是人体不可缺少的营养物质。无论人类还是动物，不管是陆生的还是水生的生物体内都含有盐。尤其是人体，盐更是不可缺少的重要物质。一个体重为70公斤的成年人，体内有150克盐，血液里含有5%的盐"②。有关盐对人体的重要性，学界有论述，指出"食盐的主要化学成分是氯化钠，是维持人体正常渗透压的主要因素。它可以使人们身体的渗透压、酸碱度、水盐代谢得到平衡，使神经、肌肉在正常的生化条件下进行工作。盐还是组成人的体内消化液的重要成分之一。一个人的细胞和组织液中，大约含有300克盐。人体不能够缺盐，否则，会影响心脏的正常跳动，引起消化不良，发生肌肉抽筋"③。此外，人体如果缺乏碘盐，会产生甲状腺肿，婴儿缺钙盐会患软骨病，人体缺铁盐则会出现贫血。

有关人类以及动物对盐的需求，学界也有关注，如任乃强先生提道：

---

① ［明］宋应星：《天工开物》，上海商务印书馆1933年版，第105页。
② 夏建军：《说盐与用盐：食盐知识与生活用盐经验》，人民军医出版社2008年版，第36页。
③ 夏建军：《说盐与用盐：食盐知识与生活用盐经验》，人民军医出版社2008年版，第36—37页。

| 导 论 |

"人类各种动物，以至于原生动物，凡具新陈代谢之生理功能者，无不需要一定的盐分供给。愈高级，至于人，需要之量愈多；苟完全脱离食盐（氯化钠），即不能活；不唯食欲为之衰退，排泄发生困难，即血液循环亦将发生奇变。"①尽管人类对盐极为渴求，但是人类对盐的刺激的反应比不上动物，因此在盐的早期开发史上，人类往往是依赖动物的习性来寻找盐泉。如西藏境内芒康县的盐井盐泉，据当地老人讲述，早期生活在这里的人们发现鹰常常来啄食澜沧江边上的白色颗粒，于是发现了盐泉。②笔者曾在青海省玉树藏族自治州境内囊谦县白扎盐场调查，当地的盐工介绍，那里的盐被牧民发现是因为生活在那里的祖先经常看到山上的猴子下来舔泉眼旁边的石头，于是过去一看，发现那里有盐泉。西南地方史料也曾记载有类似的情况，如史料载"唐有李阿召者，牧黑牛饮于池，水皆卤，报蒙诏，开黑井"③。黑井是唐代以来滇中地区较为有名的盐井，目前属楚雄彝族自治州禄丰县黑井镇，已被开发为以盐为主题的旅游古镇。又如楚雄州境内的白盐井，相传系蒙氏时有一只公羊舔土，当地人就在公羊舔土的地方进行挖掘，得到了一块羊形的石头，因此就将这里定名为"石羊"，后来成为滇西著名的白盐井。笔者在滇西云龙县调查期间，居住在宝丰的老人给笔者提供了《香山记》的词谱④，其中一句白语翻译为汉语大致意思是"盐在石头上结成了白花花的一片，羊常常舔着这些石头上白花花的盐"，即传说当地最早是因为看到羊经常舔沘江西岸的石头，人们寻着踪迹，发现了盐泉并开始凿井。这就是"牛、羊、马、鹿等草食兽，每牧至盐泉浸渍处，恒舐土不肯去"⑤的道理。

盐与人们的生活密切相关，盐除了是人类必需的调味品之外，还涉及人类生活的方方面面，如有学者在《盐与生活》之中论述了盐与礼仪、盐与食肴、盐与腌制、盐与营养、盐与疾病、盐与美容、盐与沐浴等多个方面的内

---

① 任乃强：《说盐》，《盐业史研究》1988年第1期，第2页。
② 李何春、李亚锋：《碧罗雪山两麓人民的生计模式》，中山大学出版社2013年版，第68-69页。
③ 牛鸿斌、文明元、李春龙等点校：《新纂云南通志7》卷一百四十九，云南人民出版社2007年版，第206页。
④ 当地称之为《唱香山》。
⑤ 任乃强：《说盐》，《盐业史研究》1988年第1期，第2页。

容，表明从古代阶级社会开始，盐不仅融入百姓生活当中，还作为高贵的奢侈品进入了皇宫。随着人们对盐各种用途的了解逐渐加深，盐已经不仅仅局限于调味了，还可以为人们提供多方面的好处，如目前比较流行的盐浴、包含盐的护肤品，等等，都是人类消费盐的多元方式。①

二、盐之贸易：族群互动的催化剂

盐被生产出来之后，不仅满足了人们的日常消费，它的稀有属性还体现在被人们用于交换其他生活所需物资。有学者在分析盐的流通时曾提出两个重要的概念，即"产品缺乏"和"知识缺乏"，这对于描述新几内亚巴鲁亚地区的食盐生产和交换有着重要意义。"知识缺乏"被描述为精英群体对盐业生产技术的掌握（技术的垄断），使得这项技术没法流传至其他部落；"产品缺乏"则意为盐被巴鲁亚人所垄断（产品的垄断）。这种双重垄断，使得巴鲁亚人能够完全以利于自己的不公平价格进行盐棒的交易。②这是进行食盐贸易的动力之一。针对盐的贸易意义，有学者曾综合各家的观点说道："盐业贸易曾被誉为人际交往中一种重要的方式，甚至不少专家都对将盐的需求视为一切贸易兴起的根源。由于可用的盐矿为数有限，而盐又是一种不可或缺的生活物资，为了保证其稳定的生产，必须要有密集和持久的贸易网络。一般认为，盐贸易实际上是一种平常的生活必需品交易。"③

西南地区用盐来交易的历史较为悠久，据樊绰《蛮书》卷七记载，南诏境内"蛮法煮盐，咸有法令，颗盐每颗约一两二两，有交易，即以颗计之"④。元代，马可·波罗到四川西昌地区的盐源县，同样提及"至其所用之货币，则有金条，按量计值，而无铸造之货币。其小货币则用盐。取盐煮之，然后用模型范为块，每块约重半磅，每八十块值精金一萨觉，则萨觉是

---

① 张银河：《盐与生活》，河南人民出版社2017年版，第107—147页。
② ［日］岸本雅敏：《古代日本盐的流通》，张莉译。见李水城、罗泰《中国盐业考古02——国际视野下的比较研究》，科学出版社2010年版，第68页。
③ 托马斯·塞勒：《中欧早期的制盐业：新石器时代食盐生产模式与贸易模式》，温成浩、林永昌译。见李水城、罗泰《中国盐业考古02——国际视野下的比较观察》，科学出版社2010年版，第210页。
④ ［唐］樊绰撰、向达校注：《蛮书校注》，中华书局1962年版，第190页。

盐之一定分量。其通行之小货币如此"①。同时，在该条内容的注释中，马可·波罗进一步指出："用盐作交易货币，在缅甸掸种诸国及云南等地，昔颇风行。"明清之后，将盐块作为交易货币较为普遍，如清康熙《元江府志》卷一载："贸迁，昔多用贝，今易以土盐，彝民甚便。"有学者提出，武定府、楚雄府、姚安军民府、丽江府兰州等地均有以盐币作为交换的历史。②

盐被生产出来之后，需要不断向外界运输，这一过程往往是通过人背马驮的方式完成的。在不同的盐场、不同的历史时期，盐的运输方式是不一样的。运盐的人群也可以分三类：第一类是盐场内部的人，一开始是自家从事盐业生产，有一定的经济基础之后，开始组建马帮，招小工从事运盐活动。一般来说，运至越偏远的地方，盐能交换到的货物越多。这样，马帮一次远行走上十天甚至个把月也很正常。第二类是盐场之外的商人，这一人群往往主动带着马帮，驮着货物来盐场直接交换，获得盐巴之后，再将盐运至各地去交换，以获得更多利益。第三类是背夫，少数个人背运盐巴，长途跋涉去交换生活必需品。如诺邓盐村，早期就有背夫背盐到腾冲一带去交换。这样，以人畜为载体，以盐的交换为动力，贸易有效促进了各民族间的交往。如滇西兰坪县境内生产的盐，翻越碧罗雪山可以被用来同生活在怒江峡谷的怒族、傈僳族、独龙族等民族交换物资，向北进入维西、中甸等地，则可以被用来同藏族交换物资。而云龙县境内的盐则被运往腾越地区，早期甚至到达过缅甸一带，同很多境内外民族进行物资交换。我们可以看到滇西北地区的盐区，形成了多个民族的互动关系网。

西藏地区盐粮交换的情况也普遍存在。西藏广大牧区虽有大量牲畜，肉食、奶制品、皮、毛比较丰富，但粮食问题仍需靠外地解决。其方法就是同外界进行交换，于是藏北牧民常常从盐湖中捞取盐巴。牧民一般在每年的六月份赶着驮牛（阿里一带用驮羊）到盐湖驮盐，距盐湖近的牧民一年一般要驮两次盐，远的驮一次。到了秋季（八月份），则赶着驮畜，驮上食盐和部分畜产品，一边游牧，一边赶路到藏南、昌都一带的农区交换粮食。可以

---

① ［意］马可·波罗口述、［法］沙海昂注：《马可波罗行纪》，冯承钧译，商务印书馆、中国旅游出版社2016年版，第237页。
② 陈然：《我国西南市场上曾流通的一种特殊货币——盐币》，《中国钱币》1997年第4期。

说，盐粮交换无论是在封建农奴制度的旧西藏，还是在平叛、民主改革后的社会主义新西藏，这种交换形式一直存在，对当地社会的发展发挥了一定的积极作用。①学者曾指出西藏历史上的盐粮交换有三个方面的意义：一是盐粮交换冲破了封建时期自给自足的自然经济体制，促进了商品经济的发展；二是盐粮税收可观，改善了西藏地方政府的财政状况；三是促进了边境贸易的发展，改善了边民的生活。②

整体上，盐的交换不仅有效地促进了一定区域内各民族的交往和沟通，而且促进了各国边境上不同族群之间的交往。因此，盐的交换既有经济上的意义，也有文化和政治上的意义。

三、盐之税收：国家视野下的权和利

盐长期以来被国家或地方政权所垄断，其主要原因在于盐税能有效增加财政收入。中国历来重视对盐、铁等重要物资的管控。汉昭帝始元六年（前81年）召开有关盐、铁和酒的会议，官方以御史大夫桑弘羊为代表，民间则以贤良文学60多人为代表，双方就国家是否应该对盐进行官营展开了广泛讨论，会议的内容经整理，成为留给后人的经典之作《盐铁论》。③不过，有学者指出，至迟在公元前两千纪中期，河东盐池的盐业生产和分配就已经有国家介入了。而中国盐业史上国家对盐的控制——从文献记载来说——一般可追溯至春秋时期。齐国的管仲是政府控制食盐专卖的开创者，其所推行的民产官销政策有效推动了齐国的繁荣和发展。从整体来看，春秋、秦、汉等时期，国家对盐的控制均较为明显，这说明国家控制食盐的生产和分配使得政府能够在短期内聚集大量的财富，以支持国家的政权建设以及军事扩张。④

纵观中国盐业史研究，除了盐业生产技术的变迁之外，盐政和盐税是两

---

① 安新固：《西藏的盐粮交换》，《西藏研究》1982年第3期。
② 李坚尚：《盐粮交换及其对西藏社会的影响》，《西藏研究》1994年第1期。
③ ［汉］桓宽：《盐铁论校注·上》（增订本），天津古籍出版社1983年版。
④ 陈星灿、刘莉、赵春燕：《解盐与中国早期国家的形成》，见李水城、罗泰《中国盐业考古（第二集）——国际视野下的比较研究》，科学出版社2010年版，第62-64页。

大研究主题，这其实涉及国家对盐实行官营的两个层面：一是国家如何管理盐务，形成不同王朝统治时期的盐政制度；二是国家如何收取盐税。这便是盐法的内容，二者很难分开。盐政是国家权力的体现，盐法则是为了保证国家或地方的巨大财政收入而制定的各种制度。可以说，是盐税的巨大诱惑推动着国家进行盐业生产和盐税征收制度的改革。

盐政的内容几乎可以涵盖盐的生产、运销、缉私、税收等各个重要领域，学者也试图从不同的角度对中国的盐政进行解读，如欧宗祐所著《中国盐政小史》分别对先秦时期、汉晋六朝、隋唐五代、宋元明清以及民国等五个时期进行了论述，其中提及"世界各国盐法，虽各有不同，然略而言之，约可分为三种：即自由制，租税制及专卖制是已"①。此外，曾仰丰的《中国盐政史》是一部颇有影响力的作品，其主要从盐制、盐产、盐禁和盐官等方面来介绍中国盐业的发展史。其中，关于盐制，他提出国内盐业经历了无税制、征税制和专卖制3个阶段。盐产方面则主要介绍了两淮、两浙、福建、两广、山东、长芦、辽宁、河东、西北、四川、云南、新疆、康藏、晋北、陕西、应城等16个盐区的情况，整体上包括了中国主要的盐场（或盐区）。盐品涉及海盐、池盐和井盐。关于官制的论述，则主要涉及汉唐宋元、明清和民国等时期。其认为中国盐法起于管子，即管仲。②上述两部作品是较为全面地论述中国盐政的论著，引出了更多关于中国盐政的研究。

中国盐政历来受中央和地方重视，若要详细论述，篇幅之长，无可想象。学界已经就国家对盐的控制进行了论述，即在中国古代史上，支配盐的人就能拥有权力。早期的尧、舜等，其权力的获得也同盐有莫大关系。③随着国家不断发展，盐政制度不断完善，有关盐的记录不断增加，特别是受中国撰写史志传统的影响，盐政逐渐被记录进地方志中。其中，那些规模比较大的盐场，在不同历史时期都有相关盐业志出现，这在明清以来是比较明显的。这些方志数量庞大，难以一一罗列。现代以来，人们不仅未放弃编纂盐业志，反而对其越来越重视。如《中国盐业史》分"古代编""地方编"和"近代、当代编"，分别介绍国内盐业情况。"古代编"分上古至魏晋南

---

① 欧宗祐：《中国盐政小史》，山西人民出版社2014年版，第1页。
② 曾仰丰：《中国盐政史》，河南人民出版社2016年版。
③ 佐伯富：《中国盐政史研究》，夏宏钟译，《盐业史研究》1990年第3期。

北朝、隋唐五代、宋辽夏金、元、明、清等6个时期，对盐的生产技术、盐政、盐法、盐的运销进行介绍。"地方编"分别介绍了31个省（含直辖市、自治区）的盐业概况，使人们能对各省份的盐业资源以及制盐历史有初步的了解和认识。"近代、当代编"则论及从清末开始直至解放战争时期的全国盐业概况。

就滇藏两个地区而言，西藏盐业长期处在地方僧权的控制之下，清代之前的盐政无从谈起。清代，朝廷在川边推行改土归流，汉官进入西藏东部的盐井，短时期内制定了盐业管理制度。①从总体上说，系统的盐政制度在西藏境内并未形成。近些年来，各方经过努力，克服了进藏的困难，获得了地方材料，形成了一些成果，弥补了西藏盐业史研究的不足。

云南省境内盐业资源丰富，相关研究成果较多。明代之前尚未见专门的盐业志出现，但是清代以来，一些重要的盐区均有编纂盐业志的习惯。如滇中的黑井，在清代分别撰有《康熙黑盐井志》《嘉庆黑盐井志》，琅井则有《康熙琅井志》和《乾隆琅井志》；滇西的白盐井有《乾隆白盐井志》《光绪续修白盐井志》。这些盐业志均设盐政一项，进行专门介绍。除此之外，有些重要盐区的盐政情况则被列入地方志当中，如康熙《云龙州志》卷六"赋役"②中重点介绍了云龙各井的盐政情况。此后，雍正年间所修的《云龙州志》承前书之特点，卷六中同样涉及盐政的内容。而光绪《云龙州志》在雍正本的基础上又有所增减，但是为了凸显云龙州治由江外之旧州移至雒马井，以盐政为要务，光绪本特设"盐政"一卷，以突出当时的地方特点。③滇中地区产盐历史悠久的安宁井未见专门的盐业志，但雍正《安宁州志》设"盐法"一卷。通过罗列滇中、滇西两个重要盐区相关盐政的记载，可以看出，清代是云南盐业发展的重要时期，同时也是文献记载较为丰富的

---

① 李何春：《清末川边改土归流时期赵尔丰盐业改革措施及其意义》，《中国边疆史地研究》2016年第2期。
② 《云龙县志》认为云龙县境内的第一部方志为陈希芳纂修的雍正《云龙州志》，事实上并非如此（见云南省云龙县志编纂委员会：《云龙县志》，农业出版社1992年版，第6页），雍正本《云龙州志》是云龙知州陈希芳在康熙本《云龙州志》的基础上编纂的，成书于雍正六年（1728年），而康熙《云龙州志》成书于康熙五十五年（1716年），两书相隔12年。康熙本由王瀓所编纂，原版藏于美国哈佛大学汉和图书馆，笔者2017年8月在云龙调查期间，从原云龙县文体局局长张启发先生手里获得复印本，在此表示感谢。此后引用康熙《云龙州志》均出自所获得的版本。
③ 中共云龙县委、云龙县人民政府：《云龙风物志》，德宏民族出版社2008年版，第210页。

| 导 论 |

阶段。

民国以来，云南盐务同样受到重视，首先是《新纂云南通志》和《续云南通志长编》两部省志中均涉及云南的盐务。其次还有一些有关盐的专门论著出现，如民国初期有潘定祥所撰《云南盐政纪要》（四卷）（1912年）、云南盐运使署职员杨长兴所编《云南盐务辑要》（1914年）、云南盐运使署所编《云南盐务辑要续编》（1918年）、云南盐运使朱旭所编《民国盐政史云南分史稿》等；民国后期有杨勋民所编《云南盐政纪要》（1940年）。这些史料成为研究民国时期云南盐业不可缺少的资料。中华人民共和国成立以来，学界对云南盐业的研究并未中断，但是从成果来看，主要以论文为主，著作并不多。其中，《滇盐史论》一书值得一提。该书梳理了云南境内自汉代至抗日战争时期的盐业生产历史，以及不同时期的盐产、生产技术、盐政、盐法等宏观问题，是帮助了解云南盐业概况的重要论著。①

盐税的重要性不言而喻，历代王朝都将其作为财政收入的重要来源。宋代有"宋自削平诸国，天下盐利皆归县官"②的说法。《元史·食货志》载："国之所资，其利最广者莫如盐。"《明史·食货志（四）》载："煮海之利，历代皆官领之。太祖初起，即立盐法，置局设官，令商人贩鬻，二十取一，以资军饷。"显然，明代的盐以海盐为主，政府希望通过征收盐税来补充军饷。对云南省而言，盐税的重要性也较为明显，如清史资料显示："滇省本著名贫瘠，平常费用向以盐款为大宗。"③民国时期亦有"滇省收入以盐款为大宗"④之说。

自20世纪80年代始，学界开始关注云南省的盐政、盐税、盐法等问题。盐政方面有何珍如的《明代云南的盐政》⑤，其主要从三个方面来论述明代盐业的情况：盐务机构、井盐的生产和管理以及开中法的实施与破坏。何珍如主要借助史料对一些基本问题进行讲述，是较早研究云南盐政问题的学者，

---

① 黄培林、钟长永：《滇盐史论》，四川人民出版社1997年版。
② 梁太济、包伟民：《宋史食货志补正》，杭州大学出版社1994年版，第583页。
③ 《清盐法志》卷二百八十四。
④ 《唐继尧等为稽核分所洋员把持盐款吸取现金储存汇理银行恳维持富滇银行与云南金融密电》，见中国第二历史档案馆《中华民国史档案资料汇编·第三辑（金融）》，江苏古籍出版社1991年版，第1141页。
⑤ 何珍如：《明代云南的盐政》，《中国历史博物馆馆刊》1987年第10期。

在此之前曾对康熙时期云南盐业生产和盐务管理进行过论述。①这个时期还有董咸庆所撰《清代云南盐务制度》②一文，主要分析清代云南盐务政策的几次波动。此文后来被收入《滇盐史论》的第四章。③20世纪90年代，学者就对清代嘉庆时期推行盐政改革的人物——谷际岐进行过论述，对我们了解云南盐政存在的问题有一定帮助。④21世纪初期，学界对云南盐政仍有讨论，如武晓芬的《清代及民国云南盐政变化与地方经济的关系》论述了清代和民国时期云南盐政制度的变化，得出清代以来云南盐政逐渐适应政治、经济发展的结论，具体而言，盐政支持了云南的财政收入，对地方经济发展有一定的贡献，推动了制盐技术的进步。通过分析，武晓芬还指出云南盐税是地方财政的主要支柱，在地方经济中发挥着重要的作用，处于举足轻重的地位。⑤此后，赵小平的《清代云南盐政探析》一文介绍了清代不同时期云南盐业运销的特点，并就云南为何不能长期坚持有效的盐政制度进行了分析。⑥

云南盐税方面的研究成果并不多，自20世纪90年代至今，论文并不多，论著更是屈指可数。如黄培林的《云南盐税琐谈》主要介绍了民国以前、近代和中华人民共和国成立以后云南盐税的大体情况。赵小平的《略论清代云南盐税及其变化》主要比较了清代初期、中期和晚期三个阶段云南盐税的情况，并对盐税税额的变化原因进行了分析。⑦近年来，马琦的《清前中期云南盐税的定额、实征与奏销》一文认为以往有关云南盐税的研究所使用的数据均为定额，但是定额不等于实征，无法反映盐税的实际变化，故对清代不同时期的实征盐税额进行了论述。⑧

---

① 何珍如：《康熙时期的云南盐政》，《中国历史博物馆馆刊》1983年第5期。
② 董咸庆：《清代云南盐务制度》，见云南大学历史系《史学论丛》（第四辑），云南大学出版社1989年版，第41-55页。
③ 黄培林、钟长永：《滇盐史论》，四川人民出版社1997年版，第155-168页。
④ 盛茂产：《力主云南盐政改革的谷际岐》，《盐业史研究》1995年第4期。
⑤ 武晓芬：《清代及民国云南盐政变化与地方经济的关系》，《中国经济史研究》2004年第3期。
⑥ 赵小平：《清代云南盐政探析》，见曾凡英《盐文化研究论丛：第六辑》，四川人民出版社2013年版。
⑦ 赵小平：《略论清代云南盐税及其变化》，《盐业史研究》2008年第4期。
⑧ 马琦：《清前中期云南盐税的定额、实征与奏销》，《盐业史研究》2018年第2期。

| 导 论 |

第三节　本书关注的问题及研究倾向

一、研究的立足点

进入21世纪，人类已不再为吃不上盐而苦恼，也不再因为盐摄入不足而患上各类疾病。就国家制度而言，维系2000多年的食盐由国家专卖的制度也一去不复返。今天的社会早已突破早期的血缘和地缘关系，变成复杂的网络式结构，更加凸显业缘关系。尽管如此，人类社会的发展始终有一个过程，再复杂的社会，依然是由简单的社会一步一步发展而来的。这一过程伴随着各种力量的博弈以及各种技术的提升。盐是一种特殊商品，在不同层面都能体现其独特的价值。不同群体对盐的关注点不一样，盐所能带来的意义也不尽相同。但是，可以肯定的是，在长达几千年的中国历史文化中，盐是一个独特的符号。

笔者近些年来主要对澜沧江流域各个盐场进行调查与研究，从澜沧江上游到中游，从晒盐法到煎煮法，从尚在使用的摊晒盐卤到已经消失的规模化煮盐，从西藏地区到其他少数民族聚居区……从中可以看到盐对不同民族而言意义是相同的，但是在不同的政治场域中，盐的生产、运输和消费情况又有很大的不同。因此本书立足于两点：一是对历史文献的解读，这是基于云南省境内有悠久的产盐历史、相关资料较为丰富、可进行长时段分析的现实；二是田野调查，这是基于对各个盐场的亲身体验和反思。这样，历史和现实相结合，以澜沧江流域为引子，比较滇藏两省区境内的盐在民族—国家的话语体系下发挥的功能；早期的民族、地方政权，是如何利用盐，并让盐在一个更大的区域内获得长期交换的动力的；国家与地方之间又是如何通过盐税来调节二者关系的。

二、研究的路径

本书研究主要关注的是盐如何在一个民族以及区域文化中发挥其催化作用的,是如何促进民族交往以及具有盐文化特征区域文化的形成,并以此来考量盐在复杂社会的形成过程中起着何种作用。笔者认为,盐的生产、贸易和消费的过程,在一定程度上反映了一个社会的发展水平。从研究的内容来看,西藏自治区境内的盐业历史因受文献资料的限制,我们难以对其做全面的解读。但是回顾云南的地方历史,可以发现,从早期的部落社会到汉以前的古滇国,再到唐宋时期的地方王国以及元之后的国家一统,盐始终贯穿于民族和国家建构的过程。

将盐的研究放到具体的地方情景中去思考的著作,如黄国信的《区与界:清代湘粤赣界邻地区食盐专卖研究》[1](以下简称《区与界》)论述的关键点在于王朝制度下的食盐专卖,在很长的历史时期里均是划界行盐,"跨界"即为私盐。应该说,历经数代王朝形成的食盐专卖制度成为严格管控中国盐业生产、运销的有力保障,划界是毋庸置疑的。《区与界》将国家视野放到地方的现实之中去考量,即"区域或区域联结的地方为界,界是不能抛开区域而单独讨论的概念。由于当代的国界、省界都是可用经纬度的方式,很科学、很精确地在地图上表示出来,我们常常自然而然地想到,界就是一条线,即所谓界线。然而,回到复杂的历史过程中去考察,就会发现,传统时期的'界'绝非可以如此简单理解"[2]。此观点打破了划界行盐的传统观念,以此引出食盐销售中的"界"和"区域"两个重要概念,来探讨食盐专卖制度的变迁与地方社会之间的复杂关系。

学界早已关注到西南地区的盐业,但是人类学(民族学)、民俗学等专业的学者以调查者身份进入这个地区,采用整体观的视角书写村落民族志还是在21世纪初期。一前一后有两部作品均围绕诺邓井的盐业生产及相关问题进行分析。其中朱霞的《云南诺邓井盐生产民俗研究》以技术民俗为研究主线,以诺邓村的传统井盐生产民俗为个案,对传统村落社会中的井盐生产技

---

[1] 黄国信:《区与界:清代湘粤赣界邻地区食盐专卖研究》,生活·读书·新知三联书店2006年版。
[2] 黄国信:《区与界:清代湘粤赣界邻地区食盐专卖研究》,生活·读书·新知三联书店2006年版,第307页。

术民俗及相关的组织民俗、运销民俗和信仰民俗进行研究,整体上涉及卤水分配和卤权传承的民俗、井房和灶房生产民俗、私盐产销民俗和信仰民俗,最后探索生产民俗的现代变迁。①可见,朱氏的探索是以民族志方式,全面展示诺邓与盐业相关的民俗现象。另一部作品是舒瑜的《微"盐"大义——云南诺邓盐业的历史人类学考察》(以下简称《微"盐"大义》)。作者自认为这是一部关于"盐"的历史民族志,是从物的视角来分析盐这一特殊产品在西南地区具体情境中的意义,其目的是"通过'盐'这样一种国家专卖的物品,以及西南地区的物品流动,可以更微观地来看待西南地区的族群关系,地方与中央王朝的关系,地方与不同文明体系之间的关系"②。作者对阿尔君·阿帕杜莱等人类学者有关物的人类学研究范式进行了回应,认为"物的社会生命"的分析逻辑是要将物放到具体的情景中去解读,如具体的族群、民族和国家以及不同的社会背景。这样的作品并不少,如1996年美国人类学家罗伯特·C.尤林在解读法国葡萄酒时,将其当作流动的商品,分别与中世纪、自由资本主义和当代的三种世界体系相对应,描绘了这一特定饮食文化的动景图。③又如美国学者西敏司在其《甜与权力:糖在近代历史上的地位》中所述的,"人类学家能够在思考世界的变化方面受益良多,某种意义上是因为我们这一学科似乎特别有助于理解和解释那些微观的、日常化的、熟悉的以及通常是具体的事物:通过发掘那些生活中平凡事物在宏大历史中的位置,赋予了这些事物以格外的意味,同时也可以使宏大历史本身得到更好的理解"④。

本书的研究,就是将盐这一特殊的物放到具体的历史场域中去考察,分析盐在不同时期的社会形态下发挥的作用,特别是在民族、国家互动的路径下,考量盐在不同社会层面上所发挥的功能。

---

① 朱霞:《云南诺邓井盐生产民俗研究》,云南人民出版社2009年版,第2页。
② 舒瑜:《微"盐"大义——云南诺邓盐业的历史人类学考察》,世界图书北京出版公司2010年版,第1页。
③ [美]罗伯特·C.尤林:《陈年老窖:法国西南葡萄酒业合作社的民族志》,何国强、魏乐平译,云南大学出版社2012年版。
④ [美]西敏司:《甜与权力——糖在近代历史上的地位》(中文版序),王超、朱健刚译,商务印书馆2010年版,第3页。

上篇　历史篇

第一章
远古至两汉：澜沧江流域的族群及盐的利用与开发

盐是人类生活的必需品，据判断，至晚在石器时代，人类已经懂得对自然盐泉的利用。学者曾指出："由于文字资料的缺乏，过去对于先秦时期的盐生产，特别是新石器时代，几乎是一无所悉。但近年来随着考古学的研究逐渐发现，很可能早至新石器时代晚期，中国地区便开始较具规模的盐生产活动。"① 从中国悠久的制盐历史来看，盐业生产始终伴随着人类社会演进的每一个阶段，而且盐业生产技术随着社会的发展而不断变迁，以此来适应新的社会发展；反之，盐业技术的每一次革新都会促进社会的发展。较为明确的一点是在利用自然盐泉的早期，人类对这些盐泉的依赖性较强，但是随着资源的不断消耗，早期人类开始不断迁徙，寻找新的资源。通过分析可知，原始时期生活在青藏高原东北部的古氐羌族，在不断向南移动和分化的过程中，始终伴随着不断寻找新的资源的活动，以此获得更好的生存条件。

---

① 陈柏桢：《中国早期盐的使用及其社会意义的转变》，《新史学》2006年第4期。

第一节 文明伊始：
滇藏地区早期人类的活动及社会形态

一、人类在青藏高原上活动的历史考察

青藏高原地域辽阔，在国内主要包括西藏全境和青海、新疆、甘肃、四川、云南等五省区的部分区域。这一广袤的地区涉及众多民族，如藏、彝、纳西、羌、白、傈僳、普米、怒、独龙、门巴、珞巴、回等民族，总体呈现出从东往西从多民族杂居逐渐变为以藏族聚居为主的状态。从民族的分布来看，藏族主要分布在西藏、青海、甘肃、四川和云南，共计五个省区，西藏境内分布较为集中。在两省区毗邻区域，或是三省区交界的三角地带则还分布有其他民族。从地形来看，在青藏高原东部的三江并流地区，自然形成的河谷一直是人类早期迁徙和移动的主要通道，其中澜沧江和金沙江两个峡谷曾是重要的民族通道和军事线路。如对两峡谷做比较，沿着澜沧江流域迁徙的民族应多于通过金沙江峡谷迁徙的民族，原因是金沙江河谷狭窄，不易行走，而澜沧江相对平缓，两岸台地较多，可作为迁徙路线或一部分人类的暂居地。

研究滇藏地区盐业的相关问题，其首要任务是搞清楚生活在该区域内各民族的发展史。盐是人类的必需品，而人又是食盐开发、利用以及消费的主体，因此人类的族群关系及其行为在一定程度上可作为分析盐业相关问题的切入点之一，有利于抓住整个盐业文化体系的核心主题，即一切生产、交换和消费始终以人口为基本要素。离开了人口这一关键的要素，整个体系就是没有血肉的骨架。

从研究的路径来看，滇藏地区不仅在地域上毗邻，而且在民族关系的问题上，学界普遍认为云南境内的一些民族最早来源于西北的古氐羌族，今天

的一些民族是由古羌族不断演化而来的。因此，我们有必要对民族的起源做进一步的分析。

藏族的起源问题，长期以来学界已有较多研究，可谓众说纷纭，归纳起来主要有"西羌说、鲜卑说、印度释迦王系说、猕猴和罗刹女后裔说（即本地起源说）、马来半岛人说、缅甸说、蒙古人说、伊朗血统说、土著与氐羌融合说等"①9种之多。整体上，因为受考古发掘资料所限，早期的观点中，"外来说"曾一度占主导地位。至于藏族的族源问题，即青藏高原是否为人类的起源地之一，受早期环境决定论的影响，学界普遍认为青藏高原荒无人烟、气候寒冷、土地贫瘠，并不适合人类生存，因此，"外来说"似乎在解释青藏高原的族源问题上更有说服力。但是，随着研究的深入，这一论断逐渐受到质疑，如石硕指出这个问题在1951年以前答案并不明确，国内外大多数学者也基本持"外来说"，导致国外有些人类学家甚至认为，直到新石器时代晚期西藏高原才开始有人类居住。②但是随着考古发掘的逐渐深入，特别是在20世纪50年代至20世纪末几次发掘的基础上，21世纪初期以来的发掘又有了突破性进展，学界对上述问题有了新的探索和见解。

客观上，石硕的判断是准确的。他曾分析道："至少在距今5万至1万年以前的旧石器时代中、晚期，现今西藏高原的大部分地区就已经有古人类活动。"即"西藏高原旧石器文化遗物的发现，在我国青藏高原地区史前考古领域具有重大意义，它预示了西藏高原地区完全有可能成为人类的起源地之一"③。其后，石硕本人对这一论点有了更新的认识，即通过对旧石器时代的文化遗存进行分析，并依赖分子生物学的研究结果——世界各大陆的现代人均起源于非洲，得出结论：青藏高原旧石器时代的主体人群不仅属于北方沿欧亚大草原向东迁徙的"欧亚部落"，而且是欧亚部落中主流的一支，即属于携带M175标记的东亚主体人群。他们进入西藏的路线乃是"沿着大草原公路一直向北，为了避开环境恶劣的中国西部大沙漠，他们绕道经过南西

---

① 石硕：《西藏石器时代的考古发现对认识西藏远古文明的价值》，《中国藏学》1992年第1期，第53页。
② 石硕：《西藏石器时代的考古发现对认识西藏远古文明的价值》，《中国藏学》1992年第1期，第54页。
③ 石硕：《西藏石器时代的考古发现对认识西藏远古文明的价值》，《中国藏学》1992年第1期，第55~56页。

伯利亚",而南下东北亚及华北大平原,再由华北平原向西迁移沿黄河上游进入西藏高原。①有一点可以肯定,青藏高原是早期人类活动的主要场所。

2016年,中国科学院古脊椎动物与古人类研究所同西藏自治区文物保护研究所联合发掘了一处规模宏大、石制品分布密集、地层堆积连续的旧石器时代遗址,即"西藏尼阿木底遗址"。该遗址共发掘出土文化遗物4000余件,包括石片、石叶、石片石核和石叶石核,以及包括刮削器、尖状器、雕刻器和凹缺器在内的各种工具。据判断,尼阿木底遗址年代距今至少3万年。②也就是说,早在3万年以前,青藏高原已经有人类活动的痕迹。"西藏尼阿木底遗址"发掘的文物数量更证明了青藏高原是早期人类活动的重要空间这一观点。

通过上述分析,我们找到了青藏高原早期人类活动的证据,但是我们需要进一步思考,人类早期为何能在青藏高原这一特殊的地域上停留下来,并不断繁衍和发展。笔者认为有如下原因:

第一,早期青藏高原的自然环境适合人类生存和繁衍。从中国科学院古脊椎动物与古人类研究所的研究结果来看,青藏高原最初并非高海拔地区,"在上新世喜马拉雅山高度平均2000米左右……当时气候屏障作用不显,南北坡都受到印度洋暖湿季风的滋润为亚热带气候……当时平均温度达10℃左右、降水量为1700~2200毫米,生长着茂盛的常绿阔叶林"③。学者曾指出:"这就给了我们很大的启发,正当从猿转变到人期间,青藏高原地区仍然是适合人类演化的舞台,到那里寻找从猿到人的缺环也是有希望的。"④因此,研究青藏高原人类生活的生态环境,应该注意到该区域海拔的变化,今天的海拔高度是在原来的基础上以每年0.25毫米的慢速抬升而成的。不能用今天的眼光来看待几万年前青藏高原的自然和生态环境。当然,需要进一

---

① 石硕:《从人类起源的新观点看西藏的旧石器时代文化遗存》,见石硕《青藏高原东缘的古代文明》,四川人民出版社2011年版,第103页。
② 张晓凌:《西藏尼阿木底旧石器遗址考古获重要发现——系青藏高原腹地首次发现的具有确切地层和年代学依据的旧石器时代考古遗址》,《中国文物报》2017年3月10日,第8版。
③ 陈万勇、范贵忠、于浅黎:《西藏吉隆盆地上新世沉积相、黏土矿物特征及古气候》,《古脊椎动物与古人类》1997年第4期,第269页。
④ 贾兰坡:《我国西南地区在考古学和古人类研究中的重要地位》,《云南社会科学》1984年3期,第72页。

步说明的是，现在的青藏高原平均海拔在3000米以上，如果以前面论述的内容来计算，青藏高原每年以0.25毫米的速度被抬高，在3万年的时间里，海拔仅被抬高7.5米，那样算起来，青藏高经历了漫长的岁月，才能被抬高到如此高的海拔。这意味着在青藏高原上生活的人类，其实经历了一段适应环境变迁的时期。正是因为如此，现在生活在青藏高原的各民族对当地复杂的地理环境才能安之若素。

第二，青藏高原具备人类生存的重要条件。以今天的观点来看，青藏高原的物质条件整体上远不如中原。吐蕃使臣仲琮曾对唐高宗说："吐蕃居寒露之野，物产寡薄，乌海之阴，盛夏积雪，暑毹冬裘。随水草以牧，寒则城处，施庐帐。器用不当中国万分一。"① 尽管如此，青藏高原仍为人类的生存和繁衍提供了良好的条件。如上所述，5000万年以前，青藏高原海拔并不高，有富饶的草原，"大抵还是一个水草丰美的草原（这个高原上近年还发现有暖温气候带兽类的遗骸），习惯于高山森林内生活的猿人，应是乐于入居并长期留住的"②。此外，"草原对远古猿人的吸引力，还在于这高原地区的石器，是天然丰富而且犀利、奇妙无比。这个高原，是富于白石英块和黄金块的高原"③。任乃强先生进一步指出，二者可以作为猿人捕猎的良好工具，黄金作为投掷武器，而石英块砸破之后，可以作为犀利的截割、锥刺武器，这无疑可以大大提高人类的猎食能力。

二、滇藏地区早期人类活动的考古发现

（一）西藏境内的石器时代考古发掘

西藏境内和云南境内都有旧石器时代以来的考古发掘，这对我们研究早期滇藏地区的人类文明有重要意义。

就西藏境内的石器时代考古发掘来说，石硕认为至少存在三种文化，主要分布在藏东、藏中和藏北。藏东以卡若文化系统为代表，藏中为曲贡文化系统，藏北为细石器文化系统。这三个文化系统的人类主体分别是："以

---

① 《新唐书》卷二一六上《吐蕃传上》，中华书局1975年标点本，第6076页。
② 任乃强：《羌族源流探索》，重庆出版社1984年版，第13页。
③ 任乃强：《羌族源流探索》，重庆出版社1984年版，第13页。

卡若文化为代表的居住于藏东河谷区、从事定居农耕经济并兼有狩猎畜牧经济的卡若居民群体；以曲贡文化为代表、居住于雅鲁藏布江中下游地区、从事以定居农业和渔业经济为主的曲贡居民群体；以细石器文化为代表，主要活动于藏北高原地区并从事游牧和狩猎经济的藏北游牧居民群体。"① 学者进一步指出，"细石器文化是整个新石器时代存在于以藏北高原为中心的原始文化之一"②。这一判断很有意义，结合上述"西藏尼阿木底遗址"发掘的大量石片、石叶、石片石核和石叶石核，还有包括刮削器、尖状器、雕刻器和凹缺器在内的各类工具，以及其文化类型在我国的北方地区如新疆、宁夏和黑龙江等地已有发现这一事实来看，藏北的文化系统具有文化传播的可能性。如果从人类对某些物质有特殊需求和藏北的文化具有系统性、规模性来看，估计藏北系统性文化的形成和这一地区有丰富的食盐有关。《隋书·西域·女国》记载："女国在葱岭之南，其国代以女为王……气候多寒。以射猎为业。出鍮石、朱砂、麝香、牦牛、骏马、蜀马，尤多盐，恒将盐向天竺兴贩，其利数倍。"③ 学者指出，这是有关西藏盐产及其输出的最早资料，而且西藏境内的盐业资源当以藏北的池盐蕴藏最丰。④

从滇藏交界的区域来看，早期人类活动区域主要聚集在澜沧江流域和金沙江流域，且主要分布在河谷的台地上。1977年，考古研究者在地处西藏东缘澜沧江流域的昌都发现了卡若新石器时代遗址。该遗址位于西藏自治区昌都市东南约12千米的卡若。此处是南北走向的澜沧江和自西向东的卡若水的交汇处，遗址正处于两河汇集形成的第二级台地上，海拔3100米，面积约1万平方米，实际发掘面积为1800平方米，文化堆积层比较厚，约1~1.6米。⑤ 1977年和1979年两次共发掘房屋遗址28座，出土石器工具7968件、骨器366件、陶器46件、陶片2万余片及动物骨骼10余种。

生产工具是卡若遗址中出土数量最多、种类亦较复杂的一项遗物，其中主要是石器，也有少量骨器，经过整理的标本达8346件。

---

① 石硕：《西藏石器时代的考古发现对认识西藏远古文明的价值》，《中国藏学》1992年第1期。
② 石硕：《西藏石器时代的考古发现对认识西藏远古文明的价值》，《中国藏学》1992年第1期。
③ [唐]魏徵等撰：《隋书》（第六册），中华书局1997年版，第1850—1851页。
④ 唐仁粤：《中国盐业史》（地方编），人民出版社1997年版，第732页。
⑤ 西藏自治区文物管理委员会、四川大学历史系：《昌都卡若》，文物出版社1985年版，第150页。

它们比较全面地反映了当时生产力的水平和生产部门的内容。这些生产工具少部分出土于房屋遗迹里，大部分发现于文化层中。卡若遗址共出土石器7968例，占生产工具总数的95.6%，是生产工具的主要组成部分。石器分为打制石器、细石器和唐制石器三大类。石质因石器的种类不同而有差异，大致说来，打制石器以细砂岩、石英砂岩、石英岩较多；细石器以玛瑙、石英、燧石为主；磨制石器则有硬玉、火山岩等。以昌都地区的地质情况来推测，石料的来源，似均为本地所产。①

考古发掘出来的大量器物在一定程度上证实了任乃强先生的相关观点：人类文明的发展有不可缺乏的三件法宝，即石器、食盐和火。显然，青藏高原具备这样的良好条件，有坚韧的石英块作为捕猎和割制工具。藏北和藏东分别有丰富的湖盐和自然盐泉。遗址中还出土了农作物品种粟，这表明当时农业已经出现，即卡若遗址的主人是从事定居农耕经济并兼有狩猎畜牧经济的居民群体。从年代来看，卡若遗址的绝对年代在距今5000年至4000年，大致不会有误。②

1986年8月23日—9月7日，西藏自治区文物管理委员会文物普查队对昌都城北5千米的小恩达遗址进行了调查和试掘工作，发现房址3处、灰坑1处、窑穴5处，出土了大量的石器、磨制石器、细石器、骨器和陶片等。从地理位置来看，此处离1977年考古发掘的昌都卡若遗址仅17千米。此次发掘共出土打制石器87件、石片27件、铲状器共3件、切割器5件、石斧6件、锄状器2件、尖状器2件、砍砸器3件、敲砸器4件、刮削器6件，还有其他雕刻器、钻、矛、砧、石杵等器物16件，出土细石器23件、磨制石器7件、骨针8件（3件残）、陶片259片。据判断，该文化系统属于卡若文化的一部分，从文化发展来看，该文化明显比卡若遗址进步，通过采集炭灰标本的测定，其年代距今有3775±80年（树轮校正4125±100年）。③

2006年，为了配合澜沧江古水水电站的开发建设，西藏自治区文物保

---

① 西藏自治区文物管理委员会、四川大学历史系：《昌都卡若》，文物出版社1985年版，第51页。
② 西藏自治区文物管理委员会、四川大学历史系：《昌都卡若》，文物出版社1985年版，第150页。
③ 西藏文管会文物普查队：《西藏小恩达新石器时代遗址试掘简报》，见四川大学中国藏学研究所、四川大学历史文化学院《中国藏地考古（1）》，天地出版社2014年版，第212-229页。

护研究所、陕西省文物考古研究院、四川省文物考古研究院等机构组成联合考古工作队，对古水水电站西藏淹没区进行了考古调查。通过野外实地考查，在库区淹没区内发现有11处文物点：古代聚落遗址1处，石棺墓群5处，盐井、盐田3处，藏传佛教寺院2处。其中，1处古代聚落遗址和5处石棺墓地为此次调查时新发现的文物点。①此次文物考古调查在原来的基础上有了很大的突破，主要在于对遗址和石棺墓的发掘。从整体上看，这些文物均集中在澜沧江两岸台地上，现属芒康县的曲孜卡乡、纳西民族乡和木许乡。三个乡镇从北到南，沿峡谷依次排列，各遗址之间相距不远。遗址和石棺墓的发现地点离澜沧江较近。其中，亚那遗址东距江边120～150米，高出江面70～100米，东临澜沧江，西靠山坡。遗址沿南北向分布，海拔2302米。遗址中发现有陶片，其年代不晚于新石器时代晚期。其他5处石棺墓群分别为木许乡境内的移地布石棺墓群、阿东石棺墓群、亚那石棺墓群、仁达石棺墓群、切玛拉卡石棺墓群和纳西乡境内的萨麦贡石棺墓群。这5个墓群的年代据判断为战国至汉代。②

（二）云南境内的石器时代文化遗存

1956—1957年，考古学家在云南开远县小龙潭进行过两次发掘，共发现10颗古猿牙齿化石。起初，研究者将其全部归于森林古猿类，定名为森林古猿开远种。后来经过研究，将腊玛古猿从森林古猿类中划分出来，明确归入人的进化系统——人科，作为人科的早期成员。而在我国小龙潭1957年发现的5颗牙齿，被认为可能也属于腊玛古猿。③

1975—1980年，云南禄丰县石灰坝煤场的第三纪褐煤地层里多次发掘出不少腊玛古猿化石。据分析，含古猿化石的地层时代为早上新世晚期或中上新世早期，距今约800万年。④1965年5月，地质研究者在云南元谋县上那蚌西北的"元谋组"褐色黏土层中采到一些哺乳动物化石和2颗猿人的牙齿。元谋的门齿与北京直立人（北京猿人）的门齿相比较（其他猿人化

---

① 哈比布：《古水水电站西藏境内淹没区考古调查简报》，《西藏研究》2010年第2期。
② 哈比布：《古水水电站西藏境内淹没区考古调查简报》，《西藏研究》2010年第2期。
③ 中国社会科学院考古研究所：《新中国的考古发现和研究》，方志出版社2007年版，第1页。
④ 中国社会科学院考古研究所：《新中国的考古发现和研究》，方志出版社2007年版，第2页。

石无相当的门齿可做比较），在形态上有较为明显的差别，应为直立人种的一个新亚种。①其被作为东亚最早的人类化石而载入史册，其生存年代被测定为170万年前。②如此看来，早期云南是人类从猿人进化到现代人类的重要领地。

新石器时代文化遗址在云南境内发现较多，学者将其分为8个类型：滇池地区的石寨山类型，滇东北地区的闸心场类型，滇东南地区的小河洞类型，滇南、西双版纳地区的曼蚌囡类型，金沙江中游地区的元谋大墩子类型，洱海地区的马龙类型，澜沧江中游地区的忙怀类型，滇西北地区的戈登类型。③上述8个类型，从这些遗址所处的地理环境来看，主要分2类：一分布在湖泊周围，如滇池东岸的石寨山遗址、洱海西岸的马龙遗址；一则分布在澜沧江和金沙江两河流域的台地上，应该说这一类遗址在云南境内分布较广、数量多、影响大。上述8类文化遗址分布于云南的呈贡、晋宁、安宁、富民、江川、澂（澄）江、禄丰、姚安、元谋、大姚、祥云、弥渡、大理、洱海、宾川、永胜、宁蒗、维西、保山、腾冲等县市。可推测云南各地均有过早期人类活动。从发掘的数量以及遗址所反映的文化代表性来看，这些遗址又主要围绕两个区域，一个是滇池区域，一个是洱海区域。以下做简要论述。

一是滇池区域石寨山文化类型。自1955年11月开始，云南省博物馆首次对石寨山遗址进行发掘，至1960年先后进行过5次发掘。此类型的文化辐射滇池周围的昆明、安宁、呈贡、晋宁、富民、江川、澄江等地。石寨山遗址是一处从新石器时代延续到两汉时期的重要遗址，出土物有大量器物。其中铜器占很大的比例，生产工具有铜犁、铜锄、铜铲、铜削、铜镰、铜斧、铜锛和铜凿等8类铜器共222件，其中铜斧达108件。铜制的兵器类器物有铜戈、铜矛、铜剑、铜斧、铜钺、铜啄、铜戚、铜弩机、铜叉、铜锤等10种，数量达686件。兵器一类还出土了镞、鐏计77件（完整的有20余件）。此外还出土了生活类铜制器物，如铜釜、铜盉、铜鍪、铜

---

① 胡承志：《云南元谋发现的猿人牙齿化石》，《地质学报》1973年第1期。
② 高星：《"元谋人"的年龄及相关的年代问题讨论》，《人类学学报》2015年第4期。
③ 李昆声、肖秋：《试论云南新石器时代文化》，见文物编辑委员会《文物集刊》（2），文物出版社1980年版，第133页。

壶、铜尊、铜盘等18种50余件。此外，在石寨山遗址中，还发掘出贮贝器、乐器、舞俑、铜俑、工艺品、杖头饰品、车马饰、钱币、印信等铜制品。其他类型的器物还有铁器，又分为生产工具和兵器2类。前者包括铜柄铁刃斧、铁斧、铁削、铁锛，后者包括矛和剑。出土的还有金银器，其中最具研究价值的属第六号墓中发掘的"滇王金印"。此外还出土有陶器、石器、玉器、绿松石器等。①

二是洱海区域的遗址。该地区遗址分布广，遍及洱海地区的下关、大理、宾川、剑川、洱海、祥云等县市。其中洱海沿岸尤为密集。考古发掘共分两个阶段，第一阶段是1938—1940年，由原中央博物院吴金鼎、曾昭燏、王介忱在洱海周围进行考古调查，发现的遗址有：打鱼村、马耳、佛顶、马龙、龙泉、小岑、三阳、鹤云、白云、莲花、五台、苍浪、虎山、上关、中和、捉鱼村等16处。第二阶段是中华人民共和国成立后30年间，云南省博物馆先后在大理、剑川、祥云、宾川和洱源境内发现遗址共20处，其中正式发掘的仅有白羊村遗址。②出土的器物主要有陶器、石器以及铜器，其中石器以磨制石器为主，打制石器较少。根据现有考古资料，大墩子、白羊村遗址是云南地区最早的新石器时代遗址。白羊村遗址时间经碳素测定距今3770±85年（公元前1820±85年），大墩子遗址时间经碳素测定距今3210±90年（公元前1260±90年）。但是研究者认为大墩子遗址的碳素测定偏晚，其年代应为距今4000至3500年。③

从整体上看，云南新石器文化的上限大约为距今4000年或者更早，以大墩子、白羊村类型为代表；云南新石器文化的下限为距今3500至3000年，如石寨山遗址和剑川海门口遗址距今3100年左右；其他地区如滇西北的维西戈登遗址距今也有3500至3000年。④

---

① 云南省博物馆：《云南晋宁石寨山古墓群发掘报告》，文物出版社1959年版。
② 阚勇：《试论云南新石器文化》，见云南省文物考古研究所《云南考古文集——庆祝云南省文物考古研究所成立十周年》，云南民族出版社1998年版，第18页。
③ 阚勇：《试论云南新石器文化》，见云南省文物考古研究所《云南考古文集——庆祝云南省文物考古研究所成立十周年》，云南民族出版社1998年版，第27-28页。
④ 阚勇：《试论云南新石器文化》，见云南省文物考古研究所《云南考古文集——庆祝云南省文物考古研究所成立十周年》，云南民族出版社1998年版，第28页。

三、川滇藏交界地区早期人类的生活形态

川滇藏交界区地处青藏高原的东缘部分，位于中国地势的第二阶梯，比青藏高原的海拔略低，但是比东部的丘陵和平原地带要高，其海拔一般在1500～5000米，平均海拔在3000米左右。其气候为高原型季风气候，受地形地貌复杂性的影响，气温和光照条件与东部地区也有所不同。

从地形来看，滇藏交界地区地理位置特殊，是早期黄河上游文明向南传播的重要通道，因此本书将其作为一个特殊的地理单元来分析。

学界在研究西南问题的时候指出："西南实际上是处于多方交融之中的一个巨大三角地。此三角地的一边与东亚中部的黄河中下游流域相接触，一边与东亚南部的长江中下游流域相连接，还有一边则同东南亚半岛及印度次大陆地区毗连，三角地的每一边都存在着不同类型的文化，并分别同西南三角地发生着'双边交融'。于是对于作为相对整体的西南来说，就形成了一个多通道中的多边关系。"[①] 由于川滇藏交界地区为民族融合之重要地区，故在这里形成了以藏族和彝族为主，兼有纳西、普米、羌、傈僳、白、门巴、珞巴等10余个民族共同居住的局面。费孝通先生将川滇藏交界区的广大区域称为"藏彝走廊"，实质上是"三江并流"区域。整个区域由西向东排列着怒江、澜沧江、金沙江、雅砻江、大渡河和岷江，俗称"六江流域"，为古代民族的迁徙提供了多条南北通道。

从海拔和气候特征来看，该区域主要以牧业为主，农业主要集中在澜沧江和金沙江的河谷台地上。这些区域比较适合人类生产和繁衍，从目前考古发掘来看，在澜沧江流域的昌都、芒康、德钦以及金沙江流域的德格、巴塘、中甸等地的山坡和台地上发现了较多石棺葬或遗址。这些遗址中的器物均在一定程度上反映了该区域早期的生活形态。

混合型经济是卡若遗址表现出来的人类生计状态，"从卡若遗址出土的铲状器、锄状器、石刀、石斧等生产工具及其在石器中所占的较大的比重来看，农业无疑是一个重要的生产部门，而主要的农作物为粟米。当时人们已

---

① 徐新建：《西南研究论》，云南教育出版社1992年版，第141页。

知饲养家畜，饲养的动物目前所知的只有猪一种。石镞、石矛以及可能用作投掷的石球，暗示着狩猎也是不可缺少的一种经济。除了猪以外，遗址中发现的动物似乎全是狩猎的对象"①。应该说，卡若遗址中工具和骨器所反映出来的生计情况是较为明确的。

从卡若遗址的整体发掘来看，当时此地的人们已经形成了稳定的居住习惯。定居生活习惯的形成和猪的驯养以及粟米的种植有直接关系。但是，受生产力水平的限制，捕猎依然是物质获取的一项重要途径。发掘出来的陶片从另一个侧面反映了该遗址的主人定居生活的稳定性。从陶器可看出主人已有以陶器取运水（或盐水）、储藏食物等习惯。

将目光转向卡若遗址的下游。1977年8月，云南省博物馆文物队到离德钦县城70千米的纳古，经实地调查，发现了一处石棺墓葬群。在一个星期的试掘工作中，清理石棺墓23座。此处发掘的器物值得关注，首先是发掘出陶器23件。其中，最大的双耳罐的腹径达20厘米，高达27厘米。陶器容积较大和当地人类的定居生活紧密相关。其次发现海贝1枚、绿松石珠716粒。海贝不产自青藏高原，在川滇藏交界区却较为常见，如在中甸尼西奔东M5中出土的7件海贝即属此类，据当时的云南考古队张兴宁同志讲，这种海贝并不产于云南，而主要生长在印度洋到红海一段海域，这种说法是可以确定的。②这表明早期的交换已经存在。此外，需要注意的是目前西藏自治区芒康县境内的产盐地——盐井，离纳古遗址仅30多千米。纳古遗址中的早期人类是否已经懂得利用盐泉，需要进一步研究。

---

① 西藏自治区文物管理委员会、四川大学历史系：《昌都卡若》，文物出版社1985年版，第154页。
② 东旺·琪岭陪楚：《中甸尼西石棺葬发掘记》，《中甸县志通讯》1988年第2期，第65页。

第二节
商周至两汉时期滇藏地区的族群及盐业开发

一、古羌族四个文明区的形成与盐泉之关系

任乃强先生在《羌族源流探索》一书中，持古羌族的形成及分化和盐业资源的利用有着密切关系的观点。此外，他还提到古羌族的分化同青藏高原分布有石英和石块有重要关系，其理由是石英、石块可以制成尖锐的石器，以作捕猎和割肉工具。羌族的产生是不断迁徙的结果。若干群猿人从印支半岛边缘的横断山脉进入康青藏大高原，再不断移动至大高原顶部的辽阔草原，然后停留下来。这群猿人的大部分最后演化为羌族。

盐是影响人类社会发展的重要因素，早期一些重要的民族文化诞生区多数具备获取食盐的条件。就地理条件而言，古羌人早期生活的羌塘地区不如黑河地区，黑河地区又不如玉树地区。但是他们最后选择向羌塘地区和向通天河一带（玉树区）的东北方向移动，均是为了获得那里的食盐。因此，按照这样的推断，任先生认为羌族与羌族文化的形成不会超出4个核心区[1]：

（1）最大的一个是羌塘地区。羌塘地区有100多个湖泊和近百个涸湖盆地，地面铺的全是盐块。故古代猿人乐于向它靠近，"羌塘"因此得名，羌民族和古羌族文化就是在此诞生的。羌塘地区，主要是指今天的藏北一带，这里分布有大小不一的数百个高原湖泊，其中一些是盐湖。这些湖盐（或池盐）主要蕴藏于藏北的玛尔盖茶卡盐湖[2]、公努木盐池、里牙尔盐池、尔布盐池、雅根盐池、必老盐池、那木盐池、马里盐池、苦公盐池、那木鄂岳尔盐池等。[3]关于这里湖盐的储藏量，目前没有相关的资料，但是整体上湖盐储藏量较为丰富。

---

[1] 任乃强：《羌族源流探索》，重庆出版社1984年版，第16—17页。
[2] 申扎县的玛尔盖茶卡盐湖为藏北最大的盐湖。
[3] 唐仁粤：《中国盐业史》（地方编），人民出版社1999年版，第732页。

（2）昌都东北的察零多盐泉是宁静山地区猿人群长期居住的地方，后来发展成为苏毗、东女国和西康地区一些部落。他们因为留恋这个盐池，迟迟未再前进，以至于其北面相邻的通天河区被迅速移进的其他猿人占领了。这一区域的食盐主要分布于芒康县的盐井、类乌齐县的甲桑卡以及贡觉县的哈加区，目前盐井和甲桑卡盐田均在晒盐。目前，甲桑卡盐田产量较低，年产量6万～7万斤，而芒康县的盐井盐田产量要高很多，年产量在100万斤左右。贡觉县盐的储藏量也很大，盐矿分布面积达2.5平方千米，含氯化钠38%左右，工业储量达3亿吨，伴生有氯化钾。①

（3）通天河区的世居民族，其食盐供应起初是依赖羌塘的，所以他们曾聚居于通天河上游，即所谓"牦牛石"神山地区。一部分人向下游移动之后，在黄河上游地方发现了"哈姜盐湖"（今青海省玛多县地），固定下来后，在此形成了羌族文化中心，后来发展为"多弥部"和"党项部"，与康区的"白兰部"和昌都的"苏毗"共同构成古羌族第三个文化核心区。

（4）羌族从哈姜盐湖向北发展，发现了察卡盐湖，形成了又一个羌族文化核心。

从上述论述来看，尽管缺乏可信的历史资料加以佐证，不过可以看到，这4个核心区的确为青藏高原的重要产盐区。而且从考古发掘的情况来看，这4个核心区是人类早期活动的主要区域，可追溯至旧石器时代。第一个核心区内发掘出了尼阿木底遗址，该遗址位于青藏高原核心区域的藏北高原湖泊区，海拔高达4600米，是一处原地埋藏的旧石器时代旷野遗址。遗址东西至少长0.5千米，南北至少长2千米，地表有大量的打制石器分布。根据光释光年代数据测定的初步结果，尼阿木底遗址年代距今至少3万年。而且该遗址可以提供大量人类行为及相关信息，也反映了更新世晚期古人类对高原生态环境的适应能力。②随着考古发掘的推进，可以初步判断，藏北的高原湖泊区可能存在更多的石器时代遗址。

羌族古文化的第二个核心区昌都东北部也发掘出了较为有代表性的遗址，即卡若遗址，年代同为旧石器时代。关于该遗址之前已经有过论述，现

---

① 唐仁粤：《中国盐业史》（地方编），人民出版社1999年版，第762-763页。
② 张晓凌：《西藏尼阿木底旧石器遗址考古获重要发现——系青藏高原腹地首次发现的具有确切地层和年代学依据的旧石器时代考古遗址》，《中国文物报》2017年3月10日，第8版。

不再进一步分析。

羌族古文化的第三个核心区,由于受第四个文化核心区迅速发展的影响,即后者是通过前者发展而来的,所以第三个核心区的考古遗址并不多。羌族古文化的第四个核心区黄河上游区域的羌族早期历史可追溯到新石器时代,其考古发掘有马家窑文化、宗日文化、齐家文化和辛店文化,至卡约文化时期达到鼎盛阶段,直到东汉末年才消亡,延续了3000多年。①可以看出,黄河上游是早期人类活动的重要地区。

以上4个文明区均有天然的湖盐或盐泉,如羌塘和哈姜均分布有盐湖。而昌都东北部如今囊谦县境内分布有8个盐场,类乌齐也有盐泉发现。昌都市芒康县境内的澜沧江河谷,两岸的石隙之中也有自然盐泉涌出。结合上述昌都市澜沧江峡谷流域发掘出的石器时代遗址可以推知,这些区域是早期人类生活的重要领地。应该说,早期的人类主要以利用自然盐泉和捞取湖中结晶的盐为主,并未发明出制盐技术。因此,古老族群的移动主要同寻找新的资源密切相关。

二、古羌分化及南下寻找盐泉

《说文》:"羌,西戎牧羊人也。"羌是一个游牧民族,居无定所,迁徙无常。方国瑜先生认为羌族在最早的时期居住在黄河上游,即现在连接甘肃、青海的山岳地带。羌族向南迁徙到民国时的四川、西康连接地带,然后又向东、向西、向南分支,东为出蜀区域,西为康藏区域,南为邛笮区域。从邛笮区域分支迁到云南,云南羌语系氏族是自北而南发展起来的。②具体而言,"为夷、为巂、为邛、为笮、为昆明、为叟,都是羌的支系"③。此外,方国瑜先生认为滇东北的僰人是由羌族在汉嘉郡分支先循着青衣迁至岷江,后顺岷江而下,形成部落,最后迁至洱海区域的。而摩沙夷,从定笮逐渐向西迁徙,在云南的滇西北区域金沙江上游地带定居,也是羌族的一支。也有学者持同样的观点,即古羌人在陇右地区生活了若干万年后,向东、

---

① 刘杏改:《从青海考古发掘看古羌族文化与中原文化的融合》,《青海师范大学学报》2003年第3期。
② 方国瑜:《云南民族史讲义》,云南人民出版社2013年版,第63页。
③ 方国瑜:《云南民族史讲义》,云南人民出版社2013年版,第64页。

西、南三面迁徙，开始了历史上的大分化过程。古羌人向西迁徙者，发展为后来的吐蕃，即今藏族的主要先民。古羌人向西南迁徙的一支为数最多，支系极为繁杂。从甘青草原南下后，在南中地区繁衍出了各种支系，一部分发展成为今天的羌族，一部分发展成为今天的彝族。其他迁至西南后，分化成为今天藏缅语族的哈尼、傈僳、纳西、拉祜、白、景颇、普米、怒、独龙、阿昌等民族。羌人向东南迁徙者主要为巴人，形成了今日土家族的主要先民。[1]

以上学者的分析主要依据历史文献进行解读，整体上对理解古羌族文化及其内部分化有一定的帮助。显然，有关羌族的南迁还可以依赖于考古资料做进一步分析。因为，考古学研究者在"藏彝走廊"的广大地区有很大的收获，其中石棺葬分布较广，学界纷纷对这一文化现象进行解释，并对族属问题进行了探索。总体而言，该文化现象受西北文化影响的论调被多数学者所接受。

汪宁生先生经过对滇藏地区几处新石器时代遗址中的器物进行比较，认为其存在相同或相似之处，这"反映出西藏的雅鲁藏布江流域、昌都地区和云南西部、北部的新石器文化之间已存在着某些联系，这种联系应与这片地区历史上一次大的民族迁徙有关。据各种迹象来看，属于后来称为氐羌的族群沿着横断山脉及其河谷地带自北而南的迁徙浪潮，正是在公元前第二千年就已开始"[2]。

在研究岷江流域的石棺葬文化时，冯汉骥认为"石棺葬文化在岷江上游区域内是一种突入的文化，是西北文化南下的一种余波"[3]。童恩正[4]、陈德安[5]、罗二虎[6]、谢辉、江章华[7]等支持上述观点。

---

[1] 史文：《古羌人的起源及其迁徙》，《民族论坛》1987年第2期。
[2] 汪宁生：《从文物考古材料看滇藏关系》，见《中国西南民族的历史与文化》，云南民族出版社1989年版，第202页。
[3] 冯汉骥：《岷江上游的石棺葬文化》，《工商导报》1951年5月20日。
[4] 童恩正：《四川西北地区石棺葬族属试探——附谈有关古代氐族的几个问题》，《思想战线》1978年第1期。
[5] 陈德安：《试论川西石棺葬文化与辛店文化及"唐汪式"陶器的关系》，《四川文化》1989年第1期。
[6] 罗二虎：《试论青衣江上游的石棺葬文化》，《四川大学学报》1999年第3期。
[7] 谢辉、江章华：《岷江上游的石棺墓》，《四川文物》2002年第1期。

罗二虎指出青藏高原这个区域发掘的文物包含西北地区和北方草原的文化因素。如西藏昌都的热底垄石棺葬晚于西北甘肃地区的马家窑文化半山类型的石棺葬，被视为来自西北的一种外来文化。四川炉霍县卡莎湖文化类型包含北方草原文化因素。四川巴塘地区、滇西北德钦等地的扎金顶文化包含西北地区的文化因素和北方草原文化的因素。① 此外，以云南元谋大墩子遗址为代表的大墩子文化包含西北地区的文化因素。包括李昆声在内的学者认为含大墩子文化在内的云南新石器文化与北方仰韶文化、马家窑文化、寺洼文化、龙山文化等在某些方面相似，其原因是滇西、滇西北和滇中地区的新石器文化是本地远古文化与西北地区氐羌古文化相互结合的结果。②

值得注意的是，南下被分化出来的羌族支系在进入滇西北之后，成为当地盐业资源的开发者和利用者，如昆明族。《后汉书·南蛮西南夷列传》载："建初元年，哀牢王类牢与守令忿争，遂杀守令而反叛，攻嶲唐城。太守王寻奔楪榆。哀牢三千余人攻博南，燔烧民舍。肃宗募发越嶲、益州、永昌夷汉九千人讨之。明年春，邪龙县③昆明夷卤承等应募，率种人与诸郡兵击类牢于博南，大破斩之。传首洛阳，赐卤承帛万匹，封为破虏傍邑侯。"④ 在这场权力博弈之中，人们发现邪龙县"昆明夷"卤承发挥了重要作用。对此，任乃强先生做了进一步分析，"卤承的卤字，即古盛盐袋用的盐字。承，名。显然他是一个昆明族的盐工"⑤。再结合汉朝时滇西北的永昌郡内有征收盐税的记录，如《后汉书》载："（郑）纯与哀牢夷人约，邑豪岁输布贯头衣二领，盐一斛，以为常赋，夷俗安之。"⑥ 由此又知，昆明人是早期开发和利用盐泉的古老民族。⑦

在羌族支系中，还有一个民族较早掌握了制盐技术。即"摩沙夷"或

---

① 罗二虎：《文化与生态、社会、族群：川滇青藏民族走廊石棺葬研究》，科学出版社2012年版，第267—270页。
② 罗二虎：《文化与生态、社会、族群：川滇青藏民族走廊石棺葬研究》，科学出版社2012年版，第271页。
③ 据方国瑜先生考证，邪龙县为今漾濞县。
④ ［南朝宋］范晔、［西晋］司马彪：《后汉书·下》，岳麓书社2009年版，第977页。
⑤ 任乃强：《羌族源流探索》，重庆出版社1984年版，第115页。
⑥ ［南朝宋］范晔：《后汉书人物全传2·列传（下）》，方铭点校，北京时代华文书局2014年版，第1871页。
⑦ 赵敏：《隐存的白金时代：洱海区域盐井文化研究》，云南人民出版社2011年版，第7页。

"磨些"①，也就是现在的纳西族先民。据《汉书·地理志》记载："（定筰县）出盐……都尉治。"定筰县，即现在的四川盐源县，汉时属越嶲郡，是"摩沙夷"的主要活动区域，设有都尉一职，显然是为了加强国家对当地盐业的管理。《三国志·蜀志·张嶷传》云："定筰……旧出盐铁及漆，而夷徼久自固食。嶷率所领夺取，署长吏焉。"②《华阳国志·蜀志·汶山郡》说："（定筰）县在郡西，渡泸水，宾刚徼，白［曰］摩沙夷。有盐池，积薪以齐水灌而后焚之成盐。"③这里的盐业生产持续时间长，《旧唐书》中称此地为"盐井城"或"盐川城"。唐代，盐源县境内已有黑盐井和白盐井之说。④8世纪，吐蕃、唐王朝、南诏国曾在嶲州发生军事博弈。《云南志》卷十说："南诏既袭破铁桥及昆明诸城，凡虏获万户，尽分隶昆川左右及西爨故地。"《张曲江文集》卷十二《敕西南土酋领蒙归义书》谓："蕃唯利是贪、数沦盐井。"至德二年（757年），"南诏异牟寻攻吐蕃，复取昆明城以食盐池"。《旧唐书》载："（乾元二年）（759年）冬十月丙寅，仆固怀恩引吐蕃兵二万……甲申……剑南严武奏收吐蕃盐井［川］城。"⑤不久，"吐蕃再逐南诏，陷昆明城。贞元十七年（801年），唐命韦皋大举袭破吐蕃，进围昆明城，但未能收复"⑥。

此外，唐《元和郡县图志》卷三三《剑南道中·嶲州》记载："昆明县……去县三百里，出盐铁，夷人用之。"《新唐书·食货志》记载："唐有盐池十八，井六百四十……成州、嶲州（盐源县）井各一。"⑦由此可以看出，在唐代，盐源县是全国较为重要的食盐产地。

宋代，盐源县的盐业还在持续发展，"后经大理的战争归并，和境内各民族之间的冤家械斗，造成人口减少，田园荒芜。在十一世纪初叶，盐井被封，淹没二百余年"⑧。

---

① 不同文献中"么些""麽些""麽歇"也为同一意思，即纳西族先民。
② ［晋］陈寿撰、［宋］裴松之注：《三国志》，中华书局2005年版，第779页。
③ ［晋］常璩：《华阳国志》（1~3册），中华书局1985年版，第42页。
④ 清修《盐源县志》云："黑盐井在县西中所壤内"，"白盐井在县（卫城）西南四十里"。
⑤ ［后晋］刘昫等撰：《旧唐书》卷一一《本纪第一一》，中华书局1997年版。
⑥ 《盐源县志》编纂委员会：《盐源县志》，四川民族出版社2000年版，第499页。
⑦ 王云五等：《新唐书·食货志四》，商务印书馆1928年版，第65页。
⑧ 潘绪源：《盐源盐业的发展沿革》，《盐业史研究》1988年第3期。

元代，马可·波罗曾到过盐源一带，记录过当地将盐作为小货币来使用以及盐的交易情况。

> 此国中有咸水，居民取盐于其中，置于小釜煮之，水沸一小时则成盐泥，范以为块，各值二钱（denier）。此种盐块上凸下平，置于距火不远之热砖上烤之，俾干硬，每块上盖用君主印记，其印仅官吏掌之，每八十盐块价值黄金一萨觉。第若商人运此货币至山中僻野之处，则每金一萨觉可值盐块六十、五十，甚至四十，视土人所居之远近而异。诸地距城较远而不能常售卖其黄金及麝香等物者，盐块价值愈重，纵得此价，采金人亦能获利，盖其在川湖可获多金也。
>
> 此种商人且赴山中及上言土番州之其他诸地，其地盐块亦通行，商人亦获大利。盖其地居民用此盐为食，视其为必需之物，城居之民则用碎块，而将整块作货币使用也。①

学者也曾指出，盐源县的历史同"纳西族群"有着密切关系，比如元代有一对盐业开发和利用较有贡献的妇女，清代地方文献中都还有记载，其被称为"开山姥姥""开山娘娘"等，因牧羊而发现盐泉。后人甚至建"开井娘娘庙"进行祭祀。②

明清时期，盐源县一直在相关的文献中有记载，洪武年间（1368—1398年），盐源为盐井卫，其白盐井和黑盐井分别置盐课司。清代依然有白盐井和黑盐井之分。直至20世纪80年代初期，黑盐井才被废弃，唯有白盐井进行盐业生产。可以看出，在漫长的历史进程中，当地的民族不断以盐为利，从事着盐的生产和贸易。

三、两汉及以前云南重要盐区与地方民族的关系

从族群关系来看，两汉时期云南境内从事盐业生产的区域内，族群之间

---

① ［意］马可波罗口述、［法］沙海昂注：《马可波罗行纪》，冯承钧译，商务印书馆、中国旅游出版社2016年版，第238页。
② 木仕华：《论藏彝走廊的"纳系族群"》，见袁晓文《藏彝走廊：文化多样性、族际互动与发展》（上），民族出版社2010年版，第334页。

关系密切，政治博弈凸显。以下从云南4个盐产区分析当时的族群及其互动关系。

滇中地区当以安宁井为著，通过上述内容，可以判断滇国的发展和盐井不无关系。而这里正是滇国的主要政治中心，学者指出滇为族名，同时也是国名①，是围绕滇池一带形成的一个地方王国。

滇国的范围有多大，学界有过论，尤中对滇的范围做了粗略的勾画，"东北部自今云南省的曲靖市（不包括沾益）往西南抵保山市；北部自金沙江南岸往南达越南莱州省境内；东部自南盘江西岸往西到礼社江、元江北岸"②。段渝等指出："根据滇文化墓葬的分布情况，可知滇的分布是以滇池湖滨平原为中心，北到富民，南至通海，东抵路南，西迄安宁，整个分布区并不是很大。"③张增祺先生认为"滇文化遗物的分布范围大致为：东至路南、泸西一线；北达会泽、昭通等地；南抵新平、元江及个旧一带；西到安宁及其附近区域……上述地区大概就是古代滇族的活动范围，亦即滇国的分布区域。……从滇文化分布范围看，古代滇国的领地并不十分广阔，大致包括今昆明市（4区8县）和东川市全部，曲靖和玉溪地区大部，红河州、楚雄州和文山州的一部分地区"④。从文献来看，以上三者的论述，尤中所述范围最广，段瑜等所述范围最小，张增祺依据考古学做的判断比较接近滇国的真实范围。

大多数学者通过文献判断滇国是一个很小的王国⑤，理由是《史记·西南夷列传》载："滇王者，其众数万人。……滇小邑，最宠焉。"⑥方国瑜先生也提及"'滇'只是一个不太大的区域，不能以此区域概括全省"⑦。当然，方国瑜先生的论述并不是说滇是一个很小的部落，而是指滇国有具体的区域范围，且未能辐射今天的整个云南省，这显然是正确的，但不能作为

---

① 段渝等：《西南酋邦社会与中国早期文明》，商务印书馆2015年版，第181页。
② 尤中：《古滇国、夜郎考》，《史学史研究》1989年第1期。
③ 段渝等：《西南酋邦社会与中国早期文明》，商务印书馆2015年版，第162页。
④ 张增祺：《滇国与滇文化》，云南美术出版社1997年版，第11-12页。
⑤ 张增祺：《滇文化》，文物出版社2001年版，第5页。
⑥ [西汉] 司马迁：《史记·下》，吉林大学出版社2015年版，第785页。
⑦ 方国瑜：《方国瑜文集》（第一辑），云南教育出版社2001年版，第63页。

滇国面积小的依据。从文献来看，当时的滇国不算小部落，不然这和《史记·西南夷列传》中"西南夷君长以百数，独夜郎、滇受王印"的记载矛盾，且司马迁对各个部落也有过明确的描述，如尤中所言，（滇国）"在当时的西南少数民族地区已经是一个大国了"①。

《史记》对汉时期西南的部落和族群有过介绍：

> 西南夷君长以什数，夜郎最大，其西，靡莫之属以什数，滇最大；自滇以北君长以什数，邛都最大，此皆魋结，耕田，有邑聚，其外，西自同师以东，北至楪榆，名为嶲、昆明，皆编发，随畜迁徙，毋常处，毋君长，地方可数千里；自嶲以东北，君长以什数，徙、筰都最大。自筰以东北，君长以什数，冉、駹最大。其俗或土著，或移徙，在蜀之西。自冉、駹驻以东北，君长以什数，白马最大，皆氐类也。②

"西南夷"中几个最大的部落如夜郎、滇、邛都等是通过对几个部落进行比较之后得出的结论，因此不能简单认为滇是小王国。石寨山出土的文物以及先进的制铜技术都表明滇国不是一个很小的王国。有学者指出："当时滇国生产的青铜器可以和世界上任何一种青铜文化媲美，这是国内外学术界所公认的。"③滇国青铜器的铸造方法有范模铸造法、夯筑范铸造法、套接铸造法、失蜡法。其中，失蜡法工艺精湛到铜器表面看不出有任何范铸和焊接痕迹。④此外，青铜表面鎏金工艺是古代一项传统的青铜表面处理工艺，有学者指出，迄今为止的研究表明，世界上最早使用这种工艺的国家是中国。另外从考古发掘的资料来看，我国最早的鎏金技术出现在春秋中期至晚期，目前所知道的情况是鎏金铜器出土自云南楚雄万家坝青铜时代古墓群中，其年代为春秋中期至晚期。但是其技术层面尚处在原始发展阶段。战国中期到西汉时期，云南地区的青铜铸造技术达到了顶峰，出现了大批鎏金器物。其中，晋宁石寨山、江川李家山、昆明羊甫头等滇国墓葬群中出土了数十件鎏金铜器。这一时期鎏金工艺也得到了较为迅速的发展，出土了很多代

---

① 尤中：《古滇国、夜郎考》，《史学史研究》1989年第1期。
② ［西汉］司马迁：《史记·下》，吉林大学出版社2015年版，第783页。
③ 张增祺：《滇文化》，文物出版社2001年版，第62页。
④ 张增祺：《滇文化》，文物出版社2001年版，第64—71页。

表滇国文化的青铜制品。①

从滇国的范围来看，滇国及其周边存在多个部落（或族群），如前所述，"滇"同时是一个族群的名称。此外，学者从《史记·西南夷列传》"劳浸、靡莫数侵犯使者吏卒，元封二年，天子发巴、蜀击灭劳浸、靡莫，以兵临滇"得出结论："劳浸与靡莫一样是西南夷诸族群中的一支，劳浸和靡莫均为族群名称，而不是地名。"②而且从"同姓相仗"来看，滇和劳浸、靡莫两个族群之间的关系密切，应同属于一个文化系统。

关于滇国的主体民族，学界也有过广泛的讨论。尤中认为滇国是一个多民族国家，其主体民族是僰族，此外还有被统治民族昆明、叟族。③张增祺认为滇国的主体民族是古越人的一支，他同样认为滇国是一个多民族王国，除处于统治地位的主体民族之外，还有叟、濮人、僰、昆明等少数民族，不过这些民族是被统治的民族，多半是滇王国的奴隶和纳贡者。④当然，关于滇国的主体民族，至今未有定论，主要有氐羌说、僰人说、百濮说和百越说。可以确定的是，滇国是一个多民族的部落群体。滇国内部已形成有一定制度规范的民族关系。

从滇国的区域位置来看，滇国的东北边境有聚邑味和收靡，西汉于此地设味县和收靡县。滇国的北部边境有聚邑弄栋，西汉于此地设弄栋县。滇国的西北部边境有聚邑叶榆，西汉于此地设叶榆县。滇国的西部偏北边境地带有聚邑比苏，西汉于此地设比苏县。滇国的西部边境有聚邑寓唐，西汉于此地设寓唐县。滇国的西南部边境有聚邑邪龙和双柏，西汉时期于此地设置邪龙县和双柏县。滇国的南部边境有聚邑来唯，西汉沿袭之以设来唯县。⑤

滇西地区的盐业主要分布在洱海的西部和西北部，其所处的广大文化系统，我们称之为洱海区域，即以洱海沿岸为中心，包括澜沧江以东、金沙江

---

① 崔剑锋、吴小红、李昆声、黄德荣、王海涛：《古滇国青铜器表面镀锡和鎏金银技术的分析》，见北京大学中国考古学研究中心、北京大学震旦古代文明研究中心《古代文明》（第4卷），文物出版社2005年版，第339—345页。
② 段渝等：《西南酋邦社会与中国早期文明》，商务印书馆2015年版，第183页。
③ 尤中：《滇国及其境内外的民族》，《思想战线》1999年第6期。
④ 张增祺：《中国西南民族考古》，云南人民出版社2012年版，第154页。
⑤ 尤中：《滇国及其境内外的民族》，《思想战线》1999年第6期。

以南、楚雄以西及元江上游地区。①汉代,该区域内开发的盐井,可以确定主要分布在永昌郡境内,据今人所述,可能是云龙县境内的五井。兰坪盐井是否有开发,文献资料尚未证实。但是从云龙盐井和兰坪盐井同属沘江流域且距离不远来看,汉代永昌境内的盐业生产可能涉及兰坪境内的一些盐井。

昆明族是洱海区域内对盐业资源开发和利用最早的民族。《史记·西南夷列传》载:"西南夷君长以什数,夜郎最大,其西,靡莫之属以什数,滇最大;自滇以北君长以什数,邛都最大,此皆魋结,耕田,有邑聚,其外,西自同师以东,北至楪榆,名为嶲、昆明,皆编发,随畜迁徙,毋常处,毋君长,地方可数千里。"昆明族被普遍认为尚处在落后的游牧生存状态。但是,也有学者认为昆明族是澜沧江及其支流河谷新石器文化的创造者。②从汉代文献中已有滇西盐业开发的记载以及昆明族在早期部落博弈中所起的作用来看,这个论断有一定的道理。

"(郑)纯与哀牢夷人约,邑豪岁输布贯头衣二领,盐一斛,以为常赋,夷俗安之。"③这是滇西澜沧江流域最早有关盐及盐税的记录,其盐业产地如前所述。那么,这和昆明族到底有何关系?

从史料中可以看出,西南地区在汉初曾发生过"夷"人反抗的战争。《汉书·王莽传》载:天凤元年(14年),"益州蛮夷('嶲''昆明')杀大尹(太守)程隆,三边尽反"。天凤六年(19年),"王莽政乱,益州郡夷栋蚕、若豆等起兵杀郡守,越嶲姑复夷人大牟亦皆叛,杀略吏人。莽遣宁始将军廉丹,发巴蜀吏人及转兵谷卒徒十余万击之"④。《后汉书·南蛮西南夷列传》说:"建武十八年,夷渠帅栋蚕与姑复(今永胜、华平)、叶榆(今大理)、弄栋(今楚雄地区)、连然(今安宁)、滇池(今晋宁)、建伶(今昆阳及易门)昆明诸种反。益州太守繁胜与战而败,退保朱提。十九年,遣武威将军刘尚等发广汉、犍为、蜀郡人及朱提夷,合万三千人击之。尚军遂度泸水,入益州界。群夷闻大兵至,皆弃垒奔走,尚获其羸弱、

---

① 张增祺:《中国西南民族考古》,云南人民出版社2012年版,第154页。
② 张增祺:《中国西南民族考古》,云南人民出版社2012年版,第162页。
③ [南朝宋]范晔:《后汉书·人物全传(2)·列传(下)》,方铭点校,北京时代华文书局2014年版,第1871页。
④ [南朝宋]范晔:《后汉书》(下册),岳麓书社2008年版,第1044页。

谷、畜。二十年，进兵与栋蚕等连战数月，皆破之。明年正月，追至不韦，斩栋蚕帅，凡首虏七千余人，得生口五千七百人，马三千匹，牛羊三万余头，诸夷悉平。"①这是朝廷派官吏到西南地区实行严格管控、垄断地方资源所引发的战事，这和从事盐业生产的"西南夷"是有关系的，其中昆明族在多次起兵事件中都发挥了作用。学者认为这和朝廷派盐官管理地方事务有关，理由是：

  朝廷在滇中地区委派官吏（盐官）专门管理食盐生产和运销事宜，必然影响"昆明诸种"的生产和生活。一方面，食盐为人们生活必需品，朝廷把产盐大权收归国有，实行国家专营，通过提高盐价，加重税赋剥削各族民众；另一方面，昆明夷是一个既经营畜牧业又兼营食盐煎制和运销的民族。他们饲养的牲畜，需要喂盐才会膘肥体壮；他们的生产，需要围绕食盐运转。朝廷把他们开发的盐井收归国有，影响了畜牧业和盐业生产，断绝了他们的生路，必然引起"昆明诸种"的反抗。②

《后汉书·南蛮西南夷列传》载："建初元年，哀牢王类牢与守令忿争，遂杀守令而反叛，攻嶲唐城。太守王寻奔楪榆。哀牢三千余人攻博南，燔烧民舍。肃宗募发越嶲、益州、永昌夷汉九千人讨之。明年春，邪龙县昆明夷卤承等应募，率种人与诸郡兵击类牢于博南，大破斩之。传首洛阳，赐卤承帛万匹，封为破虏傍邑侯。"③"卤承"前面已经提及是昆明族的盐工。"他把盐工们组织起来应募，战斗力就强大了。如果仍是'无常处，无君长'的游牧人民，就不可能组织成这样的力量。卤这个姓，证明他是学习汉文以后才自定的，表示他是盐工。"④因此，任乃强先生的观点是"昆明种仍以牧业为主，不全是盐工。但进化最快的是盐工，它也能带动本族人倾向华化"⑤。因此，可以看出，盐工组织能力强，力量大，应该是昆明族中的佼佼者。这应该和盐业生产中所形成的组织性有关系。此后，昆明族有一个自西

---

① ［南朝宋］范晔：《后汉书》（下册），岳麓书社2008年版，第1044-1045页。
② 鲁正清：《唐代姚州都督府》，云南人民出版社2014年版，第52-53页。
③ ［南朝宋］范晔、［西晋］司马彪：《后汉书·下》，岳麓书社2009年版，第977页。
④ 任乃强：《羌族源流探索》，重庆出版社1984年版，第115页。
⑤ 任乃强：《羌族源流探索》，重庆出版社1984年版，第115页。

向东发展的过程，这应该和向东可以获得洱海周边丰富的农业资源有关。

约在公元前12世纪，"昆明蛮"由澜沧江河谷进入洱海区域。渐进式西迁过程中，一部分以游牧为生的"昆明蛮"成为当地兼顾营农、牧业的定居民族。公元前8至公元前6世纪，大部分"昆明蛮"继续向外扩张，不断和"斯榆蛮"融合，共同创造了当地繁荣的青铜文化。随着洱海区域经济和文化的进一步发展，民族间的融合亦伴随而来。①此后，昆明族分别向北、南和东扩张。向北的一支沿澜沧江河谷向滇西北地区延伸，到达德钦一带；向南扩张的一支沿着澜沧江河谷顺流而下，进入西双版纳地区；向东扩张的一支，人数较多，队伍庞大，沿弥渡、祥云、姚安、楚雄、牟定、禄丰扩张，直至遇到更为强大的滇国时，东扩受到阻力，大部分昆明族才停留下来，成为当地的民族。②西汉后期，又有一部分昆明人继续向东、向南移动，当时滇东北、黔西及滇南地区都有昆明人。③

至隋唐时期，昆明族主要集中在今剑川、洱源、漾濞一带，并建立了施浪、浪穹诏，与洱海以南的蒙舍诏（南诏）对峙。当时洱海地区形成两大阵营：以唐朝、南诏和部分"白蛮"为一方，控制着洱海区域以南和以东地区；以吐蕃、"昆明"和"西洱蛮"为另一方，占据了洱海沿岸及西北地区。南诏直到建国50余年后才征服"昆明"，后将其上层阶级迁至永昌地区，其属民仍在洱海区域，这两部分后来均融合于当地的"哀牢夷"，成为洱海区域彝族的先民之一。④应该说，在两汉时期，洱海地区还有其他古老的民族，如"斯榆蛮"，即"楪榆蛮"。学者认为"洱海区域的农业文化是当地'斯榆蛮'创造的"⑤。李东红认为"可以把'昆明之属'中从事农业生产的部族，诸如'僰人''靡莫''廉头''姑缯''叶榆''邪龙''姑复'等，判定为洱海区域青铜农业文明的创造者，而将'皆编发，随畜迁徙，毋常处，毋君长'的昆明人视为石棺葬文化（游牧文化）的创造

---

① 张增祺：《中国西南民族考古》，云南人民出版社2012年版，第155页。
② 张增祺：《中国西南民族考古》，云南人民出版社2012年版，第26页。张增祺认为西汉初，滇王国和昆明族进行过长期战争，晋宁石寨山出土的青铜器上就有反映这些战争的图像。
③ 张增祺：《中国西南民族考古》，云南人民出版社2012年版，第17页。
④ 张增祺：《中国西南民族考古》，云南人民出版社2012年版，第171页。
⑤ 张增祺：《中国西南民族考古》，云南人民出版社2012年版，第163页。

者"①。因此，洱海区域的文明可以说来自两种文明，一是以昆明族为代表的游牧文明，一是以"斯榆蛮"为代表的农业文明。此外，洱海地区还有"哀牢夷"。

四、南中大姓和爨氏时期云南境内盐的开发与利用

众所周知，云南产盐历史悠久，是中国古代井盐的重要产地。从现有文献资料来看，云南的盐业历史可以推至西汉时期。南中大姓和爨氏时期，云南境内的食盐产地主要在滇中、滇西和滇东三个地区。其中，滇中地区的安宁井历史悠久，影响最大。其次为滇西的比苏县（现云龙县、兰坪县一带）境内的盐井，具体井名不详。此外还包括青蛉县（现大姚县）境内的盐井，当为后来的白盐井。这个时期，滇西的丽江境内也有产盐记录，但具体情况不详。此外，滇东的镇雄、盐津一带有生产盐的记载，但是汉代之后并无详细记载。

滇中地区的盐业资源主要分布在今天昆明以西30千米的安宁市。安宁井自汉代以来，是云南境内最重要的盐产地。安宁因盐而兴，也是较早进入国家管控的盐生产区。因此，"云南初设郡县，其产盐之地即成为汉盐官控制的二十八郡之一"②。《汉书》记载："连然县，有盐官……""连然"即现在的昆明市滇池西岸的安宁市。对此，《蛮书》卷七中也有记载："（云南）其盐出处甚多，煎煮则少。安宁城中皆石盐井，深八十尺。"③因此，学界普遍认为，安宁早在西汉时期已经产盐是可以确信的。此外，1955—1960年4次对滇池东岸石寨山的考古发掘中出土的滇王金印和《史记》中"赐滇王印，复长其民"④的记载一致，证实了滇池东岸古滇王国曾经真实存在。从人类对盐的特有需求来看，盐对地方王国古滇国的人口聚集和交通运输的发展有积极作用。因为从西岸的盐场到东岸的地方王国行政中心必然

---

① 李东红：《白族的形成与发展》，见赵寅松《白族文化研究 2001》，民族出版社2002年版，第89页。
② 黄培林、钟长永：《滇盐史论》，四川人民出版社1997年版，第21页。
③ ［唐］樊绰撰，向达校注：《蛮书校注》，中华书局1962年版，第184页。
④ ［汉］司马迁：《史记·西南夷列传》卷一百一十六，吉林大学出版社2015年版。

要通过滇池水路，才能实现盐的运输和贸易。

滇中地区不仅是重要的盐生产区域，其社会发展的程度之高也是令人叹为观止的。国家的出现、科学技术的发达便较好地说明了这个现象。滇国是战国至西汉时期兴盛于云南滇池区域的古王国，其历史长达四五百年，形成了古滇国文化。从石寨山6号墓考古发掘出的滇王印来看，滇国的都城很有可能就在今天昆明市晋宁区晋城镇，是汉代益州郡治所的滇池县城。① 从地形来看，古滇国的都城在滇池南部的东岸，离滇池东岸仅7千米左右，处于安宁市的东南部，离盐产区直线距离不过35千米。因此，可以判断，滇国的兴起和其占有盐业资源有直接关系。

《华阳国志》载："连然县，有盐泉，南中共仰之。"② 《后汉书·南蛮西南夷列传》中记载益州郡"河土平敞，多出鹦鹉、孔雀，有盐池田渔之饶，金银畜产之富。人俗豪忲。居官者皆富及累世"。不同历史时期，盐在当地社会发展中的作用不可忽视。"可以看出，当时安宁盐井带来的利益，从西汉就设盐官的安宁，到爨氏宗族联盟时期，更为发达，成为一个手工业和商业贸易的中心。"③ 《蛮书》卷七记载："安宁城中皆石盐井，深八十尺，城外又有四井，劝百姓自煎。"④ 深八十尺⑤的盐井，绝非一朝一夕所能形成，应是经过长期的开凿最终达到的深度，因此可以推测汉代时安宁已经有了一定的凿井取卤技术。再结合唐代《南诏德化碑》中"安宁雄镇，诸爨要冲。山对碧鸡，波环碣石，盐池鞅掌，利及群辆，城邑绵延，势连戎焚"和明代《滇略》"云南郡雄据滇池，方广三百里，旁平地，肥饶千里，有盐池田渔之利，金银畜产之富，人俗豪汰，自汉已然"⑥可以确定，滇池西岸的安宁井自唐代开始，曾一度是滇中地区的重要盐产地，受地方政权的严格掌控。

---

① 张增祺：《滇文化》，文物出版社2001年版，第2-6页。
② ［西晋］常璩：《华阳国志校注》（修订版），成都时代出版社2007年版，第207页。
③ 陆复初：《昆明简史》（上），昆明市印刷厂印（内部发行），1983年版，第44页。
④ ［唐］樊绰撰、向达校注：《蛮书校注》，中华书局1962年版，第184页。
⑤ 唐代，一尺的长度说法不一，相当于今天的30～31厘米。具体见丘光明《计量史》，湖南教育出版社2002年版，第357页。
⑥ ［明］谢肇淛：《滇略·俗略》。见方国瑜《云南史料丛刊·第六卷》，云南大学出版社2000年版，第699页。

从《华阳国志》所载"南中共仰之"来分析，当时安宁井盐供给的地域较广。"南中"最早见于《三国志·魏书·李寿传》"以南中十二郡为建宁国"。除上述观点，《中国历史大辞典·历史地理卷》释"南中"为"南方地区。三国以后指今四川南部及云南、贵州地区，因在蜀汉以南，故名"①。从汉代以上三个区域内产盐的情况来看，四川南部附近有盐源县和盐边县的盐井以及云南省昭通境内的盐井，因此食安宁井盐的可能性不大。滇池西部有大姚、云龙等地产盐，所以安宁井盐往西运销，当到楚雄一带。贵州境内历史上不见产盐，食安宁井盐可能性大。此外，滇南也主要食安宁井盐。故可以初步判定，这个时期盐是由南中大姓控制的。学者指出："随着时代发展，南中'大姓'的数量越来越多，分布区域也越来越广，如牂牁郡有'大姓'谢、龙、傅、尹、董等，晋宁郡有霍、爨、焦、娄、孟、董、毛等，朱提郡有朱、鲁、兴、仇、递、高、李等，永昌郡有吕、陈、赵、谢、杨等，兴古郡则有爨。可见，除去滇西南、西北等偏远地区，南中各地均有'大姓'势力的存在。他们凭借自身优势世仕州郡，成为南中各地实际掌权者。"②

魏晋之后，南中大姓在斗争和博弈中衰落，最后只剩爨氏家族，并成为南北朝时期云南境内的统治者。这个时期形成了"西爨白蛮，东爨乌蛮"的局面。《云南志》记载："西爨，白蛮也。东爨，乌蛮也。当天宝中，东北自曲靖州，西南至宣城，邑落相望，牛马被野。在石城、昆川、曲轭、晋宁、喻献、安宁至龙和城，谓之西爨。在曲靖州、弥鹿川、升麻川，南至步头，谓之东爨，风俗名爨也。"这是爨氏家族统治的大致区域。

从上述安宁井的历史以及《南诏德化碑》"安宁雄镇，诸爨要冲，山对碧鸡，波环碣石，盐池靸掌，负荷频繁，利及牂、欢。城邑绵延，势连戎焚"的记载来看，爨氏家族统治云南时期，安宁盐井依然重要。"所产之盐东西爨乌蛮、白蛮皆赖以食之，甚至利及牂州（今贵州西部）、欢州（今越南荣市）的人。这生动说明食盐已成为维持东西爨乌蛮、白蛮正常生活的经济命脉，是不可或缺的商品，通过它东西爨乌蛮、白蛮在经济上结为相互依

---

① 中国历史大辞典·历史地理卷编纂委员会：《中国历史大辞典·历史地理卷》，上海辞书出版社1996年版，第624页。
② 张刚、伍雄武：《云南民族关系的历史与经验》，社会科学文献出版社2014年版，第87页。

赖的整体。"①

鲁刚指出相较于汉代云南境内其他盐场，"连然盐井的历史最悠久，规模也最大，代表着爨区井盐开采的最高水平"②。这说明了安宁井在这个时期的重要性，从此后围绕安宁井发生的军事争夺来看，其地位不容忽视。这个时期，盐已成为一种军事战略物资。

滇西地区产盐历史同样悠久。据《后汉书》记载："永平十二年，哀牢王柳貌遣子，率种人内属，其称邑王者七十七人，户五万一千八百九十，口五十五万三千七百一十一。"③因西部都尉广汉郑纯为政声誉良好，受到拥戴，后为永昌太守，于是，"（郑）纯与哀牢夷人约，邑豪岁输布贯头衣二领，盐一斛，以为常赋，夷俗安之"④。《后汉书》中记载的这段文字，学界做过一定的分析。黄培林和钟长永认为永昌产盐之地在今云龙县，汉代为比苏县⑤，即明代以来盛产食盐的"五井"之地。此外，需要注意的是，将盐作为一种赋税，这是管控地方的一种有效手段，当时盐成为该地区一种重要的稀缺资源，这也是云南境内有关收取盐税的最早记载。应该说，通过征税来实现对一个族群的统治获得了成效，因此朝廷长期维持着盐税为"常赋"的状态。进而可以推断，盐的生产长期保持着正常状态，产量能得到保证，可以提供正常的赋税。总而言之，通过分析，汉代永昌境内产盐的地方在今天的云龙县境内是可信的。

汉时，滇西的食盐产地除上所提及的比苏县之外，还有青蛉县和姑复县。据《汉书·地理志》"越嶲郡"载："姑复，临池泽在南……青蛉，临池瀁在北。"将其二县作为盐产地，普遍的依据是《后汉书》卷一一三《郡国志五》"姑复"条注引——"《地道记》：'盐池泽在其南。'"

---

① 张刚、伍雄武：《云南民族关系的历史与经验》，社会科学文献出版社2014年版，第96页。
② 林超民、王跃勇：《南中大姓与爨氏家族研究》，民族出版社2002年版，第100页。
③ ［南朝宋］范晔：《后汉书·人物全传（2）·列传（下）》，方铭点校，北京时代华文书局2014年版，第1871页。
④ ［南朝宋］范晔：《后汉书·人物全传（2）·列传（下）》，方铭点校，北京时代华文书局2014年版，第1871页。
⑤ 黄培林、钟长永：《滇盐史论》，四川人民出版社1997年版，第22页。

即"临"是"盐"字的误写或蚀笔。①也有些学者认为"临池"或为今永胜县南部的"程海"。今永胜、宁蒗一带即西汉姑复县之地。②从史料记载来看，这一广袤地区产盐的区域主要为盐源和大姚。如此说来，盐池主要为汉代的昆明池以及大姚县境内的盐井。

滇东北地区主要分布在昭通境内，据《华阳国志·南中志》记载，"南广县……汉武帝太初元年（前104年）置，有盐官"。目前学界对南广县的理解存在争议，其或为今昭通市境内的镇雄县，或为盐津县。③但是这个区域盐业生产的相关史料并不多，盐业规模应该不大。

---

① 董咸庆：《云南食盐产地沿革与变迁》，《盐业史研究》1986年第1辑。此外，在《滇盐史论》中，本章作者董咸庆依然坚持上述观点，见黄培林、钟长永《滇盐史论》，四川人民出版社1997年版，第22页。
② 尤中：《尤中文集》（第2卷），云南大学出版社2009年版，第565页。
③ 黄培林、钟长永：《滇盐史论》，四川人民出版社1997年版，第21页。

第二章
唐代滇藏地区的
盐业资源及其争夺

唐代是中国历史上社会经济发展的一个重要阶段，也是国家层面不断推动西南边疆地区治理的关键时期。这个时期，西部地区因吐蕃政权的兴起而长期存在着军事博弈。因此，从青藏高原东部到川滇藏交界区，均流传下来较多有关盐池争夺的传说。著名史诗《格萨尔王》中的"姜岭大战"便是一场姜国和岭国争夺盐池的战争。从历史资料来看，吐蕃、南诏和唐王朝曾于8世纪在川西的盐源（当时称为昆明池）一带争夺盐业资源。同一时期，唐朝为了进攻南诏，经云南曲靖占领安宁。这一过程也伴随着盐井的争夺。此外，洱海区域以及姚州等地因长期盛产食盐，汉代起已有盐的开发和利用，发生在此地的几次军事争端也同资源的争夺密切相关。

第一节　青藏高原东南部食盐争夺的神话传说

一、英雄史诗中的盐池之战

《格萨尔王》是一部气势磅礴、影响深远的英雄史诗，其流传范围之广泛，涉及民族之众多，在世界上是少见的。在国内，该史诗主要流传于藏族和蒙古族地区，此外，在土族、纳西族、裕固族、普米族、白族、傈僳族等民族地区也有流传。国外，在与我国相邻的蒙古国，俄罗斯的布里亚特、卡尔梅克地区和印度、巴基斯坦、尼泊尔、不丹等一些国家和地区，也有《格萨尔王》流传。[1]在《格萨尔王》中，有一段叫"姜岭大战"的史诗，描述了两个部落之间的盐池争夺，主要流传于西藏东部、青海南部、四川西部以及云南的西北部。"姜岭大战"的故事情节是：在格萨尔王统领的岭国南面有个拥有18万户部落的姜国。岭国有个名叫阿隆巩珠的大盐海，与姜国接界。姜国国王萨丹因在梦中受到姜国地方神的唆使，吩咐内外大臣调集180万兵马，准备入侵岭国阿隆巩珠盐海，抢夺调味佳品食盐。姜国入侵之后，格萨尔王亲自率领从18个部落调集来的180万大军，星夜开赴盐海，抗击姜国的入侵。战争最终以格萨尔王取得胜利而告终。[2]

姜岭大战可以说反映的是青藏高原东部早期部落之间因为争夺资源而引发的军事博弈，这表明早期的部落社会对盐这一特殊的物资已经有了足够的重视。笔者曾先后在青海囊谦、西藏芒康以及云南西北部的丽江等地调研，在这几处均听到了有关姜岭大战的传说，而且各地的百姓都深信不疑，认为这场围绕盐池的战争就发生在他们所生活的区域。

---

[1] 陈自仁：《心灵的记忆：首批国家级非物质文化遗产名录中的民间文学》，甘肃人民美术出版社2012年版，第300页。
[2] 赵秉理：《格萨尔学集成》（第四卷），甘肃民族出版社1994年版，第2598-2599页。

二、姜岭大战有关问题论述

（一）姜岭大战的时间

目前，学界对姜岭大战发生的历史时间主要持三种观点：吐蕃时期说（8—10世纪）、宋元时期说（11—13世纪）和明清时期说（15世纪以后）。其代表人物分别为黄文焕、毛星以及王沂暖。不过，笔者比较支持陈自仁的观点，其认为："一是作为民间流传的世界上最长的英雄史诗，绝不是一个世纪甚至数十年能够创作完成的；二是作为规模如此宏大的英雄史诗，绝不是几个民间艺人能够创作完成的。史诗《格萨尔王》，从最初的萌芽，到逐渐成长，到后来的发展成熟，经历了一个相当长的历史阶段。"① 经过分析，陈自仁认为《格萨尔王》所描述的是部落时代的战争，因此符合这一条件的年代当在4—6世纪。这个时期部落之间的征战应该是《格萨尔王》的源头。7—9世纪是吐蕃王朝的鼎盛时期，藏族社会发生了历史性的变化，社会生产力空前发展，民族自信心和民族精神得到极大张扬，在这样的一个英雄时代，英雄的故事和战争史实在民间不断得到演绎，衍生出大量的奇闻异说，再给这些英雄故事加以神奇的光彩之后，最终演变成史诗《格萨尔王》。② 按照此观点，姜岭大战发生的时间应该在4—9世纪。

（二）姜岭大战的历史背景

姜岭大战因盐而起，所以历史上，川青滇藏地区产盐的地方均流传有姜岭大战的故事。

从目前已有的历史资料来看，上述区域发生过盐池战争的年代主要为7—9世纪以及16世纪，涉及的盐场主要在川西的盐源（早期称为定筰、昆明）、西藏东部的盐井以及滇西的洱海区域。川西盐池以及洱海区域的盐场之争主要发生在7—9世纪，西藏东部的盐井之争发生在16世纪的木氏北扩时

---

① 陈自仁：《心灵的记忆：首批国家级非物质文化遗产名录中的民间文学》，甘肃人民美术出版社2012年版，第294页。
② 陈自仁：《心灵的记忆：首批国家级非物质文化遗产名录中的民间文学》，甘肃人民美术出版社2012年版，第295-296页。

期。从产盐的地区来看,青海南部囊谦县境内也有较多盐场,其中的白扎盐场当属开发最早的。据坚赞才旦分析,白扎盐场可能建于1185—1193年,距今至少823年。①因此,在缺乏相关文献记载的情况下,这些大型盐场在早期社会都有可能引发战争。

从文献资料来看,川西的盐池战争主要涉及吐蕃、南诏和唐王朝。因盐源县昆明盐池出现了和姜岭大战相似的战争场景,于是学者们均认为这场战争就是姜岭大战的原型。赵心愚认为"姜国之'姜'(Ijang或Vjang)又译作'绛',即位于岭国之南的这个'姜国',一般认为是藏族史料中的'绛域'(Ijang-yuI或Vjang-yuI)。绛域既指地区,又指政权,指政权时就是指的唐代以云南为中心的地方割据政权南诏国"②。"因此,《保卫盐海》所依托的历史背景应是吐蕃崛起后其势力南下今滇西北、川西并争夺洱河一带(今云南洱海)以及昆明一带(今四川盐源)的战争。"③

法国学者石泰安指出:"江地(Vjang,即丽江流域的麽些)的国王被称为'木族老爷',但他也是一位魔王般的人物,颇懂魔法。其中的真正成分可能是木氏(Mu),丽江的首领们从1382年之后就享有这一尊号。"④这里的"江"即通"姜",既可表示丽江地区,也可指麽些这一族群。徐国琼和杨福泉二人持同样的观点,即"姜"就是藏语中对麽些人或麽些人分布地区的称呼。而"萨丹"一词系藏语对丽江坝子的专称,因此吐蕃和麽些人之间为了争夺盐利而发生战争的史实更加符合姜岭大战的故事情节。⑤从史料记载的情况来,上述分析有一点难以站住脚,即姜岭大战中,盐池原属于岭国,在姜国的北部,而史料中写到八九世纪发生在川西的盐池之战,则说盐池原属于南诏国,处在其北部的吐蕃进攻盐池,并试图将其占为己有,这和史诗记录恰恰相反。

笔者2018年4月在青海调查期间,生活在多伦多盐场的老人和笔者谈到

---

① 坚赞才旦、王霞:《百味之首在澜沧江源头——青海囊谦泉盐产销调查》,《青海民族研究》2018年第1期。
② 赵心愚:《纳西族历史文化研究》,民族出版社2008年版,第95页。
③ 赵心愚:《纳西族历史文化研究》,民族出版社2008年版,第96页。
④ [法]石泰安:《川甘青藏走廊古部落》,耿昇译,王尧校,四川民族出版社1992年版,第97—98页。
⑤ 杨福泉:《纳西族与藏族历史关系研究》,民族出版社2005年版,第79—84页。

多伦多村有格萨尔母亲故居的遗址。当地人认为各地都有格萨尔王的传说，但是根据传说中的山势走向、两条河流、牦牛垫子一样的草皮、三个圣湖以及盐池等信息来判断，格萨尔王早期生活在玉树地区。当地人认为，目前多伦多村存在的厚厚土墙，就是格萨尔王给自己的母亲修建的房子，所以姜岭大战发生在多伦多盐场。

图2-1　多伦多村格萨尔王母亲故居遗址

笔者在川滇藏接合部调查时发现，在康南地区许多人心目中，"保卫盐海"（即"姜岭大战"）发生在今天西藏自治区芒康县的盐井。康南各县的石碉被称为"姜妖房"，人们认为这些石碉就是"保卫盐海"中的萨丹王的城堡，木氏土司就是住在这些妖房中的妖魔。他们将"保卫盐海"中的盐池说成是今芒康的盐井，认为是格萨尔王赶走了木土司，还夺回了盐井，等等。①

综合上述信息，笔者认为，考察姜岭大战的时间和地点一方面应该从现

---

① 赵心愚：《纳西族历史文化研究》，民族出版社2008年版，第103页。

在青、藏、川、滇等省区产盐的地区着眼,只有紧紧围绕盐这一特殊的具有地域性特征的因素,才能了解姜岭大战的事实;另一方面,应从历史或民间的传说中,深入考察上述区域盐业生产最早发生的时期,只有符合部落之间的博弈这一关键要素,才能破解姜岭大战之谜。

第二节 吐蕃境内的盐业资源及其交换

一、吐蕃境内的藏北湖盐

关于吐蕃境内的盐业生产情况,尚未见到详细的文献资料。从目前所知的盐业资源分布情况来看,吐蕃时期,其境内盐的产地主要在藏北和藏东。

就藏北地区而言,《隋书》记载:"女国在葱岭之南,其国代以女为王……气候多寒。以射猎为业。出瑜石、朱砂、麝香、牦牛、骏马、蜀马,尤多盐,恒将盐向天竺兴贩,其利数倍。"①有学者指出,这是有关西藏盐产及输出的最早资料。②这里的女国应为西女国③,其地在今天的藏北阿里地区,其所产的食盐应该为自然结晶的湖盐,也可称池盐。

青藏高原有世界上海拔最高、面积最大的高原湖区,这里分布着1500多个湖泊。以湖泊总面积计算,其中88.5%的部分分布于藏北高原,超过全国湖泊总面积的四分之一。从矿化度来看,藏南和藏东南以淡水湖为主,有

---

① [唐]魏徵等:《隋书》(第六册),中华书局1997年版,第1850—1851页。
② 唐仁粤:《中国盐业史(地方编)》,人民出版社1997年版,第732页。
③ 还有东女国之说,其地方在川西北、青海东南部。文献载"东女国,西羌之别种,以西海中复有女国,故称东女焉。俗以女为王。东与茂州、党项接,东南与雅州接,界隔罗女蛮及白狼夷。其境东西九日行,南北二十日行。有大小八十余城",见后晋刘昫等撰、廉湘民等点校《旧唐书》卷87上~卷200下,吉林人民出版社1995年版,第3366页。

少量咸水湖和个别盐湖。藏北则以咸水湖和盐湖为主。特别是藏北北部盐湖广布，盐矿资源丰富，因其容易采获，故采盐成了藏北牧民最为重要的副业。①有学者指出"藏北地区的食盐（其中包括碱），纯系大自然产物，不用加工，只要有人力和畜力，即可前往挖掘装运，投入交换的领域。出产这类食盐的地域，遍布藏北地区，如巴青、比如、聂荣、嘉黎、那曲、当雄、安多、班戈、申扎及阿里地区的改则、革吉、噶尔等"②。由此可以看出西藏的盐湖主要分布于藏北，从获取盐的途径来说，相较于其他制盐方式需要掌握较为复杂的制盐工序而言，这里的盐实为上天的赐品。

有关藏北湖盐的发现，《汉藏史集》中有过这样的记载："朗日伦赞还骑上穆德龙巴在札森定玛得到的具有神通的宝马，领着名叫章·迦波和穆·本江仁波的两名大力士，杀死叫作蚌雅塔卡如仁的长角野牛，在北方修建了托巴城。在回来的路上，将野牛肉驮在马鞍上，因牛肉拖在地上发现了湖盐，在这以前，吐蕃除了很少一点岩盐以外，没有湖盐，这以后吐蕃就食用羌塘地方的湖盐。"③有学者指出："由于这次远行在藏北羌塘地方发现了湖盐，自此以后，吐蕃雅隆地方就开始食用取自羌塘地方的湖盐。这也说明，当时从雅隆到羌塘地方去取湖盐，在交通上是较为畅通和便利的。"④

任乃强指出："女国……矿产之最多者为盐与金。盐之产地，在羌塘中。羌塘各湖皆碱水。湖滨积盐各数尺，任人掘取百千年不能尽。……北印度去海远，溪谷阻深，无水运，故海盐不能入，历世专销西藏羌塘盐。女国适当转运枢纽地，故其人贩盐利厚。"⑤任乃强先生曾坚持羌塘地区是早期羌族文明的领地，这和当地有丰富的湖盐有密切关系。⑥

---

① 洪贤兴、郭红：《海洋盐文化》，中国大地出版社2007年版，第216页。
② 李坚尚：《盐粮交换及其对西藏社会的影响》，《西藏研究》1994年第1期。
③ 达仓宗巴·班觉桑布：《汉藏史集》，陈庆英译，西藏人民出版社1986年版，第83页。
④ 陈崇凯：《西藏地方经济史》，甘肃人民出版社2008年版，第92页。
⑤ 任乃强：《隋唐之女国》，见《任乃强民族研究文集》，民族出版社1990年版，第221页。
⑥ 任乃强：《羌族源流探索》，重庆出版社1984年版，第16页。

二、吐蕃时期藏北的盐粮交换

吐蕃的西北部有盐粮交换的历史，这里形成了早期的盐马通道。王小甫认为："对勘汉、藏史料，可见经过女国（大羊同）很早就有一条'食盐之路'：女国从北方的突厥地得到食盐，再向南贩往天竺。"①王小甫还援引了10世纪波斯佚名作品《世界境域志》第11节第9条说："Twsmt（Tūsmat?），此地从前为汉人所有，现在被吐蕃人占据。这里有隶属吐蕃可汗的军队。"Tūsmat应在今天阿克赛钦西北的赛图拉一带，今天的新藏公路上有两个连续的站名叫小盐池、大盐池。Tūsmat这个地名大概是一个突厥语和波斯语的混合词，tus或tuz为突厥语"盐"之意，mat或math为波斯语"浆、汁"之意，二者合成用以指当地的盐池。总之，"食盐之路"的存在是无可置疑的。②

对于吐蕃需要从突厥境内获得食盐，学者提出了质疑。房建昌认为"盐为东女国自产。历史上西藏从未、也没有必要输入新疆的盐"③。此外，霍巍也认为："实际上，羊同本土也是重要的盐业产地，不一定非得到北方的突厥地去获得盐。"④

从文献来看，吐蕃和周边的区域之间存在古老的贸易关系。据《弟吴教法源流》一书所述：松赞干布时期吐蕃与四邻建立了8个用于贸易的市场，称作"拉杰凯杰"（kha brgyad khe brgyad）。其中，"kha brgyad"指8个市场，包括上部与勃律（dru sha）、突厥（dru gu）、南山（pal po）交易的3个市场，下部与葛逻禄（gar log）、化隆（rongrong）、丹玛（ldan ma）交易的3个市场，中部用于附近百姓相互交换产品的南、北2个市场。而所谓的"khe brgyad"被解释成8个山口，"东方汉绢与食品的山门""南方米和穈子之山门""西方蔗糖和染料之山门""北方盐与牦牛之山门"，"四大山

---

① 王小甫：《唐、吐蕃、大食政治关系史》。见《藏学研究论丛》编委会《藏学研究论丛》（第三辑），西藏人民出版社1991年版，第130页。
② 王小甫：《唐、吐蕃、大食政治关系史》。见《藏学研究论丛》编委会《藏学研究论丛》（第三辑），西藏人民出版社1991年版，第131页。
③ 见唐仁粤主编《中国盐业史（地方编）》中房建昌所撰写的《西藏自治区》一篇，人民出版社1997年版，第732页。
④ 霍巍：《西藏西部佛教文明》，四川人民出版社2000年版，第78页。

口连同四小山口，共八个山口。……'八商市'（kha brgyad）"。①从这里也可以看出早期吐蕃的交换以区域为主。北部贸易交换以盐和牦牛为主；东部以汉绢和生活用品交换为主。这说明此时吐蕃和中原文明已经有了较深接触。南部所交换的粮食应产于林芝一带，其平均海拔为3100米左右，素有"西藏的江南"之称。这些地方因气候适宜，可种植小麦、玉米、水稻等农作物。西部所交换的物品，应来自印度和尼泊尔等国。

综上所述，在吐蕃时期，西藏境内已经有了盐的交换，盐的产地主要为藏北的盐湖。尽管有学者认为"部落时期的盐粮交换，主要有两条路线：西线从改则往西，再往南进入普兰，由普兰进入尼泊尔境内；南线从麻米往南，经日喀则地区的仲巴、萨嘎等地，在与印度交界的定举、诺巴交易点进行交易"②，但是，总体上说，受这个时期资料有限的影响，对西藏盐的交换范围和路线难以做较为详尽的论述。

第三节　南诏境内的盐业资源及生产技术

唐代，青藏高原形成了以吐蕃政权为核心的地方王国，长期统治着以拉萨为中心的青藏高原大部分地区，并在此后有扩张趋势。而在西南地区的云南境内，唐开元二十六年（738年），唐王朝册封蒙舍诏第四代诏王皮逻阁为"云南王"。这样，蒙舍诏在吞并五诏③之后，正式成为雄霸中国西南的

---

① 杨铭：《唐代吐蕃与西域诸族关系研究》，黑龙江教育出版社2014年第2版，第72页。
② 周猛：《藏西北牧区的盐粮交换》，《中国民族》2012年05期。
③ 这六诏为：蒙舍诏——今之巍山（蒙化）一带，因地处六诏的最南面，所以又称"南诏"；蒙嶲诏——蒙化西北之漾濞一带；邓赕诏——约今之邓川；浪穹诏——约今之洱源县；施浪诏——约在今洱源青索乡一带；越析诏——约今之宾川一带。六诏各自不想臣服，各自为政，其中蒙舍诏的势力最大。见方国瑜《云南民族史讲义》，云南人民出版社2013年版，第393-395页。又见李丽芳《南诏国与大理国的兴衰》，云南教育出版社2012年版，第1页。

地方王国，且存在了近200年。

国家的出现是一个文明时代的象征，也表明在一定的地域范围之内已经有了一定规模的人口以及与之相适应的经济条件。从已有的文献资料来看，南诏国时期，其境内的盐业分布较广，生产技术相较汉代有了很大的提升。

一、南诏境内的盐业资源分布

据《新唐书·南诏传》载，南诏国的范围"东距爨，东南属交趾，西摩伽陀，西北与吐蕃接，南女王，西南骠，北抵益州，东北际黔、巫"。这是南诏势力最强时的疆域。可以看出，当时的疆域东至今天的贵州西部，大体为现在云南曲靖市东部和贵州西部交界的盘州市一带；东南方向延伸到越南的北部；西部至印度和缅甸交界处；北部和吐蕃接壤，应到川西一带，普遍认为以大渡河为界；东北至今天的昭通一带。因此，南诏国整个疆域比今天的云南全省的面积还要大。

唐代樊绰在《蛮书》一书中，对南诏境内的盐业资源分布及生产技术做了一定的记载和论述：

> 其盐出处甚多，煎煮则少。安宁城中皆石盐井，深八十尺。城外又有四井，劝百姓自煎。……升麻、通海已来，诸爨蛮皆食安宁井盐。唯有览赕城内郎井盐洁白味美，惟南诏一家所食取足外，辄移灶缄闭其井。泸南有美井盐，河赕、白崖、云南已来供食。昆明城有大盐池，比陷吐蕃。……贞元十年春，南诏收昆明城。今盐池属南诏，蛮官煮之，如汉法也。东蛮、磨些蛮诸蕃部共食龙佉河水，中有盐井两所。剑寻东南有傍弥潜井、沙追井，西北有若耶井、讳溺井。剑川有细诺邓井。丽水城有罗苴井。长傍诸山有盐井，当土诸蛮自食，无榷税。①

总体来说，南诏境内生产盐的区域可以分为滇中、滇西、滇西北和滇南。滇西以安宁井为著，其历史可追溯到汉代，这在前文中已有叙述。从"升麻、通海已来，诸爨蛮皆食安宁井盐。唯有览赕城内郎井盐洁白味美，

---

① [唐]樊绰撰，向达校注：《蛮书校注》，中华书局1962年版，第184—190页。

惟南诏一家所食取足外,辄移灶缄闭其井"来看,安宁井在南诏境内的所有盐井中,应该是盐业资源开发历史最早、技术水平相对先进、产量较高的盐产地。因此,"诸爨蛮"均食安宁井盐。升麻即今寻甸县,处滇东北;通海,现也为通海县,处滇南。"诸爨蛮",可以理解为包括东爨和西爨。《蛮书》中有"西爨,白蛮也。东爨,乌蛮也。当天宝中,东北自曲靖州,西南至宣城,邑落相望,牛马被野。在石城、昆川、曲轭、晋宁、喻献、安宁至龙和城,谓之西爨。在曲靖州、弥鹿川、升麻川,南至步头,谓之东爨,风俗名爨也"①。据向达校注,曲靖州,即今之曲靖;宣城,无可考;石城旧南宁县,今沾益;昆川,即为今昆明;曲轭,应为今天的嵩明至昆明地区;喻献,无可考;安宁,今之安宁市;龙和城,安宁西去一日路程,旧称老鸦关;弥鹿川,今之师宗、弥勒一带;步头,今之建水一带。由此可以看出,当时食安宁井的"爨蛮",主要分布在今天的滇东北昭通南部,滇西曲靖市,滇南的玉溪、红河以及滇池周围的安宁、昆明、嵩明、晋宁等地。从南诏后来攻占安宁看来,南诏在自东向西发展的过程中不断占有盐业资源,安宁井就是从爨人手中夺得的。

由"唯有览赕城内郎井盐洁白味美,惟南诏一家所食取足外,辄移灶缄闭其井"可知,该井主要供南诏的王室贵族所食,其盐质最好,"洁白味美",即受王室贵族所青睐。又有《新唐书·南诏传》载:"览赕井产盐最鲜白,惟王得食,取足辄灭灶。"这和《蛮书》所述基本一致。元代李源道《真觉寺记》中说:"威楚东北五舍,沿深山人长谷,有磋井,取雄于一方,以佑国用,以资民生,厥利至溥也。"景泰《云南图经志书》卷四说:"楚雄府井泉黑盐井,其井有四:曰黑井,曰琅井,在定远县宝泉乡;曰阿陋井,曰猴井,在广通舍资村。皆出卤泉,煮以为盐。"据方国瑜先生所言,览赕即今楚雄,释为其境内。曰郎井,或琅井,可能开掘较早。②

"泸南有美井盐",学界多认为是大姚境内石羊古镇的白盐井。方国瑜认为是汉代产盐的"青蛉",后在民国年间成为盐丰县。食用此井盐的区域为河赕、白崖和云南。河赕指西洱河附近的地区③,白崖即在今凤仪之红崖

---

① [唐]樊绰撰、向达校注:《蛮书校注》,中华书局1962年版,第82页。
② 方国瑜:《云南民族史讲义》,云南人民出版社2013年版,第507页。
③ 方国瑜:《云南民族史讲义》,云南人民出版社2013年版,第348页。

平原及弥渡，红崖在清代之前还被称作白崖，现红崖也属弥渡①。此处的云南即为现在的祥云，如此便初步勾画出白盐井的销售范围，即洱海以东南至楚雄。

"昆明城有大盐池"中的昆明城，即为汉代越巂郡之定筰，后为盐源县。天宝年间，南诏、吐蕃、唐王朝曾在此处争夺盐池。

"东蛮、磨些蛮诸蕃部共食龙佉河水，中有盐井两所"中"龙佉河水"为雅砻江，有盐井两处，但是资料中并未记载为何名，这里的盐井应该分布在今盐边县和盐源县一带。这一区域在唐朝，生活有"磨些蛮"，且靠近滇东北的东爨区域。

"剑寻东南有傍弥潜井、沙追井，西北有若耶井、讳溺井。"方国瑜指出："剑寻城在宁北城之西北，与剑川近。诸井在此区域，即今兰坪、剑川、云龙，所属并有盐井。"②另有学者认为"傍弥潜井"位于剑川县沙溪古镇西面的弥沙河畔，也就是弥沙井。③弥潜井和沙追井在南诏时期应为两井，或二井后来废弃，新开井借两井之名，取为"弥沙井"；或二井被合并，称此名。若耶井和讳溺井，或为今兰坪县啦井。④

"细诺邓井"，普遍认为"细"为白语，意为"新"，则"细诺邓井"意为新开的诺邓井，也就是说还有一口旧井，为诺邓井。诺邓，现为滇西云龙境内的诺邓村，这与汉代云龙境内的诺邓井已经开发的记载相符。

"丽水城有罗苴井"，方国瑜先生考证，丽水城为今腾冲西部、缅甸北部打罗，今不产盐，闻曾有盐井。⑤长傍诸山在高黎贡山以西，其盐井今不详。

关于滇南地区的盐业，《蛮书》卷六载："又开南城在龙尾城南十一日程，管柳追和（镇沅）都督城，又威远城（今景谷）、奉逸城（今宁洱）、利润城，内有盐井一百来所。"⑥开南城，即银生节度府，今景东县。说明

---

① 方国瑜：《云南民族史讲义》，云南人民出版社2013年版，第574页。
② 方国瑜：《云南民族史讲义》，云南人民出版社2013年版，第507页。此书中"剑寻城"应作"敛寻城"。
③ 李晓岑：《南诏大理国科学技术史》，科学出版社2010年版，第154页。
④ 李晓岑：《南诏大理国科学技术史》，科学出版社2010年版，第154页。
⑤ 方国瑜：《云南民族史讲义》，云南人民出版社2013年版，第508页。
⑥ ［唐］樊绰撰、向达校注：《蛮书校注》，中华书局1962年版，第165页。

这个时期滇南的盐业有了初步的发展。这些盐井后来也有生产，如抱姆井、香盐井、磨黑井、石膏井以及磨歇井等。

从上述南诏境内的盐业资源分布来看，出盐地方较多，盐产相对稳定，对地方社会的经济、政治和民族关系方面影响较大的主要是滇中、滇西等主要产盐区。这些盐区到清末乃至1949年以后仍在生产食盐。

二、南诏境内的盐业生产技术考察

盐业生产技术是整个盐业体系的核心步骤，也是盐产量得到保证的关键要素，客观上能反映各族群生产力发展的水平。盐的获取途径有多种，"要么从固态的含有盐的矿石中采挖获得，或是通过汲取盐池中的盐水，进行煮沸，或让其自然蒸发，还有一种方法是把某些植物烧成灰烬，将其浸泡水中，从而获得卤水"①。云南境内固态盐矿较少，靠自然蒸发即通过晒盐法获得食盐也未见记载，这说明云南省早期的制盐工艺当以煎煮法为主。

据《蛮书》载，"安宁城中皆石盐井，深八十尺"，这说明凿井技术已经成熟。而较早出现凿井技术的区域在四川双流一带，这是见于史籍记载的我国用原始方法勘探钻凿的最早记录。②学者指出，通过汉代井盐生产画像砖可以清楚看到东汉时期四川盐井的形状，再结合秦统一中国前就已经有李冰开凿广都盐井，可以说，"汉晋时期四川盐资源的开发已较云南先进，当云南还处在自然选取的时候，四川就已有人工造井的生产方法了"③。因此可以判断，两地文化交流历史较为悠久、密切是促进两地之间的文化和技术传播的重要因素。

据考古发掘研究，"盐源青铜文化具备了川西和滇西石棺葬的基本文化特征，其居民与川西、滇西北青铜时代居民之间有着非常密切的联系，他们之间有着共同族群渊源关系"④。"西南夷的七个部族，自成区域又相互

---

① Royal Anthropological Insitute of Great and Ireland. Note and Queries on anthropology. London: Routlege and Kegan Paul Ltd, 1951: 240-259.
② 四川省地方志编纂委员会：《四川省志·盐业志》，四川科学技术出版社1995年版，第29页。
③ 黄培林、钟长永：《滇盐史论》，四川人民出版社1997年版，第23页。
④ 凉山彝族自治州博物馆、成都文物考古研究所：《老龙头墓地与盐源青铜器》，文物出版社2009年版，第208页。

联系，与巴、蜀有经济文化的交往，并和内地相通。公元前四世纪已存在的'蜀身毒道'经过这一地区，即以滇池为枢纽，北通邛都、筰都至蜀，以抵于秦；东通夜郎、牂牁、至巴，以联于楚；西通昆明、嶲唐，经掸人地，以至于身毒；又自蜀经僰道，滇池而南，从句町、进桑入交趾达于南海。这些交通以西南诸部族的相互联系为基础，又反过来促进和加强了西南诸部族相互间以及和巴、蜀、中原的经济文化诸方面的联系。巴、蜀、楚的商人来往于这条交通线上，交流着经济，传扬着文化，对于诸部族间，对于西南夷诸部与中原的经济文化的联系起着重要的作用。"[1]长期的互动关系促进了技术的传播，相互之间可以采借。而云南和滇西之间的互动关系在唐时也存在。南诏和唐王朝在川西发生战事，争夺盐池，故双方均能接触到滇西的食盐生产技术。

文献较为强调南诏境内的盐业生产技术分汉法和蛮法，如《蛮书》载："今盐池（昆明池，现在的盐源）属南诏，蛮官煮之，如汉法也。"[2]这记录了南诏占领川西一带的盐池之后，采用煎煮法，这一制盐法被称为"汉法"。"汉法"二字表明这种制盐技术来自中原，这个时期全国煮盐技术较为发达的区域主要是四川地区。从川滇之间密切的地缘关系来推断，制盐技术可能是从川西向云南传播的。理由如下：

一是四川和云南之间自古以来联系紧密。五尺道是联系四川和云南的重要通道。《史记·西南夷列传》记载："秦时常頞略通五尺道。"五尺道源于"栈道广五尺"。这条古道起于成都，经四川的乐山、宜宾，由云南的昭通进入曲靖地区。可以看出，这条古道的形成对连通古代巴蜀地区同内地及处在边疆地区的云南有着至关重要的意义。

二是四川井盐生产历史悠久。《华阳国志·蜀志》记载：李冰"又识齐水脉，穿广都盐井诸陂池，蜀于是盛有养生之饶焉"。即李冰在今天的双流一带挖掘盐井，这是有关中国古代开凿盐井的最早记载，也是世界上最早的人工勘探开凿盐井的记录。这表明，西南地区其他地域的凿井技术可能来源于巴蜀地区。

---

[1] 林超民：《云南郡县两千年》，云南广播电视大学1980年版，第2-3页。
[2] ［唐］樊绰撰、向达校注：《蛮书校注》，中华书局1962年版，第189页。

据《蛮书》记载，"（云南境内）其盐出处甚多，煎煮则少。安宁城中皆石盐井，深八十尺。城外又有四井，劝百姓自煎"。由此可以看出，南诏境内采用煎煮法制盐的盐井较少。对于滇中历史悠久的安宁井而言，"自煎"说明了煎煮技术已经存在，只是从事煎煮法的群体并不大。从中也可以看出，在南诏境内使用煎煮法制盐的盐产地并不多，主要集中在滇中的安宁井和滇西北部的盐源，由于盐源一带盐业资源开发和利用较早，加上受汉文化的影响较深，因此煮盐技术相较于南诏境内的其他盐场要先进。

汉代，全国范围内煎煮主要使用陶杯熬卤。学界对重庆中坝遗址有过广泛的讨论，这里应该是中国较早从事盐业生产的地区。学者指出公元前2000年至公元前1750年，这里还处于盐业生产的第一阶段。当盐业生产水平发展到高峰时，开始大量使用容积较大的尖底缸，主要用于储存卤水，也有可能直接用于蒸发的过程，甚至还可以用于生产鱼酱或腌制食品。在盐业生产的第二阶段（前1630—前1210年），使用最为普遍的是尖底杯，其主要被用于中欧和美索不达米亚地区早期的盐业生产。而中坝遗址中也有大量的小尖底杯发掘。第三阶段（前1100—前200年）开始使用圆底罐。其被置于火上用于煮沸卤水，以此获得盐锭。这和山东半岛、玛雅沿海地区、菲律宾以及西非的制盐陶器类似。①

通过对有关早期煮盐技术史的简单描述，可以基本确定，在汉代，盐源县境内煮盐主要依赖陶器，即用陶杯熬卤成盐。这种方式可能一直延续到唐代。

四川成都文物考古研究所和四川凉山州博物馆于2008年下半年两次到盐源县的黑盐井和白盐井进行考古调查，在盐源县城以西70千米的盐塘乡郑家田村四组的扯日嘟嘟沟的断面上发现了大量夹砂陶片堆积，堆积厚度约70厘米。数量如此之大的废弃陶片堆积很可能与制盐有关。②学者进一步论述："当地古代制盐的采卤方式为在较早时期使用自溢卤水，砌石为池，系桶取

---

① 傅罗文、朱继平、王昌燧、陈柏桢、罗泰等：《中国早期盐业生产的考古和化学证据》，见李水城、罗泰《中国盐业考古（3）——长江上游古代盐业与中坝遗址的考古研究》，科学出版社2013年版，第242-246页。
② 四川成都文物考古研究所、四川凉山州博物馆：《四川盐源县古代盐业与文化的考古调查》，《南方文物》2011年第1期。

卤，至明清时期开始则开始使用班井和硝井取卤水。而其古代的制盐方法，则为在汉代之前或汉代在柴禾上浇灌卤水，然后焚烧后为盐，汉至唐代使用陶杯熬卤成盐。从明代开始使用铁盆煮盐，清乾隆元年（1736年）后，则改铁盆为铁锅煎盐。"①

蛮法制盐较为简单，但费燃料。其获取盐的方式主要为炭上取盐，有人称之为"刮炭法"，笔者称"炭取法"②。详细分析，蛮法又可分两种：

一种为先烧炭，在热炭上洒盐水，得盐结晶，如晋代任预《益州记》中载："越嶲先烧炭，以盐井水泼炭，刮取盐。"北宋乐史《太平寰宇记》载："嶲州昆明县盐井在县城中，今邑民取盐，先积薪以火烧过，以水洗灰，即成黑盐，炼之又白。"清代的顾祖禹在《读史方舆纪要》中更加细致地描述道："波弄山上下有盐井六所，土人掘地为坑，深三尺许，积薪其中焚之，俟成灰，取井中之卤浇灰土，明日皆化为盐。"可以看出，此法是利用炭的温度，使盐水蒸发，得到盐的结晶。这些文献均记录有这样的方法。

另一种是先在木柴上洒盐水，再烧炭，获得盐。晋代常璩《华阳国志·蜀志》中有"白摩沙夷有盐池，积薪，以齐水灌，而后焚之，成盐"。唐代樊绰《蛮书》中载有"昆明城有大盐池，比陷吐蕃。蕃中不解煮法，以咸池水沃柴上，以火焚柴成炭，即于炭上掠取盐也"。

从技术层面来说，二者都可行。但是从热量的利用来看，先在木柴上洒盐水，烧炭成盐一法，因炭的温度高，持续时间长，成盐较快，但因柴薪燃烧后带来更多杂质，盐的味道不好，所以盐源有黑盐井一说。不能解释为井为黑色，而是生产出来的盐是黑色，所以称为黑井，这和制盐技术有关。另一种烧炭再洒盐水，因炭燃烧过，表面杂质相对少些，但因热炭上浇盐水，导致热能迅速减少，因此其成盐的量自然也小。

---

① 四川成都文物考古研究所、四川凉山博物馆：《四川盐源县古代盐业与文化的考古调查》，《南方文物》2011年第1期。
② 李何春：《动力与桎梏：澜沧江峡谷的盐与税》，中山大学出版社2016年版，第111页。文中已对"炭取法"做了论述。

第四节　川西及滇中地区的盐池之争

一、吐蕃、南诏和唐王朝之关系

唐代是中国历史上经济社会发展较快的朝代,但是唐朝在将近3个世纪的统治时间里,长期面临来自四周的少数民族的侵扰,其中最大的威胁来自吐蕃。①的确,"当吐蕃刚刚出现在世界舞台上的时候,便开始以其军事、政治和领土开拓方面的成功而著称于世,这样一共持续了近3个世纪"②。另有学者指出,"公元七世纪初,藏族具有远见卓识的伟大领袖松赞干布统一青藏高原各邦后,为了民族的进步和繁荣,实行向天下四方开放的政策,特别是吸收唐朝,以及西域、中亚、南亚等的先进文明,促进了藏民族的发展,这是(西藏)历史上的第一次重大转折"③。因此,松赞干布统一吐蕃之后,便开始了往东、西、南、北四个方向的领土开拓。显然,在资源有限的条件下,任何一个王国都有可能试图通过战争获得更多的领地,以此占有更加丰富的资源,但战争一旦失败,其代价也是惨痛的。因此,战争常常伴随着资源争夺。

学者曾对吐蕃东扩的原因进行了分析,认为吐蕃政权向东发展有三个重要的因素:地缘性因素、文化相融性因素和中原文明的凝聚力因素。④地缘性因素为青藏高原海拔高,气候寒冷,峡谷纵横,北部和西部都不利于其进行军事行动,而东部和南部地势低,利于军队进攻。吐蕃早期的军事行动以

---

① [美]查尔斯·巴克斯:《南诏国与唐代的西南边疆》,林超民译,云南人民出版社1988年版,第27页。
② [法]石泰安:《西藏的文明》,耿昇译,中国藏学出版社2012年版,第41—44页。
③ 多杰才旦:《试述十七条协议的伟大历史意义》,《民族研究》1991年第4期。
④ 石硕:《西藏文明东向发展史》,四川人民出版社1994年版,第115—145页。

及蒙古忽必烈的南下均显示出从北至南利于军事突袭,特别是游牧文明发展出利于长途奔袭、速战速决的战争模式,其优势较为明显。

唐王朝、吐蕃和南诏国,三者在西南地区具有较强的地缘性关系。吐蕃控制青藏高原,南诏则控制了青藏高原东南部以及云贵高原西部的广大地区。从政权的强弱来看,自然是唐朝占优势。但是,吐蕃和南诏所处的地理位置特殊,民风有别于中原地区。三方各自为利益所驱使之时,均想尽办法达到目的。事实上,在7世纪,三方发生了多次军事冲突。时而是吐蕃和南诏结盟来应对唐王朝的强大及其给自己带来的危机,时而又是唐和南诏联合防止吐蕃东扩。

据学者分析,在7世纪70年代或者更早一些时候,吐蕃的势力已顺雅砻江流域南下,大概在高宗后期已经控制了昆明(现在的盐源县)一带。[①]7世纪五六十年代,吐蕃势力已经深入西洱河,时间上不会晚于公元664年。[②]另有学者指出,吐蕃到调露二年(680年)并"西洱河诸蛮",包括浪穹州蛮酋傍时昔等在内的二十五部皆归附吐蕃。[③]

唐政权自建立之初就有对西南进行控制的意图。据《旧唐书·地理四》载,唐朝于武德元年(618年)开南中置南宁州,辖九县。武德四年(621年)置总管府(治在今云南曲靖西),辖九州。五年(622年)罢总管府,其年冬复置。七年(624年)改总管府为都督府,并前九州,合十六州。八年(625年)改南宁为郎州。[④]又如武德元年(618年),改隋犍为郡为戎州。武德四年(621年),唐朝在今姚安设州,"安抚大使李英,以此州内人多姓姚,故置姚州,管州三十二"[⑤]。麟德元年(664年)移姚州[⑥]治于弄栋川。由此可见,唐王朝为了经略西南,不断调整建制,并设立相应的管理机构。这些建制很大程度上是作为阻止吐蕃东进以及管控西南的重要机构。此外,应该注意到,在唐代,成都西北的茂州地区,即今天的茂汶是经过黑

---

① 赵心愚:《纳西族历史文化研究》,民族出版社2008年版,第91页。
② 赵心愚:《吐蕃入滇路线及时间考》,《西藏民族学院学报》2004年第4期。
③ 杨文顺:《唐代麽些蛮与吐蕃、南诏关系初探》,《云南师范大学学报》2003年第2期。
④ [后晋]刘昫等撰:《旧唐书》卷四一《志第二一·地理四》,中华书局1997年版。
⑤ 刘景毛点校:《新纂云南通志3》,云南人民出版社2007年版,第185页。
⑥ 即设姚州都督府。

水河谷地,把吐蕃与剑南连接起来的主要交通线的交接终点站。[①]仅凤三年(678年),唐朝政府在此建立安戎城,不过很快遭到吐蕃的侵犯。仅2年之后,吐蕃在熟悉地形的"生羌"的指引下,攻破安戎城,占领此地,为其向东、向南进行军事活动提供了保障。此时的吐蕃基本已势不可挡,实现了"尽收羊同、党项及诸羌之地,东与凉、松、茂、高等州相接"[②]。

唐朝深知必须在西南地区扶持一个地方政权以抗衡吐蕃,由此关注到西南地区的南诏国。其由蒙舍诏发展而来,后来成为统治洱海地区的强大地方王国。唐贞观八年(634年)至贞观二十三年(649年)是吐蕃与唐朝建立友好关系的时期,双方关系因文成公主在公元641年西嫁吐蕃赞普松赞干布而得以加强和发展。然而这种友好关系却随着松赞干布的去世而受到冲击。此后,吐蕃和唐王朝进行了长达170年的拉锯战。[③]这正是蒙舍诏发展的良好机会。649年,蒙细奴逻建立了大蒙国。653年开始,细奴逻派使臣朝贡,并获朝廷赏赐锦袍。此后,大蒙数代首领至长安朝贡,并积极协助朝廷讨伐诸"蛮",受朝廷信任,成为唐王朝扶持的地方政权。当然,在南诏和唐王朝建立友好关系之时,唐朝从面对一个从青藏高原东扩的强大游牧民族的侵扰,至安戎城被吐蕃占领,唐显示出退缩的一面,最后放弃了具有战略意义的姚州,即姚州并没有因为唐和南诏的结盟而被唐王朝控制。

垂拱四年(688年),云南地方部族首领昆州刺史爨乾福和河东州(今安宁)刺史王善宝一同上奏朝廷,请求复建姚州都督府,并"奏言所有课税,自出姚府管内,更不劳扰蜀中"[④]。朝廷最终同意重置姚州都督府,收到的效果也较为明显,这对洱海地区的部族产生了重要影响,地方部族积极向唐王朝示好。先是浪穹诏酋长傍昔时率部归附朝廷,并被委任为浪穹州刺史。蒙舍诏也有受朝廷赏赐的记载,《蛮书》记载:"当高宗时,遣首领数诣京师朝参,皆得召见,赏赐锦袍、锦袖、紫袍。"[⑤]在武则天时期,蒙

---

① [美]查尔斯·巴克斯:《南诏国与唐代的西南边疆》,林超民译,云南人民出版社1988年版,第29页。
② [后晋]刘昫等撰:《旧唐书》卷一九六《吐蕃传》,中华书局1997年版。
③ 廖德广:《南诏国史探究》,云南民族出版社2006年版,第5页。
④ 吕思勉:《隋唐五代史》(隋唐卷),华中科技大学出版社2016年版,第157页。
⑤ [唐]樊绰撰,向达校注:《蛮书校注》,中华书局1962年版,第68页。

舍诏主逻盛更是在夫人妊娠期仍赴洛阳朝贡，获赐"锦袍、金带、缯彩数百匹"①。

姚州都督府重置，使唐王朝加强了对滇西洱海地区的有效控制。然而蜀州刺史张柬之则上奏朝廷，请求省罢姚州。其理由是：

> 臣窃按姚州者，古哀牢之旧国。绝域荒外，山高水深，自生人以来，洎于后汉，不与中国交通。前汉唐蒙开夜郎、滇、筰，而哀牢不附。至光武季年，始请内属，汉置永昌郡以统理之，乃收其盐布毡罽之税，以利中土。其国西通大秦，南通交趾，奇珍异宝，进贡岁时不缺。刘备据有巴蜀，常以甲兵不充。及备死，诸葛亮五月渡泸，收其金银盐布以益军储，使张伯岐选其劲卒甲兵，以增武备。故《蜀志》称自亮南征之后，国以富饶，甲兵充足。由此言之，则前代置郡，其利颇深。今盐布之税不供，珍奇之贡不入，戈戟之用不实于戎行，宝货之资不输于大国，而空竭府库，驱率平人，受役蛮夷，肝脑涂地，臣窃为国家惜之。②

从中可见，早期设制姚州，其盐利较丰，这也是昆州刺史爨乾福和河东州（今安宁）刺史王善宝保证不用朝廷支持，可以用姚州的税课复置姚州置的原因。尽管张柬之认真分析了西南形势，提出了罢弃姚州的建议，但是未得到朝廷同意。与此同时，在8世纪初期，洱海境内的部族已经有了很大发展。蒙舍诏主皮逻阁被唐授特进，封为台登郡王，赐名归义。并于开元二十六年（738年），在唐王朝的支持下统一六诏。从史料记载来看，唐王朝对皮逻阁的功勋是给予肯定的，《册府元龟》卷九六四载：

> 开元二十六年九月，封西南大酋帅蒙归义为云南王，制曰：古之封建，誓以山河；义在畴庸，故无虚授。西南蛮都大酋帅特进越国公，赐紫袍金钿带七事。归义挺秀西南，是称酋杰，仁而有勇，孝乃兼忠，怀驭众之长材，秉事君之劲节。瞻言诸部，或有奸人潜通犬戎，敢肆蜂虿；遂能躬擐甲胄，总率骁雄，深入长驱，左萦右拂。凡厥丑类，应时诛翦。戍功若此，朝宠宜加；俾膺胙土之荣，

---

① [唐]樊绰撰，向达校注：《蛮书校注》，中华书局1962年版，第70页。
② 张柬之：《请罢兵戍姚州疏》。见方国瑜《云南史料丛刊》（第二卷），云南大学出版社1998年版，第109—110页。

以励捍城之士。复遣中使李思敬,赍册书往册焉。

南诏统一了洱海地区,并不断开疆扩土,特别是向东、向北扩张,这引起了唐朝的不满。天宝八年(749年),唐王朝命特进何履光从安南进攻南诏,并为争夺滇池西岸的盐池发生了冲突。最终,唐占领此盐井。这一年,唐朝兵进云南各地。四月,剑南节度使鲜于仲和南诏战于泸川,四月壬午又战于西耳河。按照南诏德化碑碑文记载,吐蕃于唐天宝十一年(752年)正月在邓川册封南诏阁罗凤为"赞普钟南国大诏",南诏则因此而改元为"赞普钟元年"。以上行动标志着南诏、吐蕃公开结盟以共同对抗唐。

二、川西及滇中的盐池之争

吐蕃向东发展过程中,其军事进攻的方向主要为川西、滇西地区。对这些地区的进攻同盐业资源的争夺有密切关系。《旧唐书·卷八·本纪八》载:"开元十七年(公元729)二月丁卯,嶲州都督张审素攻破蛮,拔昆明城及盐池,杀获万人。""蛮"当指南诏,可见729年在南诏和唐王朝之间发生了争夺盐池之战。吐蕃、南诏、唐王朝,复杂的三方势力不断在川西盐井发动战事,史料多有记载。《敕蒙归义》载:"吐蕃于蛮,拟行报复,又嶲州(今西昌)盐井,本属国家,中间被其内侵,近日始复收得,卿彼蕃落,亦应具知,吐蕃唯利是贪,数论盐井,比有信使,频以为词。今知其将兵拟侵蛮落,兼拟取盐井,事似不虚。国家与之通和,未尝有恶,今既如此,不可不防。"① 《敕嶲州都督许齐物书》载:"敕许齐物:近者,投降吐蕃云:'蕃兵已向南,出盐井。'"三方为了争夺川西盐源一带,战争持续到9世纪初期。

滇中地区则发生了唐王朝和南诏国争夺安宁井的战争。安宁盐井地处滇池西岸,历史悠久,可追溯到汉代。元封二年(前109年),西汉王朝即在此置连然县。《汉书》记载:"连然县,有盐官。"《华阳国志》载:"连然县,有盐泉,南中共仰之。"② 《后汉书·南蛮西南夷列传》中记载:益

---

① 方国瑜:《云南史料丛刊》(第二卷),云南大学出版社1998年版,第125页。
② [西晋]常璩:《华阳国志校注》(修订版),成都时代出版社2007年版,第207页。

州郡"有盐池田渔之饶,金银畜产之富"。到唐时,安宁因盐而成为滇中重镇。据《蛮书》卷七记载,安宁的盐业在唐时已经较为发达,"安宁城中皆石盐井,深八十尺"。关于其战略地位,《南诏德化碑》中称"安宁雄镇,诸爨要冲"。

滇东地区,自公元333年左右爨氏集团称霸以来,至其在唐玄宗天宝五年(746年)被南诏统治,爨氏统治该地区长达413年。① 这一地区长期以来以乌蛮为主,因此有"西爨白蛮,东爨乌蛮"之说。因安宁产盐,樊绰《云南志》载"爨崇道弟日进、日用在安宁城"。

安宁城的重要性也被唐王朝所重视。唐王朝为了遏制南诏的向东扩展,决定修一条从剑南到安南的通道。天宝四年(745年),剑南节度使章仇兼琼奉命修步头路②,这样可以连通红河水道,顺利进入南诏境内。然而,这一举动遭到当地百姓的反对,史料记载:"及章仇兼琼开步头路,方于安宁筑城,群蛮骚动,陷杀筑城使者。"③

天宝八年(749年),唐玄宗委派特进何履光率十道兵马,从安南进军南诏,天宝十年(751年)收复了安宁。《新唐书·南诏传》记载:"初,安宁城有五盐井,人得煮鬻自给,玄宗诏特进何履光以兵定南诏境,取安宁城及井。"学者指出,"由此更可看出,唐之目的纯在盐井。南诏千方百计所得之盐井,又被唐军夺回,岂肯罢休?故从此年开始,唐与南诏兵连祸结,种因于此"④。

---

① 方国瑜:《云南民族史讲义》,云南人民出版社2013年版,第228页。
② 步头路,因步头而命名,《元史·地理志》载:建水"古称步头,亦名巴甸"。
③ [唐]樊绰撰、向达校注:《蛮书校注》,中华书局1962年版,第83页。
④ 王吉林:《唐代南诏与李唐关系之研究》,黎明文化事业股份有限公司1976年版,第202页。

第三章
元明清时期的
云南盐业与地方文明

云南盐业开发历史悠久，但是在元代之后才进入发展的关键时期。元代，云南省境内中央政府已经设盐官来管理盐务。这个时期，中央掌控了滇中和滇西地区的一些盐场。明代，中央王朝在云南省设提举司4处，作为地方盐务的专门管理机构，其下又设盐课司12处。明代，据《滇略》记载，云南省境内有大口井37口，小井更是数不胜数。清代是云南盐业发展的黄金时期，在历代王朝积累的基础上，盐业制度不断完善，产能增加，对地方社会的影响也比较突出。

从元明清三个时期来看，西藏境内有关盐业方面的记载比较零散，盐业生产技术并不先进。清末，汉官进入西藏东部，加强了今芒康县盐井一带的治理，出现一批记录盐生产和管理的历史资料。笔者已在另外的论著中做了介绍[①]，因此，本章主要论述云南盐业是如何促进地方社会的发展的。

---

① 李何春：《动力与桎梏：澜沧江峡谷的盐与税》，中山大学出版社2016年版，第120—182页。

第一节
元明清时期的云南盐业生产及盐务概述

一、元明清时期云南境内的盐井及其分布

（一）元时期云南境内的盐产地

云南自汉代以来长期产盐，制盐历史悠久，生产技术历经变化，从早期的炭取法发展到煎煮法，使得盐在西南地区的政治、经济和文化中发挥着不可替代的作用。但是在唐代以前，云南盐业生产和管理的相关资料较少，这一时期云南盐业的情况在第二章已经做了介绍，在此不再赘述。

南诏之后，云南境内经历了大理国统治时期，但是有关盐的记录依然有限。五代、两宋时期，云南境内的盐不足以供应本省，必须通过交易来获得若干盐巴。如此看来，宋和大理国时期，云南的盐业并没有得到进一步发展，以致出现供应不足的现象。这和元代以前云南未被中央统一，当地社会仍处在地方政权的控制之下有密切关系。因此，有关盐业生产和运销的资料有限，盐业发展缓慢，技术还停留在传统的方式上。

据《元史·食货志》载："国之所资，其利最广者莫如盐。"可知，盐已是中央政府获利的重要物资。元代，忽必烈平定大理、灭南宋之后，云南设行省，盐业自然受中央政府管控，这和历代王朝都重视盐课的征收道理相同。

1323年，云南境内设大理路白盐城和中庆路榷税官，前者官阶为正七品，后者为从七品。可知，此时的元朝政府试图掌控大理和昆明两地的盐税。学者认为大理路的盐官当设于唐代就已经开发的白盐井；中庆路为昆明地区，因此盐官应设于汉代就产盐的安宁井。[1]此外，元代产盐地当为楚雄，

---

[1] 黄培林、钟长永：《滇盐史论》，四川人民出版社1997年版，第26页。

设楚威路，南诏国时期已有黑盐井，云南诸路行中书省参知政事李源道所撰《万春山真觉寺碑》载："滇池西走六驿，有郡曰威楚。东北五舍，神山入长谷，有鹾井，取雄于一方，以佐国用，以资民生，厥利至溥也。"①可知，盐税已成为国家的重要财政收入，盐民也从中获利。此外，云南境内还有其他盐产地，如滇西的丽江路有盐井7口②，滇南的威远州也有盐井的记载。

总体上，元代有盐井40余处，但多数不可考。这一时期云南境内产盐的区域主要是今安宁、盐兴、盐丰、景谷、云龙、兰坪等诸县。但是我们对详细的产盐及销售情况知之甚少。有学者指出："元代云南产盐之数量不获知，惟《元史·文宗纪》至顺二年（1331年）十一月载，亦奚卜薛牧马，每岁以滇盐供给，亦奚卜薛即八番顺元之地，在清代行销川盐，北通东川、曲靖，亦为四川盐岸，而在元代，八番顺元用滇盐，可知是时滇盐产量不少。"③元代，云南省内盐业分布的情况可具体参见表3-1的内容。

表3-1 元代云南的食盐产地④

原地（井）名	现地区	约当后井名
大理路白盐城	大姚	白盐井
中庆路井	安宁	安宁井
楚威郡井	禄丰	黑盐井
琅井	禄丰	琅盐井
波罗洞、高登山	楚雄、广通	早废
丽江路	云龙、兰坪	云龙井、丽江井
威远州白盐井	景谷	抱母井、香盐井

---

① 《威楚万春山真觉寺记》。见方国瑜《云南史料丛刊》（第六卷），云南大学出版社2000年版，第497页。
② ［元］孛兰肹等撰、赵万里校辑：《元一统志》，中华书局1966年版，第560页。
③ 方国瑜主编：《云南地方史讲义》（下册），云南广播电视大学1983年版，第207页。
④ 黄培林、钟长永：《滇盐史论》，四川人民出版社1997年版，第29页。

从表3-1来看，除了能简要了解盐业资源的分布外，元代盐的生产、运销、分配以及相关的盐业管理制度并不明确。元代的盐业发展较为缓慢，多数盐井基本上是延续唐代已经开发的，如安宁井、白盐井、黑盐井、云龙井均是云南较早开发的盐井。盐区同样集中在滇中、滇西和滇南3个地区。整体来说，滇中和滇西地区盐业资源的开发和利用程度高于滇南地区。

（二）明代云南境内的盐井及其分布

明代，云南境内的盐业在元代的基础上有一定的发展。一方面有了新井的开发，另一方面中央加强了对云南盐业的管理，相关制度逐渐形成，文献资料也不断丰富起来。

洪武十五年（1382年）十一月，中央在云南境内开始设盐课提举司。据《明史·食货志》记载，云南提举司凡四："曰黑盐井、白盐井、安宁盐井、五井。"但是具体来说，黑盐井、白盐井、安宁井三井设提举司于1384年，旧志记载："新置盐课提举司三：曰白盐井、曰安宁井、曰黑盐井。白盐井之地，其人号生蛮，未易拘以盐额，宜设正副提举二人，听从其便。其安宁盐井，月课盐六万三千斤，宜设提举一人、同提举一人、副提举一人、吏目一人。黑盐井月课盐二万九千四百斤，宜设提举一人、同提举一人、吏目一人。从之。"① 而五井提举设置时间，据学者考证较其他三处提举司晚，为1386年所设②；另有设置于1383年一说，"五井盐课提举司，在浪穹县西北三百里，洪武十六年（1383年）建置。内有吏目厅。所属盐课司五：诺邓井盐课司、大井盐课司、山井盐课司、师井盐课司、顺荡井盐课司"③。但是，从政权控制的先后关系来看，五井提举司设置的时间为1386年的可能性大些。

提举司下设盐课司，黑盐井辖盐课司三，即黑盐井盐课司、阿陋井盐课司和琅井盐课司；白盐井提举司辖白盐井盐课司；安宁盐井提举司下辖安宁盐井盐课司；五井提举司下辖盐课司七，即诺邓盐井盐课司、山井盐井盐课

---

① 引自全国人民代表大会民族委员会云南民族调查组、云南省少数民族社会历史研究所：《明实录·有关云南历史资料摘钞》，云南人民出版社1959年版。
② 其言"十九年（1386年）增设五井提举司"。见李洵校注《明史食货志校注》，中华书局1982年版，第144页。
③ ［明］陈文修：《景泰云南图经志书校注》，李春龙、刘景毛校注，云南民族出版社2002年版，第280页。

司、师井盐课司、大井盐井盐课司、顺荡盐井盐课司、鹤庆军民府剑川州弥沙井盐课司、丽江军民府兰州井盐课司。全省共计十七个盐课司。

从明代云南的食盐分布来看，食盐主要集中在滇中和滇西，这一现象自唐代以来并没有多少改变。盐井的数量，据《滇略》所载，"楚雄有黑井、白石泉井、岩泉井、东井、琅井、阿陋井、猴井，姚安有白羊井、白石谷井、观音井、旧井、桥井、界井、中井、灰井、尾井、阿拜小井，大理有诺邓井、大井、山井、天耳井、师井、顺荡井、石门井、洛马井、石缝井、河边井、天生井，安宁有大井、石井、河中井、大界井、新井，鹤庆有弥沙井、乔后井，武定有只旧井、草起井。其余小井无数"①。尽管文献记载明代云南境内有上述三十七处盐井，但是其实不然，以黑盐井为例，"总名黑井……总辖五十一井，单辖五井"②。即《滇略》中所述的黑井非单井，而是复井。又黑井井名有五，实为三井，即岩泉井、白石泉井和南山庙井，归黑井管辖。此外黑井还辖有十二丁井等三十六井。③这些盐井或以人为名，或以地为名，总名为古额小井。此外，还有奇兴井、仙道筲井、二小古井、小石井和房边井等共计四十七井，属阿陋井盐课司单辖，提举司总辖。④可以看出，这个时期各盐区的盐井数目比较复杂，难以统计。

明代，云南境内除了上述一些大井之外，还有小井，一般为土井。这些盐井多数分布在边远地区，如景东府、镇源府、威远府、元江府、永宁府、车里靖安宣慰等均有分布。⑤

---

① ［明］谢肇淛：《滇略》。见方国瑜《云南史料丛刊》（第六卷），云南大学出版社2000年版，第691页。
② ［清］沈懋价纂订：《康熙黑盐井志》卷五"黑井盐政·井名"，李希林主点校，云南大学出版社2003年版，第73页。
③ 包含白沙井、河边井、丰稔井、纳甸井、马蝗井、象鼻井、小羊筲井、十八丈井、吧喇井、改板井、莺哥井、丰祭井、丰聚井、罗木井、湾子井、永胜井、袁信井、袁朝凤井、张志才井、报本井、永泉井、新兴井、丰乐井、丰桶井、丰胜井、丰润井、七分井、核桃井、周玄井、冯凑井、张必登井、张时用井、冯国奇井、段冬生井和李邦太井，共计三十五井。见清沈懋价编纂《黑盐井志》卷五《黑井盐政·井名》，李希林点校，云南大学出版社2003年版，第74页。
④ ［清］沈懋价纂订：《康熙黑盐井志》卷五《黑井盐政·井名》，李希林主点校，云南大学出版社2003年版，第74-75页。
⑤ 黄培林、钟长永：《滇盐史论》，四川人民出版社1997年版，第33页。

（三）清代云南境内的盐井及其分布

清代的云南盐业在明代的基础之上有了明显的发展，这一时期"云南井盐生产的新的跃进，头一个标识即是盐井数量的直线上升形式"①。从文献资料来看，明末清初滇盐的产地仅有九处，应为黑盐井、琅井、景东井、白盐井、安宁井、云龙五井、阿陋井、弥沙井以及只旧、草溪井。事实上，康熙年初期的这九井，不是单纯指井口的数量，而是代表一个区域内的重要盐产区，每处可包括数口子井，如黑盐井，应含大井、东井和复隆井等三口子井；白盐井含旧井、乔井和观音井三处子井；云龙五井即诺邓井、石门井、师井、顺荡井和山井；阿陋井有猴井、喇叭井两口子井；景东井同样有两口子井，即磨外井和磨腊井；只旧、草溪井显然分别含只旧井和草溪井；弥沙井为单独一口井。

据张泓所著《滇南新语》记载，云南境内有黑井②、安丰井、琅井、阿陋井、安（宁）井、按板井、抱姆井、白（盐）井、云龙州井（五井）、丽江井、弥沙井等十一处③，外加景东府食用本地沙井盐。这样，云南境内应该有十二处盐产区。从文献所反映出来的情况看，清初云南盐业基本上是在明代重要盐产地的基础上，进一步发展起盐业生产活动的。盐业资源依然分布在滇中的安宁地区，滇西的楚雄大姚、禄丰两处，滇西北的丽江、云龙和兰坪一带以及滇南景东。

雍正元年（1723年）之后，云南盐业出现了一个发展高潮期，如雍正二年（1724年），"于镇沅府地方开按板井，威远地方开抱姆井"④。雍正四年（1726年），"覆准普洱地方新开磨黑、磨弄井"⑤。雍正十年（1732年）添设白石谷井。⑥乾隆二年（1737年）新开丽江老姆井⑦，井有三区，

---

① 黄培林、钟长永：《滇盐史论》，四川人民出版社1997年版，第35页。
② 包括大井、东井、桥井、新井、复井沙井，见张泓纂《滇南新语》，中华书局1985年版，第6页。
③ ［清］张泓：《滇南新语》，中华书局1985年，第20页。
④ 牛鸿斌、文明元、李春龙等点校：《新纂云南通志7》卷一百四十七，云南人民出版社2007年版，第150页。
⑤ 牛鸿斌、文明元、李春龙等点校：《新纂云南通志7》卷一百四十七，云南人民出版社2007年版，第150页。
⑥ 牛鸿斌、文明元、李春龙等点校：《新纂云南通志7》卷一百四十七，云南人民出版社2007年版，第151页。
⑦ ［清］管学宣、万咸燕：《丽江府志略》上卷"财用略·盐法"。

分别是天、地、人三井。乾隆七年（1742年），又"覆准姚安新开盐井……其琅井大使业经淘汰，应移扎姚安新井"①。至乾隆五十八年（1793年），"开石膏箐井，弥补磨黑、漫磨等井缺额"②。整体看来，自雍正元年（1723年）至道光四年（1824年）的100多年里，云南境内的盐井从九井增加至二十九井③，是云南盐业发展史上的重要阶段。

二、元代以来云南盐务管理机构的形成与变迁

元代开始将云南纳入全国十一个行省的行列，结束了云南境内地方政权（如滇国、爨氏、南诏、大理国等）割据的局面。④元朝，盐税对财政收入来说非常重要，"元初，以酒醋、盐税、河泊、金、银、铁冶六色，取课于民，岁定白银万锭。太宗庚寅年，始行盐法"⑤。

元代，全国盐的生产已成规模，相应的管理机构已经形成。整体上，据《元史》所载，其盐务管理机构主要有：大都、河间、山东、河东、四川、辽阳、两淮、两浙、福建、广东和广海等十一处，而且元代各地的盐业也有了一定的发展。从天历年间来看，一年盐总计二百五十六万四千余引，盐课钞总计七百六十六万一千余锭。⑥

元代盐产地分布较广，涉及海盐、井盐、池盐等盐种。其中，四川作为井盐的代表，有盐产十二处，盐井九十五处。天历二年（1329年），"办盐二万八千九百一十引，计钞八万六千七百三十锭"⑦。然而，产盐历史悠久的云南，有关盐业生产和税收的记录却是寥寥无几。如《元史·英宗本纪》记载，元至治三年（1323年）五月，设大理路白盐城榷税官秩正七品、中

---

① 牛鸿斌、文明元、李春龙等点校：《新纂云南通志7》卷一百四十七，云南人民出版社2007年版，第152页。
② 牛鸿斌、文明元、李春龙等点校：《新纂云南通志7》卷一百四十七，云南人民出版社2007年版，第156页。
③ 黄培林、钟长永：《滇盐史论》，四川人民出版社1997年版，第37页。
④ 张刚、伍雄武：《云南民族关系的历史与经验》，社会科学文献出版社2014年版，第148页。
⑤ [明]宋濂等撰：《元史》卷九十四"食货二·盐法"，中华书局1976年版。
⑥ [明]宋濂等撰：《元史》卷九十四"食货二·盐法"，中华书局1976年版。
⑦ [明]宋濂等撰：《元史》卷九十四"食货二·盐法"，中华书局1976年版。

庆路榷税官秩从七品。①又，至顺二年（1331年）十一月，"云南行省言：'亦乞不薛之地所牧国马，岁给盐，以每月上寅日啖之，则马健无病。比因伯忽叛乱，云南盐不可到，马多病死。'诏令四川行省以盐给之"②。元代，有关盐业资料的记载相对较少，中央或地方有关盐业生产和管理的制度也未成体系。

　　明代是云南盐业发展的关键时期，一方面，在元代的基础上，盐的产地增多，产量有所提升；另一方面，明代的盐业发展又为清代盐业的发展奠定了基础。明代在云南设置盐业管理机构的时间晚于中原，这和明朝统一云南以后才开始促进地方盐业发展有直接关系。但是，从明朝军队进入云南到明政府设立盐业相关管理机构，时间还是比较短的。洪武十四年（1381年），朱元璋命颍川侯傅友德为征南将军、永昌侯蓝玉为左副将军、西平侯沐英为右副将军，统兵三十万进攻云南，次年二月基本平定。洪武十五年（1382年）之后，在云南先后设盐课提举司四，即黑盐井、白盐井、安宁井和五井各设提举司一人，全国才设提举司七人。从云南提举司人数占全国提举司人数一半还多来看，云南当时已是全国重要的盐产区。在提举司之下，又各设盐课司若干，具体内容此前已论述。

　　清代在明代的基础上已经形成系统性的盐业管理机构，其中云贵总督兼管地方盐政大权，其他设盐法道、提举司、盐课大使等盐官，这可以从管理机构和配置中看出（见表3-2）。

---

① ①［清］魏源：《魏源全集》（第八册）《元史新编》卷一至卷二十七"本纪 列传"，岳麓书社2004年版，第268页。

② ②［清］魏源：《魏源全集》（第八册）《元史新编》卷一至卷二十七"本纪 列传"，岳麓书社2004年版，第268页。

表3-2　清代盐官职衔

盐官职衔	人数	设立时间	备注
云贵总督兼会办盐政①	一人	清初	清初设巡盐御史，后以巡抚兼盐政
云南盐法道	一人	清初	云南盐法道为按察司副使，分巡云南、武定二府，兼水利
黑盐井盐课提举司	一人	清初	
白盐井盐课提举司	一人	清初	
石膏井盐课提举司	一人	清初	
黑盐井盐课大使★	一人	清初	
白盐井盐课大使★	一人	清初	
阿陋井盐课大使★	一人	清初	
弥沙井盐课大使	一人	清初	
云龙井盐课大使	四人	清初	诺邓井、大井、师井和顺荡井各设一盐课大使
按板井盐课大使★	一人	雍正二年（1724年）②	嘉庆六年（1801年），改云南抱母井为香盐井。十九年（1814年），改云南香盐井大使为抱香井大使③
抱母井盐课大使	一人	雍正二年（1724年）②	
驿盐道衙门库大使	一人	雍正三年（1725年）	裁盐课大使一人，改设驿盐道衙门库大使
丽江井盐课大使★	一人	雍正六年（1728年）	

---

① 云贵总督兼会办盐政官名，清初设巡盐御史。道光元年（1821年）以巡抚兼盐政。光绪三十年（1904年）以云贵总督兼管盐政。宣统二年（1910年）以云贵总督兼会办盐政大臣。参见宋良曦、林建宇、黄健、程龙刚《中国盐业史辞典》，上海辞书出版社2010年版，第65页。

② 据《新纂云南通志》卷一百四十七所述，"雍正二年，于镇沅府地方开按板井，威远地方开抱姆井"。该内容下，有释义"《清盐法志》载：此系《清文献通考》原文，据乾隆《云南通志》载：恩耕井、香盐井亦雍正二年开，盖以恩耕井旧隶按板井大使，香盐井旧隶抱母井大使，故《通考》从略"。

③ 方国瑜：《云南史料丛刊》（第八卷），云南大学出版社2001年版，第153页。

续表

盐官职衔	人　数	设立时间	备　注
普洱府猛乌、整董盐课大使	二人	雍正七年（1729年）	
白石谷井盐课大使	一人	雍正十年（1732年）	裁磨者井、乌得井盐课大使各一人
复隆井盐课大使	一人		
安丰井盐课大使	一人	雍正九年（1731年）	
石膏井盐课大使★	一人	咸丰二年（1852年）	移抱香井大使驻石膏井，为石膏井大使①

（资料来源：《新纂云南通志7》卷一百四十七《盐务考一》）

以上盐官职衔中，《中国盐政纪要》（上）仅记载了七大盐课大使②，除上述标识为"★"的六大盐课大使外，还有云龙大井盐课大使。显然，这一记载并不符合实际，大井盐课大使仅为云龙井四大盐课大使之一，但根据上述表格的统计，其总数应达十八名之多。当然，不同历史时期，盐课大使的数量有一定变化，主要受改设、增减或淘汰的影响。

盐课大使的职责及权力，据《新纂云南通志》载，"盐课司课大使，云南九人，掌盐场及池井之旁。凡有盐之区，听民辟地为场，置灶开畦为盐，而授之商，以盐课大使掌其政令，治其交易，审其权而平准之，日稽其所出之数，以杜私贩之源（皇朝通典）"③。即盐课大使具体负责盐井的各项事务，如井场之开辟、盐商之招募、盐的交易以及缉私等。

清代，系统的盐务管理机构的形成使得从中央到地方的场井形成了自上而下的管理体系。除了其职权范围有明确规定之外，各级盐官的俸银和养廉银也有具体的数额，见表3-3。

---

① 同年，又安丰井大使事务归并白盐井大使管理，裁汰安丰井大使1人。见牛鸿斌、文明元、李春龙等点校《新纂云南通志7》卷一百四十七，云南人民出版社2007年版，第165页。
② 林振翰：《中国盐政纪要》（上册），商务印书馆1930年版，第25页。
③ 李春龙、王珏点校：《新纂云南通志 6》，云南人民出版社2007年版，第28页。

表3-3　清代云南盐官职衔及其俸禄养廉情况①

盐官职衔	俸　银	养廉银
云贵总督兼会办盐政		一万五千六百两
云南盐法道	一百五两	三千五百两
云南盐道库大使	四十两	二百四两
石膏井盐课提举司	八十两	八百四十四两八钱
黑盐井盐课提举司	八十两	二千五百六十两
白盐井盐课提举司	八十两	三千七百六十两
黑盐井盐课大使	四十两	二百四十两
白盐井盐课大使	四十两	三百三十六两
阿陋井盐课大使	四十两	二百九十七两
石膏井盐课大使	四十两	二百四十两
按板井盐课大使	四十两	二百四十两
大井盐课大使	四十两	三百两
丽江井盐课大使	四十两	三百二十两

从表3-3中可知，各级盐官俸银不见较大差距，但是养廉银却差别较大。整体上可分三级，云贵总督兼会办盐政为第一级，云南盐法道和提举司为第二级，盐道库大使和盐课大使为第三级。第一级养廉银在一万两之上，第二级多则三千多两，少则八百多两；而第三级多数在二百至三百两之间。养廉银的收入差距较大者属提举司：最高者为白盐井提举司，达三千七百多两；其次为黑盐井；末次为石膏井，其养廉银不足黑盐井提举司的四分之一。盐课大使的俸银均为四十两，养廉银在二百两至三百两。此外，一些地方兼管盐业的官员无俸银，但有一定的养廉银。有些官员这部分收入还不少，如云龙州知州的养廉银为两千两，而剑川州知州为二百两，前者是后者

---

① 林振翰：《中国盐政纪要》（上册），上海商务印书馆1930年版，第25页。

的十倍之多。另外,安宁州知州的养廉银有四百多两。除上述官员之外,各盐井还有训导和巡检等官员。这些官员的俸银和养廉银如下:

表3-4 清代云南地方官员俸银和养廉银[①]

官　名	俸　银	养廉银
镇沅直隶州		一千两
威远厅同知		一千两
景东直隶厅同知		
云龙州知州		两千两
剑川州知州		二百两
安宁州知州		四百五十二两四钱七分
元谋县知县		
宁洱县知县		
黑盐井训导	四十两	一百二十两
白盐井训导	四十两	四十两
琅盐井训导	四十两	四十两
盐井渡巡检	三十两五钱二分	四十八两

三、明代云南盐法开中制及其成效

如果说盐业管理机构的设立对盐业的生产、运销和消费有了制度上的规范,盐法开中对于刚刚统治云南的明王朝而言,则是快速掌握、垄断盐业,巩固明朝统治以及解决军粮的最好路径。

明代的开中法最早出现于山西大同,洪武三年(1370年),山西行省奏曰:"大同粮储,自陵县运至太和岭,路远费烦,请令商人于大同仓入米一石、太原仓入米一石三斗,给淮盐一小引。商人鬻毕,即以原给引目

[①] 林振翰:《中国盐政纪要》(上册),商务印书馆1930年版,第25-26页。

赴所在官司缴之。如此则转运费省而边储充。"这得到了明太祖的允许。此后,"各行省边境,多召商中盐以为军储。盐法边计,相辅而行"①。洪武四年（1371年）,朝廷正式定淮、浙、山东行中盐之例。可见,开中是在全国主要盐产区推行的。云南行开中法晚于其他盐产区,这自然和云南平定较晚有关。

云南实行开中法,其目的和其他地区一样,即为军队提供粮食,又免去长途运输的费烦。明洪武十五年（1382年）,即明朝在云南首次设立盐业管理机构之年,"大军南征,兵食不继,命户部令商人往云南中纳盐粮以给之,于是户部奏定商人纳米给盐之例：凡云南纳米六斗者,给淮盐二百斤,米五斗者,给浙盐二百斤,米一石者,给川盐二百斤；普安（今贵州盘州市）纳米五斗者,给淮盐二百斤；米四斗者给浙盐二百斤；川盐如普安之例"②。应该说,云南的开中法早期还依赖于其他盐区提供食盐,这也和云南刚刚平定、盐业生产并未全面恢复直接相关。

洪武十五年（1382年）十二月丙申,户部奏定安宁盐井开始实行开中盐法："凡募商人于云南、临安二府输米三石,乌撒、乌蒙二府输米二石八斗,沾益州、东川府输米三石五斗,曲靖府输米二石八斗,普安府输米一石八斗者,皆给安宁盐二百斤。"③可见,云南的开中盐法,先用浙、淮以及川盐,后用滇省之盐。此后,云南盐的开中逐渐自东向西实行。洪武十九年（1386年）春正月甲申,据云南左布政使张统言,商人到金齿（今保山）地区纳米,每一斗给盐一引。又,"洪武二十年八月癸酉……复命云南楚雄府开中盐粮。先是,商人输米云南楚雄、曲靖诸府,给以淮、浙、川盐,未久而罢,令戍卒屯田以自给。至是,仍匮于用,户部请复行中盐法,从之"④。

整体上,从洪武十五年（1382年）至弘治十六年（1503年）,开中法

---

① ［清］张廷玉等撰:《明史》卷八十"食货四·盐法",中华书局1974年版。
② 引自全国人民代表大会民族委员会云南民族调查组、云南省少数民族社会历史研究所:《明实录·有关云南历史资料摘钞》,云南人民出版社1959年版。
③ 引自全国人民代表大会民族委员会云南民族调查组、云南省少数民族社会历史研究所:《明实录·有关云南历史资料摘钞》,云南人民出版社1959年版。
④ 《明实录云南事迹纂要》。见方国瑜《云南史料丛刊》（第四卷）,云南大学出版社1998年版,第114页。

在云南实行了100多年,在云南省境内的曲靖、昆明、楚雄、保山等地均实行过。云南各大盐产区,如安宁井、黑盐井、白盐井均为开中法提供盐引,效果也较为明显。云南所产之盐,从早期实行开中法需浙、淮和川等地提供盐引,至弘治十五年(1502年)二月丙寅,已是"命选差南京户部属官一员往治贵州军饷并开中云南弘治六年、七年盐课二十万九千五百余引……以济之"①。可见,云南盐业有了很大的发展。学者曾指出云南实行开中法的社会影响在于:直接促进了"商屯"的发展,促进了封建商品经济的发展,有利于民族融合和经济、文化的交流,有利于对盐矿资源的合理开采和利用。开中盐法刺激了明代云南盐业发展,成为云南一些地区实行"改土归流"的经济社会动因。②

四、明清两代的云南盐税收入概况

盐税是古代一个国家重要的财政收入来源。云南地处西南边疆地区,自汉代以来已有盐业生产的记载,但是纵观不同历史时期的盐政,较为明确的是,元代之前国家实行盐税征收的时候并不多。地方割据时期,盐质较好的盐场往往被王权贵族所控制,如《蛮书》所载:"唯有览赕城内郎井盐洁白味美,惟南诏一家所食取足外,辄移灶缄闭其井。"③除此之外,主要还是民众自煎,规范的盐政制度并未形成。元代之后,税官开始成为统治和管理盐业的重要官职,如大理路白盐城设榷税官,秩正七品,专门负责盐的生产、运销和征税。白盐城即为白盐井,现为楚雄境内的大姚石羊镇。但是,元代云南境内的盐税征收并不见具体数据。

有学者指出:"中国边疆各地区的经济一向以高昂的支出和较低的税收收入为特点。"④尽管如此,国家并没有放弃对西南地区征收盐税,反而想方

---

① 引自全国人民代表大会民族委员会云南民族调查组、云南省少数民族社会历史研究所:《明实录·有关云南历史资料摘钞》,云南人民出版社1959年版。
② 李正亭:《明代云南开中盐法及其社会影响析论》,《四川理工学院学报》(哲学社会科学版)2013年第3期。
③ [唐]樊绰撰、向达校注:《蛮书校注》,中华书局1962年版,第187页。
④ 李中清:《中国西南边疆的社会经济(1250—1850)》,林文勋、秦树才译,人民出版社2012年版,第34页。

设法增加盐税。

明清时期，云南境内有几个比较重要的盐场。通过对盐课收入的分析，也可以看出这个时期地方盐产的盐课情况。关于明朝时期云南境内的盐课数，文献记载并不多，嘉靖三十三年（1554年），"每岁共该银四万三千三百三十四两六钱，无闰该银四万五两六钱零，著为定额"[①]。两年之后，"题准云南实征盐课，无闰该盐四万七千三百八十二引一百四十九斤一十四两九钱，共银三万八千七百六十两七钱零"[②]。万历六年（1578年），"云南岁办盐一百八十一万七千八百七十五斤……岁解太仓盐课银三万五千五百四十七两三钱七分，遇闰该银三万八千五百二十八两九钱七分"[③]。

明代，云南盐业生产得到发展，这同中央加强对云南的统治有密切关系。学者指出，发生在元明时期的西南地区第一阶段的移民潮，多带有强烈的强制性色彩，这是政府持续不断以军事的方式向边疆地区移民垦殖的结果。[④]这便是明朝的军屯制度。军屯的直接结果便是云南人口剧增，"经过一系列的军事调遣，明王朝至少有27万官军，加上其家小，约80余万军事移民人口进入云南"[⑤]。人口数的增长使食盐的需求量大大增加。明代盐业相关资料的记载和论述也反映出这个时期政府开始加强盐业管理，并在盐税制度上进行了一些调整。

明清时期的云南盐税征收情况，学界已有讨论。据李中清论述，明代云南的盐税收入为五万两白银，清代增加到三十万两，清代盐税征收是明代的数倍之多。终明一代，盐课整体上稳定在白银三万五千两，但是在17世纪之后有了很大的提升，如1623年为四万三千两，两年之后增加到五万两，17世纪晚期增加至十五万两白银，而在1732年盐课常项收入已经达二十七万八千零三十九两，附加收盐四万七千七百两。1841年开始，盐课

---

① 牛鸿斌、文明元、李春龙等点校：《新纂云南通志7》卷一百四十七，云南人民出版社2007年版，第146页。

② 牛鸿斌、文明元、李春龙等点校：《新纂云南通志7》卷一百四十七，云南人民出版社2007年版，第146页。

③ 牛鸿斌、文明元、李春龙等点校：《新纂云南通志7》卷一百四十七，云南人民出版社2007年版，第146页。

④ 李中清：《中国西南边疆的社会经济（1250—1850）》，林文勋、秦树才译，人民出版社2012年版，第100页。

⑤ 陆韧：《元明时期的西南边疆与边疆军政管控》，社会科学文献出版社2015年版，第94页。

突破三十五万两，除了1842年盐课收入为二十九万四千零二十三两之外，基本上维持1841年的盐课总额。①

第二节
明清以来云南三大盐区的形成与地方文明

云南盐区的形成是自汉代以来不断发展的结果。从那个时候开始，云南在滇中、滇西和滇东北各区都有了产盐的记录。但是不得不说，汉代到元代的一千四百多年里，各盐场的盐井数量少、技术落后、产量有限、销售范围小。各盐区也受当地部落或政权的控制，中央对盐的管控相对有限。云南盐业发展到明清时期，中央对盐业的管理不断加强，盐井数量增加，产量得到提升，盐税收入也不断提高。此外，最为明显的是，各盐区销售范围扩大并稳定下来，三个盐业文明区基本形成，各盐区之间的联系更加紧密，同时竞争也时有发生。

一、滇中盐业文明区

滇中是云南历史上最早产盐的地区，主要盐产区分布在今天的昆明市和楚雄彝族自治州境内，重要的几口盐井分别是昆明市安宁井和楚雄州境内的黑盐井、阿陋井和元永井。其开发的年代，安宁井最早，可追溯至汉代，是当时产盐的二十八郡之一，设盐官。黑盐井开发于唐代，阿陋井开发于明朝洪武年间，元永井则开发于万历年间。②以下主要对滇中盐业区历史比较悠

---

① 李中清：《中国西南边疆的社会经济（1250—1850）》，林文勋、秦树才译，人民出版社2012年版，第54-55页。
② 黄培林、钟长永：《滇盐史论》，四川人民出版社1997年版，第43页。

久、更具有代表性的安宁井区和黑盐井区进行论述。

（一）安宁井区

安宁井历史最悠久，是早期生活在滇池区域的人们重要的盐业资源来源地，也是滇池文明得以孕育的重要基础。《南诏德化碑》记载南诏国时期"安宁雄镇……盐池鞅掌，利及群舸，城邑绵延"以及明时期"云南郡雄据滇池，方广三百里，旁平地，肥饶千里，有盐池田渔之利"①。这种盛况足以表明安宁井在滇中地区的地位和作用。

唐代，据樊绰《蛮书》卷七"物产"所载："安宁城中皆石盐井，深八十尺。城外又有四井，劝百姓自煎。"由此文献可知：第一，此时围绕安宁井的盐业生产已经聚集了一定规模的人口，盐业生产促进了人口的迁入，此地经济实力不断增强，所以被称为"城"。第二，自汉代开始，经过三四百年的发展，盐业生产技术已经成熟，"大口井"的生产工具已经较为发达，所以凿井的深度可达八十尺。以唐代的一尺大约为三十厘米来算，则井深可达二十四米。这应该是当时云南境内最深的盐井。第三，这个时期，官方对盐业生产的监管并不严格，所以城外的四井"劝百姓自煎"。当然，对这一文献记载还有另外一种理解，即城中的盐井卤水丰富，产量较好，税课可以保证，所以对城外盐井实行百姓自煎，不至于浪费卤水资源。从唐代以后有关安宁井的卤水资料逐渐减少来看，唐代该地区地下的卤水资源应该处于较丰富的时期。这个时期的安宁盐井如前所述，"所产之盐东西爨乌蛮、白蛮皆赖以食之，甚至利及蜱州（今贵州西部）、欢州（今越南荣市）的人"②。

宋元时期，云南境内有关盐的资料记载较少，《元史·英宗本纪》记载，在中庆路③设秩从七品的榷税官④。13世纪，意大利人马可·波罗经过

---

① 谢肇淛：《滇略·俗略》。见方国瑜《云南史料丛刊》（第六卷），云南大学出版社2000年版，第699页。
② 张刚、伍雄武：《云南民族关系的历史与经验》，社会科学文献出版社2014年版，第96页。
③ 中庆路，元代设置的一级行政区，属云南行省。唐属姚州，宪宗五年（1255年）立万户府19，分善阐为万户府4。至元七年（1270年）改为路。十三年，立云南行中书省，初置郡县，遂改善阐为中庆路。领司1（录事司），县3（昆明、富民、宜良），州4。州领8县。参见王俊良《中国历代国家管理辞典》，吉林人民出版社2002年版，第382页。
④ ［清］魏源：《魏源全集》（第八册）《元史新编》卷一至卷二十七"本纪 列传"，岳麓书社2004年版，第268页。

哈剌章州，提到这里有盐井，不仅当地百姓依赖此盐井为生，国王也赖此盐井获得巨额收入。①后经冯承钧分析，哈剌章州应是乌蛮较为集中的曲靖州②，则此盐井应为安宁井。

明代，云南盐业得到发展，安宁井的产量也有一定提高，是云南税课较多的盐井之一。据《明史·食货志》记载，云南设提举司四，安宁设安宁盐井盐课提举司。可以看出，安宁井在明代云南盐业发展史中依然占据着重要位置。

明代，为了巩固边地，或为了筹集军粮，朝廷实行开中法。洪武十五年（1382年）十二月丙申这一天，"户部奏定安宁盐井中盐法，凡募商人于云南、临安二府输米三石，乌撒、乌蒙二府输米二石八斗，霑益州、东川府输米三石五斗，曲靖府输米二石八斗，普安输米一石八斗者，皆给安宁盐二百斤"③。可见，此时安宁逐渐成为滇东地区实行开中法的重要食盐供应地。但是开中的过程中也遇到一些问题，如永乐元年（1403年）正月，云南曲靖开中盐粮的时候，就出现过每引米二石，导致商人觉得定米太多，于是中纳商人减少，户部不得不减轻定米之数，降为一石的情况。④

永乐八年（1410年）三月甲午，户部左侍郎古朴等启："云南所属边储缺，宜以黑、白、安宁等盐井，不拘次招商中纳。今定大理府、蒙化州五井盐，每引米一石三斗，黑盐井每引米二石。金齿军民指挥使司黑盐井每引米一石五斗，安宁盐井每引米二石，景东府白盐井每引米一石五斗。"⑤皇太子从之。继安宁井盐之后，云南黑、白等重要盐井也被纳入开中法之中。

崇祯十一年（1638年）农历十月二十六日，徐霞客来到安宁，记录了当时安宁盐井的情况："过州前，从其东复转北半里，有庙门东向，额曰'灵

---

① ［意］马可波罗口述、［法］沙海昂注：《马可波罗行纪》，冯承钧译，商务印书馆、中国旅游出版社2016年版，第233页。
② ［意］马可波罗口述、［法］沙海昂注：《马可波罗行纪》，冯承钧译，商务印书馆、中国旅游出版社2016年版，第233—234页。
③ 引自全国人民代表大会民族委员会云南民族调查组、云南省少数民族社会历史研究所：《明实录·有关云南历史资料摘钞》，云南人民出版社1959年版。
④ 引自全国人民代表大会民族委员会云南民族调查组、云南省少数民族社会历史研究所：《明实录·有关云南历史资料摘钞》，云南人民出版社1959年版，第174页。
⑤ 《明太宗实录》卷一百二，见方国瑜《云南史料丛刊》（第四卷），云南大学出版社1998年版，第148页。

泉'。余以为三潮圣水也。入之，有巨井在门左，其上累木横架为梁，栏上置辘轳以汲，乃盐井也。其水咸苦而浑浊殊甚。有监者，一日两汲而煎焉。安宁一州，每日夜煎盐千五百斤。城内盐井四，城外盐井二十四。每井大者煎六十斤，小者煎四十斤，皆以桶担汲而煎于家。"①从《徐霞客游记》的内容来看，明代安宁盐井比唐代进一步发展，特别是城外的盐井数由唐时期的四井增加至二十四井，技术上也有了突破，采用了辘轳汲卤技术。但是，应该说，那个时候采用滑轮还是很少见的。"煎于家"也可以理解为盐业生产的组织形式是以家庭为单位，并将生产场地集中于家庭内部，按其产量提交盐课。

清初，云南盐政先隶属巡按，后改为隶属巡抚。云南设提举司三人，分别为黑盐井盐课提举司、白盐井盐课提举司和石膏井盐课提举司。提举司下设大使，含黑井、白井、阿陋井、弥沙井大使各一人、云龙井大使四人。②可以看出，清代安宁井地位开始发生变化，这和安宁井的产量不高、所纳盐课数不高有关。据《新纂云南通志》记载，康熙元年（1662年）题准黑盐井课银九万六千两，白盐井二万八千五百六十两，琅盐井九千六百两。云龙州五井四千七百六十三两七钱，阿陋井为二千九百二十三两二钱，而安宁井则为一千九百八十两。③可以看出安宁井同黑盐井、白盐井和琅井的差距之悬殊。清代的安宁井影响力的确在不断降低，产量骤减，多口井被久封不开，如方志记载："查安宁州旧有洪源井、石井、鹅井、大界井、新河井五井，今惟新河井开煎，于四井无卤，久经封闭。"④

据《云南府志》记载，康熙三十五年（1696年），云南府的昆明县、富民县、宜良县、罗次县、晋宁州、呈贡县、禄丰县、昆阳州、易门县、嵩明州等州县主要行销黑井盐，月行盐十二万斤，年共销一百四十四万斤，遇闰月照额行盐十二万斤；三泊县和易门县主要行销阿陋井盐；而安宁州⑤每月行该州的新河井盐四千斤，详奉批允遇小尽月减行一千斤，年共行盐四万

---

① ［明］徐弘祖：《徐霞客游记》，上海古籍出版社2010年版，第263页。
② 牛鸿斌、文明元、李春龙等点校：《新纂云南通志7》卷一百四十七，云南人民出版社2007年版，第146页。
③ 牛鸿斌、文明元、李春龙等点校：《新纂云南通志7》卷一百四十七，云南人民出版社2007年版，第146页。
④ ［清］范承勋、张毓碧修，谢俨纂：《云南府志》，成文出版社1967年版，第223页。
⑤ 含新兴州（安宁州）、嶍峨县、河西县碌碑屯和新平县。

斤。^①可见，这一时期的安宁井盐行销额同黑盐井盐相差甚远。此外还可以看出，清以前长期行销安宁井盐的滇池周围各县已被黑井盐和阿陋井盐所占领。

雍正九年（1731年），据《安宁州志》记载，安宁井共有四井。"洪源井：在洪源门内，宽四丈、深五丈余，东南北三面系皆赤黯石壁结就，石底如釜，卤水从石壁隙中涌出，其西用石瓷嵌，以隔淡水，久经封闭。乾隆三年（1738），知州何齐圣详宪复开。大界井：在浴德门内。石井：在浴德门外。鹅井：在浴德门外。以上三井，以卤淡，久封闭。新河井：在煮海门外堂琅川中，卤水从石隙中涌出、以石罩管定，外用石瓷筑高基，以隔四周川水，盐法道冯公光裕捐金修理井台，张公无咎捐金修理煮卤盐房，避水患也。年该煎正额盐四十二万八千四百九十六斤，起解盐课银一千七百五十二两三钱八分四厘四毫……年该煎额行余盐四万二千三百七十二斤。"^②这是安宁井这个时期的基本情况，尽管产量有所下降，但每月产量也保持在三万五千斤左右。

清代，有关安宁井的盐业管理机构的记录，在《新纂云南通志》卷四十四中有记载："盐法道署，在南门内城下。原在左卫十字街按察司东，后移城外，清康熙二十三年（1684年）金事王照移入城北世恩坊左，三十四年（1695年）副使于嗣昌移建绿水河东，三十九年（1700年）移今署。……盐库大使署，在盐道署内，清雍正八年（1730年）新设，同治十三年（1874年）盐法道沈寿榕筹款置公馆一所于粮道街下，作大使署，光绪八年（1882年）大使李崇畤请款修葺。道库在道署内。盐店在南门外盐店街。"^③

清代是安宁井地位发生变化的转折时期，从明代的云南重要盐场逐渐变成产量低、卤水资源不足的盐井。学者主要从以下几个方面阐述了这一现象^④：

一是安宁井井口发生变动，如井口数同明代相比，少了秀才井，多了河中井和连然井。一些井口因卤淡长期封闭，如洪源井、大界井、石井和鹅井

---

① ［清］范承勋、张毓碧修，谢俨纂：《云南府志》，成文出版社1967年版，第223-224页。
② ［清］《安宁州志》卷十"盐法"。
③ 牛鸿斌、文明元、李春龙等点校：《新纂云南通志》卷四十四，云南人民出版社2007年版。
④ 朱霞：《〈滇南盐法图·安宁井〉的图形与技术文献志研究》，《西北民族研究》2010年第4期。

四井。乾隆年间又把大井、石井等明代卤水已枯竭、失去使用价值的古井长期封闭。

二是关于安宁井产量的变化。该盐井经过了一千七百多年的开采，盐业资源开始全面枯竭，卤水短缺，产量连续下降，由一个历史上著名的盐井变为产量较低、影响较小的盐井。如乾隆十六年（1751年）闰五月丙子，户部议准安宁的洪源、新井二井额煎盐一百二十万零六十斤，最终实际煎盐六十四万四千四百九十六斤①，仅完成了一半左右。安宁井在嘉庆年间的产量高达二百八十四万六千七百四十斤，清末下降为二十五万零一百八十三斤。②

从清代安宁井所征税课来看，安宁井的盐产量不断下滑，不过因井而兴的安宁城有过曾经的辉煌。《安宁州志》记载："（安宁）城为滇西首郡，历唐宋元明城凡数更，而表里金汤，共成犄角，较他邑为要地，其控西南锁钥……蒙氏筑于今之西南隅（记）惟存址，又筑江东城。今（安宁）州城东南废而无考矣。明洪武二十四年（1391年），守御千户朱寿创筑于今城……南门砖石叠累，高二丈二尺，厚一丈一尺，周围一千五百五十八丈五尺。"③

乾隆年间，安宁井中洪源井又有重开的记载："乾隆五年（1740年）二月辛丑……云南巡抚张允随奏：查安宁州地方有洪源井……均可开煎，每年可获盐四十万一百二十一斤，定为年额……以之添补昆明、宜良……等州县不敷之数，民食不无裨益……"④这和乾隆时期云南境内食盐供应不足有密切关系。就在此前一年，即乾隆四年（1739年）七月甲戌，云南总督庆复、巡抚张允随又奏："滇省东川府、州，就近奏准买食粤盐。内有头运各事宜，尚来准到部复，民食殊难久待。拟于本年霜降后，委员赴粤，先买盐一百万斤，俾民食得以速济。"得旨："如此办理，亦属权宜之计。"⑤尽管如此，

---

① 《清实录》第一四册《高宗纯皇帝实录（六）》，中华书局1986年版，第126页。
② 朱霞：《〈滇南盐法图·安宁井〉的图形与技术文献志研究》，《西北民族研究》2010年第4期。
③ ［清］朗一桀等纂修：《安宁州志》卷之六"城池"。见林超民等《西南稀见方志文献·第二十四卷》，兰州大学出版社2003年版，第342页。
④ 《清实录》高宗纯皇帝实录110卷。另据《新纂云南通志》盐务一所记载，"乾隆五年（1740年），奏准安宁州地方有洪源井一区，每年可煎盐二十一万六千斤，获价银五千三十二两八钱"，仅仅是《清实录》中记载洪源井的盐产量的一半。
⑤ 云南省历史研究所：《〈清实录〉有关云南史料汇编·卷四》，云南人民出版社1986年版，第356页。

购买粤盐以济云南还是未能缓解食盐不足的压力。乾隆六年（1741年），云南总督公庆复奏："滇省民夷生齿日繁，食盐寖广。前经购买粤盐，并运川省引盐，尚有缺乏。"①于是，为了解决云南食盐不足的问题，只能在境内寻找新的盐泉，新开盐井。这个时期楚雄境内的盐井开发较多，资料显示在"姚州废井之旁，沿河沙地，挖获卤源，盐味浓厚，开浚成池，每年可得盐二百万斤。请即动项建灶铸锅，运薪募丁，俟煎有成效，另行核题"②，并很快得到朝廷的同意。此后楚雄境内新开了很多盐井，不断开煎。

从文献资料看来，清代对安宁井并未完全放弃，如乾隆十年（1745年）十一月丙戌，云南总督兼管巡抚事张允随又奏报，对安宁旧井进行拆修，增筑井台，防止淡水浸入导致卤水浓度下降，这样每年可煎盐四十二万八千九百九十六斤。此外，通过在旧井周围新开盐井，一年预计可获食盐一百万斤，可以销往滇东食盐缺乏的地区。③

（二）黑盐井区

黑盐井，俗称黑井，相传开于唐代。④黑盐井受盐业管理机构管辖始于明朝。据云南诸路行中书省参知政事李源道所撰《万春山真觉寺碑》，"蒙速思亟相三世孙、承务郎、威楚盐使司提举完者秃（蒙古族）书丹"来看，在至元六年（1340年），元政府已经开始控制这里的盐业，"盐使司提举"已具备管理盐业生产、运销和税收的职责。黑井能"取雄于一方，以佐国用，以资民生，厥利至溥也"⑤。这个时期的黑盐井盐业较为发达，地位显著，已成为滇中地区的重要盐产区之一。

如前所述，洪武时期云南设四大提举司⑥，黑盐井与白盐井、安宁井和

---

① 云南省历史研究所：《〈清实录〉有关云南史料汇编·卷四》，云南人民出版社1986年版，第356页。
② 云南省历史研究所：《〈清实录〉有关云南史料汇编·卷四》，云南人民出版社1986年版，第357页。
③ 云南省历史研究所：《〈清实录〉有关云南史料汇编·卷四》，云南人民出版社1986年版，第357页。
④ 牛鸿斌、文明元、李春龙等点校：《新纂云南通志7》卷一百四十七，云南人民出版社2007年版，第145页。
⑤ 刘景毛、文明元、王珏等点校：《新纂云南通志5》，云南人民出版社2007年版，第264页。
⑥ 黑盐井提举司的提举一职，自明初以来，多由监生充任，见《楚雄州盐业志》编纂委员会《楚雄州盐业志》，云南民族出版社2001年版，第44页。

云龙五井提举司并列。① 又据《康熙黑盐井志》记载，明朝，黑盐井设提举司（正五品官员），含正提举一员，同提举一员（嘉靖年间裁革），副提举一员（嘉靖年间裁革），吏目一员，黑盐井盐课司大使一员（正八品官员），琅井盐课司大使一员，阿陋井盐课司大使一员。②

明万历年间，黑盐井盐课提举司署衙建置有大门鼓楼一座、仪门一座、大堂三间、后堂三间、后衙楼六间、土司祠一座、库楼一间、盐仓十二间、东西吏舍三间、监房一所、五马桥一座。另有吏目衙舍在提举司衙内的左侧，设大门一座、正厅一座、后衙三间、书房三间。③ 可见，提举司作为重要的盐业管理机构，规模是非常宏大的。

黑盐井所开时间还有另一说，即认为黑盐井开发于元末④。这同上述开自唐代的推论相比，时间晚了五六百年。但唐代黑盐井应未受官府重视，还处在百姓自煎或仅仅利用盐泉的阶段，大规模的开采和煎煮食盐当在元末，故此说可信。据《康熙黑盐井志》所述，黑盐井各井主要开于明代，其各井具体开发时间见表3-5：

表3-5 明代黑盐井井口情况

井　名	首开时间	备注
黑盐井	元末	
岩泉井（即复隆井）	嘉靖二十七年（1548年）	四十五年（1566年）冲没复开，万历十一年（1583年）内灾伤，十六年（1588年）内冲废，二十七年（1599年）复开，回其卤旺，更名复隆
白石泉井	洪武年间	
南山庙井	万历二十三年（1595年）议开	
东井	隆庆四年（1570年）	

---

① 牛鸿斌、文明元、李春龙等点校：《新纂云南通志7》，云南人民出版社2007年版，第145页。
② ［清］沈懋价纂订：《康熙黑盐井志》卷五，李希林主点校，云南大学出版社2003年版，第73页。
③ 《楚雄州盐业志》编纂委员会：《楚雄州盐业志》，云南民族出版社2001年版，第44页。
④ ［清］沈懋价纂订：《康熙黑盐井志》卷五，李希林主点校，云南大学出版社2003年版，第73页。

续表

井　名	首开时间	备注
琅井	洪武年间	
阿陋井	洪武年间	
十二丁井等		含白沙井、河边井等三十六井
奇兴井	万历二十二年（1594年）	
仙道箐井等	万历二十九年（1601年）	另有二小古井、小石井
房边井	万历三十九年（1611年）	

（资料来源：《康熙黑盐井志》卷五）

据《康熙黑盐井志》记载，黑盐井盐课提举司总名黑盐井，总辖五十一井，如黑盐井、阿陋井、十二丁井等井口。黑盐井单独管辖五井，实只三井，即岩泉井、白石泉井和南山庙井。①又有阿陋井辖四十七井，总归盐井盐课提举司管辖。②明代，黑盐井盐课在一万三千两左右，遇闰年则增加一千多两盐课。③黑盐井区在明朝已经实行丁份制度。黑盐井、复隆井两井灶丁共计四百九十五丁半，每月分天、地、人三班，每班十日，共一百六十五名；东井灶丁一百三十二丁，分两班，不断循环；琅井灶丁五十一丁，分为上、中、下三班；其他阿陋井、奇兴井、仙道箐井、房边井共五十三丁，分为三班。④

关于盐课的收入，文献资料另有说法，如在《滇南盐法图·黑井图说》中，李苾说："稽全滇盐政考，明万历年间岁额二万二千六百零。因本朝定鼎之初，伪管盐课总兵官史文投献邀功，佞报额课九万六千两，几四倍其

---

① ［清］沈懋价纂订：《康熙黑盐井志》卷五，李希林主点校，云南大学出版社2003年版，第73页。
② ［清］沈懋价纂订：《康熙黑盐井志》卷五，李希林主点校，云南大学出版社2003年版，第75页。
③ ［清］沈懋价纂订：《康熙黑盐井志》卷五，李希林主点校，云南大学出版社2003年版，第75页。
④ ［清］沈懋价纂订：《康熙黑盐井志》卷五，李希林主点校，云南大学出版社2003年版，第78页。

额矣。"①而且，白盐井和琅井均存在类似的情况。据《琅井图说》所述，明万历时的额课为二千四百两，被伪员史文佞报九千六百两，即虚报了近四倍。《白井图说》中又说：明万历时的盐课为一万五百余两，又虚报为二万八千五百两，比实际翻了一点五倍。②显然，官员为了政绩，谎报盐课数额的可能性是存在的。

明代，黑井盐（含东井）的行盐地区主要为滇中、滇东和滇南地区，主要是云南府、昆明县、禄丰县、嵩明县、晋宁县、归化县、呈贡县、昆阳县、易门县、富民县、罗次县、宜良县、寻甸县和定远县，曲靖府、南宁县、亦佐卫、马龙州、沾益州、陆凉州、越州、平夷卫、六凉卫，澄江府、河阳县、江川县、阳宗县、路南州，广西府、弥勒州、师宗州、维摩州、三泊县、罗平州、密纳湾、三城乡以及广南府、富州，共计三十八处。③琅井和安宁井行盐地方相同，故为临安府、建水州、石屏州、阿迷州、宁州、通海县、河西县、嶍峨县、新平县、新化州共十处。阿陋井、猴井行盐地方为蒙自县、新城、十八寨等三处。④

清代开始，黑井的地位不断提升，续明朝之制，黑井是云南三大提举司之一，又设黑井盐课大使一人。⑤康熙元年（1662年），黑井被题准盐课九万六千两，是云南各井中盐课数最多者，其他盐井盐课最多不过二万八千五百六十两。而且，黑井不断遇到增征税银或加煎的情况，如康熙三年（1664年）增征税银三千两，备城工用；康熙四年（1665年），加煎盐课银二万四千七百五十两，遇闰加税课二千零六十二两；康熙十年（1671年）开始，盐业生产发生变化，题准封闭只旧井、曹溪井；康熙二十一年（1682年），题准减黑盐井加煎盐课。康熙二十八年（1689年），题准豁免云南黑井盐课。到康熙三十一年（1692年），情况更加糟

---

① 引自朱霞《〈滇南盐法图·安宁井〉的图形与技术文献志研究》，《西北民族研究》2010年第4期。
② 参见自朱霞《〈滇南盐法图·安宁井〉的图形与技术文献志研究》，《西北民族研究》2010年第4期。
③ ［清］沈懋价纂订：《康熙黑盐井志》卷五《黑井盐政·明朝·井名》，李希林主点校，云南大学出版社2003年版，第78页。
④ ［清］沈懋价纂订：《康熙黑盐井志》卷五《黑井盐政·明朝·井名》，李希林主点校，云南大学出版社2003年版，第78-79页。
⑤ 牛鸿斌、文明元、李春龙等点校：《新纂云南通志7》卷一百四十七，云南人民出版社2007年版，第146页。

糕，盐生产停滞，朝廷免去的停工缺课银达一万四千四百两。①

雍正开始，云南盐业发展迅猛，滇中地区又新增盐井。滇南地区的镇远府新开按板井，威远开抱姆井，又雍正四年（1726年）覆准普洱开磨黑、磨弄等盐井。但是，云南境内的食盐供应依然呈现不足之势，特别是滇东和滇南地区需要依赖川盐和粤盐来供应。乾隆初期，先是题准云南黑井等所产井盐向东运往昆阳等处行销，并将盐价减至每百斤三两以下。乾隆三年（1738年），东川府由隶属四川改为隶属云南，但因滇盐不敷民食，不得不由四川省招商认引，征税配送，并将南宁、沾益和平彝三州县也改为川盐供应。②乾隆四年（1739年），朝廷又题准从广东运百万斤盐到广西百色，再由百色将盐运至云南的罗平、师宗等州。③这一现象一直持续到乾隆五十七年（1792年）。将盐运至百色之后，限两个月之内交给广南等府接收，又限期三月，令地方州县雇牛马运至云南。④

清代整体的情况是"清季初年，井产兴废靡常，年额时有变迁，乾、嘉以后逐渐增多，咸丰兵燹，顿改旧观。迨同、光间军事敉平，始渐恢复"⑤。但是黑盐井一直是云南盐业产额较高者，多数时候居全省第一，可参见表3-6。

---

① 牛鸿斌、文明元、李春龙等点校：《新纂云南通志7》卷一百四十七，云南人民出版社2007年版，第147页。

② 牛鸿斌、文明元、李春龙等点校：《新纂云南通志7》卷一百四十七，云南人民出版社2007年版，第152页。

③ 牛鸿斌、文明元、李春龙等点校：《新纂云南通志7》卷一百四十七，云南人民出版社2007年版，第152页。

④ 牛鸿斌、文明元、李春龙等点校：《新纂云南通志7》卷一百四十七，云南人民出版社2007年版，第156页。

⑤ 牛鸿斌、文明元、李春龙等点校：《新纂云南通志7》卷一百四十七，云南人民出版社2007年版，第210页。

表3-6　清代黑井煎盐和额盐情况

时　　间	煎　　盐	额　　盐
雍正年间产额	八百二十三万二十四斤	五百六十四万斤
乾隆初年产额①	七百六十四万四千二百五十二斤	
嘉庆初年产额②	九百七十八万四千五百斤	
道光年间产额		一千一十万一千二十六斤
清末产额③		一千九十二万五百五十一斤

（资料来源：《新纂云南通志7》卷一百四十九"盐务考三"）

黑井盐不仅产额较高，而且盐品属上等。《新纂云南通志》记载："云南各井之盐质，以黑井、白井、磨黑井、喇鸡鸣井所产为最高，以安宁、只旧、弥沙、琅井所产为最下。矿、卤气味最浓者莫如喇鸡鸣井，按板、磨黑、乔后、黑、元、永等井次之，其淡者以安宁、琅井为极"，"黑盐井所产之盐，其味正。白盐、乔后、丽江、老姆、云龙、香盐、按板、磨黑、石膏等井同。琅盐井所产之盐，硝重味苦涩。阿陋井所产之盐，其味苦。抱母井所产之盐，味略苦涩"④。

清代，黑井盐行盐区域主要是滇东地区，清初采用的行盐方法是"统运会城总店，听嵩明、晋宁、昆阳、呈贡、宜良、南宁、沾益、马龙、陆凉、罗平、寻甸、平彝、河阳、路南、江川、广西、弥勒、师宗、广南、会泽、宣威等府、州、县小贩、民人赍持现价赴店买运，行销各地方"⑤。乾隆和嘉庆年间则改定行盐区域，具体为"年销省仓五百六十一万四千二百五十二斤，转售昆明、嵩明、晋宁、呈贡、昆阳、宜良、马龙、陆凉、罗平、江

---

① 含黑、新、沙三井。

② 含黑、新、沙三井。

③ 含黑、元、永三井。

④ 牛鸿斌、文明元、李春龙等点校：《新纂云南通志7》卷一百四十七，云南人民出版社2007年版，第209页。

⑤ 牛鸿斌、文明元、李春龙等点校：《新纂云南通志7》卷一百四十七，云南人民出版社2007年版，第214页。

川、河阳、路南、广西、弥勒、师宗、丘北等十六属"①。而清代滇中黑井盐制作方法则如清人张泓《滇南新语》所述:"先注卤于前层各锅内,煮干三分,则转注后层,而前层复上新卤,迨转至极后锅内,水盐已相半锅或沸,以竹枝钳产豕油蘸之即止。尾二锅盐先结,边实中虚,名曰盐垤。取出安骑墙各锅内,火足则中边皆实而盐成矣,余锅大小剩微卤耳,结成盐。各锅始俱染以清油,乃登灶受卤,及盐成,坚如石,犹锤凿始碗脱。每脱日一平,大锯解之,作五六斤块,乃称而加印记,载以归省局。"②

二、滇西盐业文明区

滇西地区的盐业文明同样历史悠久,盐的利用与开发始终伴随着滇西地区人类文明的演进不断发展。滇西盐业文明区形成了两个盐业生产中心,一是以云龙五井为核心,包括兰坪县境内的盐井所形成的区域。这一区域的盐井最早应在汉代比苏县境内,多数学者认为在兰坪、云龙一带,属澜沧江支流的沘江流域。二是《汉书·地理志》以及《华阳国志》均记载的"蜻蛉县有盐官",此时蜻蛉县属越巂郡,多数学者认为"蜻蛉县"产盐之地在今大姚县白盐井。这样,自汉代以来,滇西的盐业文明区就形成了。

唐代,滇西两个盐业主要生产区进一步发展,有明确文献记载的盐井有今大理白族自治州云龙县境内的诺邓井和楚雄彝族自治州大姚县境内的盐井。因云龙县境内盐业的发展历史将在第四章系统论述,故本节主要介绍白盐井区。

唐武德元年(618年),蜻蛉县隶属南宁州总管府,后改为都督府管辖。武德四年(621年),安抚大使李英置姚州,管州三十二,蜻蛉县为当时其中之一。麟德元年(664年),朝廷批准设立姚州都督府③,蜻蛉县受其管辖。天宝九年(750年),已统一六诏的南诏政权发动战争,进攻并占领姚州都督府,此时的蜻蛉县由南诏所控制。自贞元十年(794年)开始,南

---

① 牛鸿斌、文明元、李春龙等点校:《新纂云南通志7》卷一百四十七"盐务考三",云南人民出版社2007年版,第215页。
② [清]张泓:《滇南新语》,中华书局1985年版,第7页。
③ 鲁正清:《唐代姚州都督府》,云南人民出版社2014年版,第78页。

诏在姚州境内分设七个节度，弄栋节度属其中之一，即为产盐的白盐井。①

宋代，洱海区域由大理国所控制，蜻蛉属姚安大姚堡地②，此阶段盐业生产的相关资料缺乏。元至元三年（1266年）五月，元朝设大理路白盐城榷税官。③即白盐井在这个时期同样受国家的管控，并被征收盐税。

明代，白盐井盐业管理制度的形成过程和云南境内其他重要的盐区一样，先是在洪武十五年（1382年）设立白盐井提举司，下设白盐井盐课司，辖九口盐井，又有白盐井巡检司④，且"将井编定为五坊，曰绿萝，曰宝泉，曰荣春，曰思善，曰训让。后则更名五井以观、旧、乔、界、尾命名，皆不出九关之内"⑤。明代，白盐井的产量基本上在二十万至四十万斤，见表3-7。

表3-7　明代白盐井食盐产量⑥

年　代	产盐量	备　注
洪武十五年（1382年）	二十二万斤	
洪武二十年（1387年）	三十万斤	
嘉靖四年（1525年）	三百二十七万零七百斤	
万历二十七年（1599年）	四百一十万斤	其中安丰井产二百零一万九千六百斤

清代的云南盐政先隶属巡按，后归巡抚，盐业制度承明制，设提举司三人，白盐井为其中之一。提举之作用，"专司盐务，上则国课攸关，下则民

---

① 大姚县地方志办公室：《大姚县盐业志》，楚雄日报社印刷厂2002年版，第2页。
② ［清］刘邦瑞：雍正《白盐井志》卷二"沿革"。
③ ［清］魏源：《魏源全集》（第八册）《元史新编》卷一至卷二十七"本纪 列传"，岳麓书社2004年版，第268页。
④ 大姚县地方志办公室：《大姚县盐业志》，楚雄日报印刷厂2002年版，第3页。
⑤ ［清］刘邦瑞：雍正《白盐井志》卷二"疆域"。
⑥ 大姚县地方志办公室：《大姚县盐业志》，楚雄日报印刷厂2002年版，第35页。该地方志并未标明资料出处，查阅其他文献，未能找到明代白盐井的产量相关资料。

生所赖"①。《白盐井志》记载，"白盐井见设官三员，盐课提举司提举、盐课司大使和儒学训导"，又旧设后裁的官员四人，即"同提举、副提举、吏目和巡检"。

康熙元年，白盐井被题准课银二万八千五百六十两②，居全省第二。此时的白盐井区域，据《白盐井志》所载，"（白井）在云南布政司西六百九十里，东至金沙江三百里，南至姚安府一百二十里，西至宾川州二百里，北至铁锁一百二十里，东南至大姚县九十里，西南至云南县二百四十里，东北至安丰井八里，西北至天乙山五十里"③。可以看出，这个时期的白井范围比较广阔，东西长五百里，南北长二百四十里，比今天大姚县的地域范围还大。其行盐地区广阔，雍正以前，其行盐区域已经固定，雍正之后又发生变化，行盐二十四府、州、县，为"姚安府、姚州、大姚县、楚雄府楚雄县、定远县、定边县（今裁）、广通县、南安县、镇南州、定远县、大理府太和县、赵州、云南县、宾川县、蒙化府、永北厅、鹤庆府、武定府和曲州、禄劝县、元谋县、禄丰县、罗次县、富民县、易门县"④。

雍正年间，旧志对白盐井盐业管理，卤水资源及分配、生产和运销有一定的记载。白盐井各盐井，卤水多寡不一，一般是以盐课的多少按日发放给灶户。五井之中，各井均有卤吏一名，其工作是每日"领锁放卤"。白盐井各开日放卤次数及放卤量见表3-8。白盐井各井头卤（头盐水）的颜色有所不同，观音井水色为淡黄色，旧井水色为黄色，乔井水色为金红色，界井水色较清，尾井水色微黄。旧志还提到乔井的卤水煮肉味道不一样，用于制作酱油，味道较美。盐则分为团盐、香盐、锅边盐、筒子盐、盐山、盐锭、盐管、盐卤、盐梅等几类。⑤

---

① 光绪《续修白盐井志》卷二，见杨成彪《楚雄彝族自治州旧方志全书·大姚卷》（上册），云南人民出版社2005年版，第608页。
② 牛鸿斌、文明元、李春龙等点校：《新纂云南通志7》卷一百四十七，云南人民出版社2007年版，第1页。
③ ［清］刘邦瑞：雍正《白盐井志》卷二"疆域"。
④ ［清］刘邦瑞：雍正《白盐井志》卷五"赋役志·盐课"。
⑤ ［清］刘邦瑞：雍正《白盐井志》卷五"赋役志·盐课"。

表3-8　白盐井各井日放卤次数及放卤量①

井　名	放卤次数	放卤量	每担煎重
观音井	三	二百六十担	六斤三两一钱
旧　井	二	一百八十二担	七斤六两
乔　井	二	一百七十三担	七斤十二两
界　井	二	一百五十担	八斤十五两五钱
尾　井	二	一百五十担	八斤十五两四钱

雍正初期，每井大建月共领薪本银一千四百五十两，小建月共领薪本银一千四百零一两左右；盐额大建月为二十万零一千一百一十八斤，小建月为十九万零四百一十八斤。雍正二年（1724年），白盐井配发各地的食盐总量为"正卤盐二百三十七万三千二百一十六斤，加增盐二十五万斤，公费盐三十六万斤，通共该盐二百九十八万三千二百一十六斤"②。又沙卤余盐四百零五万六千七百三十二斤"③。其盐的行销过程为"煎者、商人雇脚每日挑赴官衙，对单完讫候打皮印，每百斤以一个为号，盐记数若干，交付各商收存，店家仍候发盐引，起脚单陆续运规彼地行销"④。

乾隆时期，白盐井的区域据乾隆《白盐井志》所载，至各方位的里程数较雍正年间不变，然又加上"其五井界限：南至白塔丫口，东至灶户冲山顶，西至宝关山顶，北至象鼻岭王家山嘴。井界以外，山多田少，地僻人稀"⑤。可以看出，这个时期的白盐井的地域划分，已形成了五井之内和五井之外之分。五井之内以盐井为中心，井外筑有土城⑥，起防卫作用，还建

---

① ［清］刘邦瑞：雍正《白盐井志》卷五"赋役志·盐课"。
② 经过计算，总数应该为2 373 277斤。
③ ［清］刘邦瑞：雍正《白盐井志》卷五"赋役志·盐课"。
④ ［清］刘邦瑞：雍正《白盐井志》卷五"赋役志·盐课"。
⑤ ［清］郭存庄：乾隆《白盐井志》卷一"疆域"。见杨成彪《楚雄彝族自治州旧方志全书 大姚卷》（上册），云南人民出版社2005年版，第408页。
⑥ ［清］郭存庄：乾隆《白盐井志》卷一"疆域"。见杨成彪《楚雄彝族自治州旧方志全书·大姚卷》（上册），云南人民出版社2005年版，第408页。

关口栅栏十七处。自明代盐井设提举司以来，各盐井面临隶属地方州县还是盐业管理机构的问题，文献对此有记载："康熙三十年（1691年）间，总督云贵部院范巡历边境，亲临井地，建碑立界，界内井官所辖，界外属之州县，由来久矣。"①但是盐井的隶属长期存在争论，如白盐井于康熙四十五年（1706年）改为直隶云南，其命、盗等案件，则移交州县管理②，即提举司专司盐务，其过程如康熙年间的白盐井提举郑山所请：

> 窃查除书、《广舆》开载姚安府所属一州一县，而白井不与焉；楚雄府所属二州四县，而黑琅二井不与焉。又，每年赍进表笺，以及申上详验，只书各井衔名，并未将姚、楚二府开列于上。则三井不属府辖明矣。况向来事例，井司专管盐务，凡有案件，径奉径申本道，并不干涉二府。惟有捐输谷石及缉捕逃盗等事，出具册结，由府转申，以致每多迟滞，迭蒙严饬在案。且各井煎办盐斤，起解课款，一应交代督催。二府既无与于考成，三井自不应隶彼所辖。合无请复直隶盐井之制，嗣遇捐输命盗逃案等事，径奉径申藩、臬二宪，毋庸再转姚、楚二府、庶可随奉随报，不致稽延钦部宪件，以省案牍之繁，以免府差之累。则黑、白、琅三井官灶均沐培植之恩于五暨矣。缘系请复旧制事理，相应联衔会详，伏候批示遵行。等因，详督、抚两院宪暨藩、臬二司、盐法道在案。③

对上述提举和州县衙门的矛盾关系，云南盐道李苾也有论及，"查得井地所居，果系灶户、灶生、背夫、汲卤小工并井兵、衙役等，居住井界内外，原有分别，督煎课盐，督征钱粮，各有责成。其来旧矣。惟多此提举一官，不属府辖，致为该府眼中钉，苛求搜索，官灶均不得宁"④，于是建议两院批示。后云南藩宪刘岯批词，基本同意提举郑山所请，其内容主要包括

---

① 光绪《续修白盐井志》卷八，见杨成彪《楚雄彝族自治州旧方志全书·大姚卷》（上册），云南人民出版社2005年版，第792页。

② ［清］郭存庄：乾隆《白盐井志》卷一"城郭"，见杨成彪《楚雄彝族自治州旧方志全书·大姚卷》（上册），云南人民出版社2005年版，第413页。该志载所见土城"历久颓缺，至乾隆十九年提举郭存庄捐修完整，以资捍围"。

③ 《请复直隶盐井等事》，载光绪《续修白盐井志》卷八，见杨成彪《楚雄彝族自治州旧方志全书·大姚卷》（上册），云南人民出版社2005年版，第790-791页。

④ ［清］李训鋐、罗其泽纂修，赵志刚校注：光绪《续修白盐井志》卷八，见杨成彪《楚雄彝族自治州旧方志全书·大姚卷》（上册），云南人民出版社2005年版，第793页。

以下几点①：一是提举一官，其专责是煎盐，所涉与盐业有关之事，必然径奉径申。二是就提举而言，往往是井产某处，便就井驻扎，督办灶丁煎盐，"况督煎督催，处分亦止盐课，若知府一官，竟渺不相涉者也。既不受督催之处，应无再受管辖之理。且勤惰贤否，盐道考查，不烦民事，奚烦知府转折稽核"。三是形成最终结论，即提举主要负责盐业相关的事务，凡是井地发生的命案，则移交地方官审理，提举协助一同缉办。此后，至李华之任云南藩院，类似的问题依旧被重视，"三井（黑、白、琅）原有疆界，今既改为直隶，各有专责，嗣凡井地界内，遇有真正大盗案件，听井官称解州县承审，若查缉逃盗及平常争斗轻生一切系故，乡保就近投报井司提举，径申径覆。其拜牌谒庙行香宣讲上谕，各井生员照前伺候，排甲居民乃前承值守护。毋得因府州差扰逃匿畏避，有误煎办"②。至此，提举和各州县衙署争论的盐井隶属一事有了定论。

自清代以来，盐业的兴起促进了当地人口的聚集和商贸的往来，雍正年间的《白盐井志》载："白井盐场，编户虽少，办课实炬，至于寄住户或贸易营生或雇工度日，亦既林林统统，生聚见繁昌矣。"③其户口，据地方志所载，主要记录了灶丁人数，五井共计灶户三百一十一户，寄居之户达七百之多。那样算起来，五井周围已聚集一千多户人家，达四五千人之多。④白盐井从事盐业生产的灶户以及依附于盐业的人口之数，同康熙年间的大姚县人口数做比较，相差无几。康熙年间的大姚县，应该说地域较广，但据《康熙大姚县志》所载，其户口"入户城乡附廓军民共九百七十七户，外十马彝村，户口倍于附廓诸屯，因彝民僻处零星，难于稽校"。尽管上述所言有难以核实的人口数，但整体上，这一时期一个县的人口零星分布，并不集中，附廓人口数仅和井内人口数相当，足见盐井人口聚集之多，商贸往来人口占很大比例。而方志多载的"十马彝村"也仅仅只是知县眼中"崇山沿箐，地瘠民苦，刀耕火种，以有限之膏血，供无已之苛求，民力有几，其何能

---

① ［清］李训鋐、罗其泽纂修，赵志刚校注：光绪《续修白盐井志》卷八，见杨成彪《楚雄彝族自治州旧方志全书·大姚卷》（上册），云南人民出版社2005年版，第792页。
② ［清］李训鋐、罗其泽纂修，赵志刚校注：光绪《续修白盐井志》卷八，见杨成彪《楚雄彝族自治州旧方志全书·大姚卷》（上册），云南人民出版社2005年版，第792页。
③ ［清］刘邦瑞：雍正《白盐井志》卷五"赋役志·户口"。
④ ［清］刘邦瑞：雍正《白盐井志》卷五"赋役志·户口"。

堪"①的鞭长莫及之地。

至乾隆时期，白盐井的人口数又有所增加，"五井灶丁共计四百零九户"，这和康熙年间比较，增加近一百户；街牌寄住共计一千一百六十户，较康熙年间增加四百六十多户，"一家数口，可谓庶矣"②。这个时期五井之内的人口增加了两千多人。据方志记载，不同历史时期，白盐井的人口数均有变化，见表3-9。③

表3-9 清代白盐井灶户、人丁情况

年　代	灶　户	寄住户	屯　户	客　籍	总人口数
雍正九年（1731年）					一百丁（灶户）
乾隆年间	四百零九户	一千一百六十户			
道光二十六年（1846年）					四千三百四十四丁
道光二十七年（1847年）					三千一百二十五丁④
同治十二年（1873年）		五百八十户	二十户		二千九百六十三丁
光绪五年（1879年）		六百二十五户	三十一户		三千五百五十七丁
光绪三十三年（1907年）		六百八十四户		一百六十五户	四千三百三十丁

《白盐井志》记载，白盐井的行盐区域为"旧制：姚安府、姚州、大姚

---

① 《大姚县辖十马编里改正碑记》，载道光《大姚县志》卷十四，见杨成彪《楚雄彝族自治州旧方志全书·大姚卷》（上册），云南人民出版社2005年版，第278页。
② ［清］郭存庄：乾隆《白盐井志》卷一"户口"。见杨成彪主编《楚雄彝族自治州旧方志全书·大姚卷》（上册），云南人民出版社2005年版，第421页。
③ ［清］李训鋐、罗其泽纂修，赵志刚校注：光绪《续修白盐井志》卷三《食货志》，见杨成彪《楚雄彝族自治州旧方志全书·大姚卷》（上册），云南人民出版社2005年版，第644页。
④ 方志载为3125户，按照和道光二十六年（1846年）比较，应为丁。

县、楚雄府楚雄县、镇南州、定远县、广通县、碍嘉县、南安州、大理府太和县、赵州、云南县、宾川州、蒙化府、北胜州、景东府、顺宁府、云州、新兴州、鹤庆府"①，共计二十个州县。按旧制所言，应为明末。又，"今定：姚安府、姚州、大姚县、楚雄府楚雄县、定远县、定边县（今裁）、广通县、南安州、镇南州、大理府太和县、赵州、云南县、宾川州、蒙化府、永北府、鹤庆府、武定府和曲州、禄劝州、元谋县、禄丰县、罗次县、富民县、易门县"，有二十三个州县。其行销区域主要是往东部地区拓展，如"雍正元年，题准近井之富民、禄丰、罗次、禄劝、元谋、和曲六州县，改食白盐井沙卤，原销黑盐井盐，统运昆明省店行销"②。又"复准：易门县改食白盐井多出之沙卤，照定价一两六钱完解"③。此外，滇南地区的景东府、玉溪以及大理南部的顺宁府、云州等地则成为其他盐区的行销区域。此后，白盐井的行销区域也不断发生变化，但主要还是以临近州县为主，其行销量如表3-10：

表3-10 清时期白盐井各县行销盐数

年　代	行销州县数	行销总量
乾隆十六年（1751年）	二十四府县	九百三十五万一千四百五十一斤
道光十四年（1834年）	十六府县	一千二百八十五万斤
同治十二年（1873年）	十一府县	三百八十万斤

乾隆十六年（1751年），白盐井行盐区域内的二十四府县及其销量如表3-11所示。

---

① ［清］刘邦瑞：雍正《白盐井志》卷之五《赋役志》。
② 《钦定大清会典事例》，见方国瑜《云南史料丛刊》（第八卷），云南大学出版社2001年版，第211页。
③ 《钦定大清会典事例》，见方国瑜《云南史料丛刊》（第八卷），云南大学出版社2001年版，第211页。

表3-11　清乾隆十六年（1751年）白盐井行销区域及行盐数①

单位：斤

州县	行销盐	州县	行销盐	州县	行销盐
太和县	九十万零九百	赵州	八十万七千三百	宾川州	四十六万二千一百五十
蒙化同知	九十万七千九百二十②	禄劝县	二十八万三千一百四十	楚雄县	四十六万二千一百五十
鹤庆州	六十一万四千二百五十	永北同知	七十万二千	南安州	二十三万四千
镇南州	十九万三千零五十	邓川州	二十四万五千七百	云南县	五十三万一百
姚州	四十万四千零一十	大姚县	四十七万一千八百八十	定远县	三十一万九千四百一十
广通县	二十三万九千八百五十	易门县	四十一万五千三百五十	禄丰县	十五万
罗次县	十七万九千一百	富民县	十三万七千四百	武定州	三万二千一百
元谋县	三十五万一千	浪穹县	三万五千一百	昆明省仓	一万一千七百

从上述二十四个州县的行盐量来看，最多的为蒙化同知和太和县，都在九十万斤左右；其次为赵州、永北同知、鹤庆州和云南县，行盐数在五十万至八十万斤不等；其他各州县在十万至四十万斤；最少的州县为浪穹县和武定州，大约三万五千斤。但是从方志记载的数据来看，白盐井在各州县所销食盐数和各州县记录也有出入。太和县便是如此，"太和县额销盐三千六十八引，又带销乙卯纲三白七引，又新增加带二百六十七引，又新增带乙卯纲二十七引，又新增加带盐二百六十七引。加引、加带从乾隆元

---

① ［清］李训鋐、罗其泽纂修，赵志刚校注：光绪《续修白盐井志》卷之三《食货志六》，见杨成彪《楚雄彝族自治州旧方志全书·大姚卷》（上册），云南人民出版社2005年版，第652页。

② 其中蒙化同知861 120斤，代销禄劝县46 800斤。

年丙辰纲起"①。按照《太和县盐法议》，该县原额一千二百八十六引，即四十三万七千二百四十斤。到乾隆十五年，通过各种加带盐引、加带余盐等方式，已达四千六百零三引。按照每引三百四十斤，则乾隆十五年（1750年）左右，该县的盐引数为一百五十六万五千零二十斤，这和乾隆十六年（1751年）的行销量相差六十六万四千一百二十斤。导致这种情况的原因可能是"自乾隆四年以来，连年灾荒，逃亡几半，以减半之民销加倍之引，至今积盐不售"②，以致白盐井在太和县的行盐数不断下降。

道光时期，白盐井的行销区域与乾隆时期做比较，范围减少至十六厅州县，具体为：减少宾川州、南安州、邓川州、定远县、广通县、易门县、禄丰县、罗次县、富民县、武定县、元谋县、浪穹县、禄劝县等十三个州县以及昆明省仓；新增的府厅县为腾越厅、龙陵厅二厅以及保山、永平和弥渡三县。从区域来看，减少了滇中地区的几个府县，增加了滇西以及靠近缅甸的大部分地区，见表3-12。

表3-12 清道光十四年（1834年）白盐井行销区域及行盐数③

单位：斤

厅州县	行销盐数	厅州县	行销盐数
太和县	三十六万	赵州	二十万
保山县	三百六十万	永平县	六十万
龙陵厅	一百二十万	腾越厅	二百四十万
鹤庆州	六十万	永北厅	一百一十万
蒙化厅	一百一十万	云南县	三十五万
宾川州	三十万	弥渡县	四十万
姚州	三十万	大姚县	三十万
镇南州	三万	楚雄县	一万

---

① （民国）丁炳烺主修、（民国）吴承志纂修、邓建设点校：（民国）《太和县志》，黄山书社2014年版，第208页。

② （民国）丁炳烺主修、（民国）吴承志纂修、邓建设点校：（民国）《太和县志》，黄山书社2014年版，第209页。

③ ［清］李训鋐、罗其泽纂修，赵志刚校注：光绪《续修白盐井志》卷之三食货志六，见杨成彪《楚雄彝族自治州旧方志全书·大姚卷》（上册），云南人民出版社2005年版，第653页。

从表3-12可以看出：第一，道光时期的行盐数的记载不如乾隆时期准确，大多以万斤作为估算。第二，从行盐的量来看，新增的两厅一县行盐量较大，保山县为三百六十万斤，腾越厅为二百四十万斤，龙陵厅为一百二十万斤，以上两厅一县占总行盐数的一半还多。第三，几个州县的行盐量都在减少，如太和县从九十多万斤锐减至三十六万斤，减幅达60%；楚雄县从原来的四十六万斤左右，减少至一万斤；赵州从八十万斤锐减至二十万斤。

表3-13 清代白盐井食盐生产量择年表[①]

单位：斤

年　代	盐产量
康熙元年（1662年）	二百三十七万三千二百一十六
康熙四十五年（1706年）	八百七十三万
乾隆十六年（1751年）	七百九十七万九千六百一十六
嘉庆四年（1799年）	八百七十三万九千三百
道光十九年（1839年）	八百八十八万九千三百
道光二十三年（1843年）	一千二百六十四万二千一百五十一
同治十二年（1873年）	一千二百三十八万七千四百
光绪五年（1879年）	三百六十万
光绪十二年（1886年）	四百一十万
光绪十七年（1891年）	四十二万五千
光绪二十一年（1895年）	五百零六万四千八百四十
光绪三十一年（1905年）	八百五十六万
宣统元年（1909年）	九百六十九万

注：乾隆至道光年间的产量包括安丰井的产量，清末停煎。

[①] 大姚县地方志办公室：《大姚县盐业志》，楚雄日报社印刷厂2002年版，第35页。

三、滇南盐业文明区

滇南地区主要为玉溪、红河、普洱、文山、西双版纳地区。这一地区的盐业历史也可追溯至唐代。《蛮书》卷六载："开南城（今景东县）在龙尾城南十一日程，管柳追和（镇沅）都督城，又威远城（今景谷）、奉逸城（今宁洱）、利润城，内有盐井一百来所。"[①]但是滇南地区的盐业生产并不发达，史书也未记载生产的具体形式，总体上是当地人民自己煎煮，官方介入的可能性不大。宋元时期，这个区域有关盐业生产的记载仍不多。《元史·泰定帝纪》记载："至治三年（1323年）十一月丁巳，云南开南州大阿哀、阿三木、台龙买六千余人寇哀卜白盐井。"[②]这个时期的盐井所处区域，据方国瑜先生所述，"哀卜属木罗寨，应在威远州，即今之景谷，而开南在今景东，在此区域之盐井甚多，不识哀卜白盐井在何处，然知开南威远在元代已产盐"[③]。明代，镇源府、威远州、元江府等地均有开土井的相关记载。《大明一统志》记载："镇沅府……土产盐，有井六，俱在波弄山"[④]，又"元江军民府……土产盐，山间有井"[⑤]。可见，这个时期有关滇南地区盐井的文献记载并不多，对生产技术、产量和销售等相关情况也需要进一步研究。

清代，滇西和滇中地区的传统盐业都发展到了一个鼎盛时期，这两个区域在明代的基础上继续发展，在盐业管理制度、生产和运销等方面都形成了较为完善的体系。相对于上述两个区域，滇南地区盐业发展缓慢，清初至康熙末期，相应的管理机构还未形成。朝廷所设的提举三人也主要集中在滇中和滇西地区。雍正始，滇南地区的盐业受朝廷管辖，盐井的开发也随即开始。雍正二年（1724年），"于镇沅府地方开按板井，威远地方开抱姆井"[⑥]，并分别设盐大使一人，还开恩耕井、香盐井。前者旧隶按板井盐大

---

① ［唐］樊绰撰、向达校注：《蛮书校注》，中华书局1962年版，第165页。
② 《元史》卷二十九《泰定帝一》。
③ 转引自方国瑜主编：《云南地方史讲义》（下册），云南广播电视大学1983年版，第207页。
④ 《大明一统志》卷八十七。
⑤ 《大明一统志》卷八十七。
⑥ 牛鸿斌、文明元、李春龙等点校：《新纂云南通志7》卷一百四十七，云南人民出版社2007年版，第150页。

使，后者隶抱姆井盐大使。雍正三年（1725年），又于普洱府地方开磨黑井，元江府开猛野井。①这个时期，滇南的这几个盐井不断发挥作用，按板井和抱姆井所产之盐，逐渐销往本地及临近州县，如石屏州、宁州、通海、河西、新兴等。从盐品来看，磨黑井的盐质在云南各井中，与黑井、白井、喇鸡鸣井一样，属盐质最佳的一类。②

雍正四年（1726年），朝廷覆准普洱地方开磨黑井、磨弄井，每年所获盐课为三百六十三两五钱二分；元江府所属的猛野井、磨铺井，每年盐课二百三十两，并归入按板、抱姆两井名下报销。③据方志所载，磨黑井产井为七区④，总名磨黑井、磨弄井，新开坐落普洱府地方，距省城有一千一百六十里，有地方知府带征，灶丁系夷民，按额分煎。雍正五年（1727年），磨黑井区题定额煎盐八万八千一百九十三斤，征课银三百六十三两五钱二分九厘。⑤

雍正七年（1729年），在普洱府猛乌、整董二处又设盐大使各一人。⑥但是仅三年之后便裁撤。其原因见《筹酌普思元新善后事宜疏》之"攸乐一带之盐课宜宽免也"条所述：

> 查磨者、乌得、整董、猛乌四盐井皆在极边烟瘴之乡，与普洱府治相隔甚远，春夏水发味淡，惟秋冬可以煎盐，为数有限。附近山多箐密，夷人罕事耕种，专藉此盐零星负卖，易米资生。雍正七年间，于筹划普洱建置事宜案内题请添设大使二员，驻札猛乌、整董，督煎办课，仍以瘴盛不能往井，将大使裁撤，令夷人认课银二千两。自夷人认课之后，获利轻微，生计不赡。雍正十年间，逆

---

① 牛鸿斌、文明元、李春龙等点校：《新纂云南通志7》卷一百四十七，云南人民出版社2007年版，第150页。
② 牛鸿斌、文明元、李春龙等点校：《新纂云南通志7》卷一百四十七，云南人民出版社2007年版，第209页。
③ 牛鸿斌、文明元、李春龙等点校：《新纂云南通志7》卷一百四十七，云南人民出版社2007年版，第150页。
④ 磨黑盐区含磨黑井、按板井、香盐井、益香井、石膏井、抱姆井六井，另加恩耕井，共七井。见《新纂云南通志7》卷一百四十九"盐务考三"。
⑤ 《道光云南通志·食货志》，见方国瑜《云南史料丛刊》（第十二卷），云南大学出版社2001年版，第600页。
⑥ 牛鸿斌、文明元、李春龙等点校：《新纂云南通志7》卷一百四十七，云南人民出版社2007年版，第151页。

> 夷叛扰，塞井毁灶，附近诸夷，奔逃四散，井地一空，是以雍正十年、十一年分课，银无出，经抚臣张允随会题请免。现据盐道张无咎具详，设法招徕，尚在畏惧不前，无人煎办。臣思课额虚悬，总于国帑无益；钱粮有限，不如恤惠穷夷，仰恳圣恩将原定认纳课银，特赐豁除，仍赏夷人煎售，庶各安心复业，而兵火之余，得以生计有赖矣。①

由上可知，清廷为了加强边地的盐业管理，设置盐官，但是受边地的实际条件所限制，最终放弃直接由盐官控制，而由当地百姓认煎认课。

有学者指出："从地域上看，清后期云南新开盐井的确多在滇南一线。除永济（今元永井）、元兴为滇中新开大井，喇鸡井（今兰坪盐矿）、安丰井等在滇西之外，其余多为滇南新井。……清代新开辟井地约二十三个，滇南一线开了十三个井区，下有盐井五十多处。事实上，清代云南新开盐井二十四个，这在空间上打破了滇中、滇西一统食盐产地的格局，可以说是清代云南盐业生产的一次飞跃。"②的确，如前所述，滇南较为有影响力的盐井，如抱姆井、按板井、磨黑井、香盐井、益香井等均开发于清代。乾隆时期，滇南盐业得到进一步发展，早期开发的盐井生产继续得到保证。至乾隆十六年（1751年），各井的煎盐额也有一定保证，见表3-14。

表3-14 乾隆十六年（1751年）滇南各盐井煎盐额③

单位：斤

盐 井	盐产量
抱姆井	一百七十六万零七百九十六
香盐井	八十四万七千一百二十二
按板井	七十六万四千七百八十

---

① ［清］尹继善：《筹酌普思元新善后事宜疏》，参见方国瑜《云南史料丛刊》（第八卷），云南大学出版社2001年版，第450页。
② 赵小平：《清代滇盐生产与商品经济发展研究》，见缪坤和《经济史论丛》（一），中国经济出版社2005年版，第214页。
③ 牛鸿斌、文明元、李春龙等点校：《新纂云南通志7》卷一百四十七，云南人民出版社2007年版，第153页。

续表

盐井	盐产量
恩耕井	八十七万二千五百二十
景东井	一百三十八万四千一百八十四
磨黑井	八万八千一百九十三
慢磨井	二万六千二百八十四
猛茄井	一万三千二百五十
木城井	四万二千三百六十九
安乐井	三万一千六百八十三

乾隆中后期，云南各地食盐不敷。至乾隆四十四年（1779年），已影响至滇南地区，因"乌得、磨者、整董、猛乌四井在极边瘴乡，夷人罕事耕种，专借卖盐易米，认课二千两后获利轻微，井灶逃散，无人煎办，将课项豁出"[①]。乾隆五十八年（1793年），又开石膏箐井，以弥补磨黑、慢磨等井的缺额。[②]

嘉庆年间，滇南盐业不断出现管理上的调整。如嘉庆六年（1801年）改抱姆井为香盐井；到嘉庆十九年（1814年），又改香盐井大使为抱香井大使。这个时期，滇南的石膏井还行销省内的开化、文山两府县，两地一改长期以来食用粤盐的习惯，使得云南在这两府县增添额盐三十六万斤。[③]咸丰二年（1852年），又移抱香井大使驻石膏井，为石膏井大使。[④]同治时期，云南盐务废弛。同治二年（1863年），云南逆首马荣作乱，占据盐法道署，导致问卷全行焚毁，各井所征盐课之数无从稽考。后经盐法道沈寿荣努力寻

[①] 牛鸿斌、文明元、李春龙等点校：《新纂云南通志7》卷一百四十七，云南人民出版社2007年版，第155—156页。

[②] 牛鸿斌、文明元、李春龙等点校：《新纂云南通志7》卷一百四十七，云南人民出版社2007年版，第156页。

[③] 牛鸿斌、文明元、李春龙等点校：《新纂云南通志7》卷一百四十七，云南人民出版社2007年版，第163页。

[④] 牛鸿斌、文明元、李春龙等点校：《新纂云南通志7》卷一百四十七，云南人民出版社2007年版，第165页。

觅，方得嘉庆年间残缺盐务章程两卷，但是所载石膏井和琅井之额征银数与部存咸丰年间奏销册案数目不相符。后经盐法道会同藩司详请朝廷，试图自同治十三年（1874年）正月起，三年为期，整顿盐务，期满之后载作考核。后朝廷同意，但因琅井盐质味苦，销量不好，只得提请对石膏、磨黑、猛野三井进行整顿，并建议移琅井提举司至滇南石膏井。①此时，云南盐务中滇南已是中心，此后磨黑井盐务也归并石膏井大使管理。至光绪初期，朝廷以云南地方所开的猛野井为私井，影响了石膏和磨黑两井的销路为由，自光绪二年（1876年）起永远封闭猛野井。光绪九年（1883年），地方以提举经理管辖，并学习黑盐井灶煎官卖。官方监督之下，灶户煎盐，再招商销售食盐。②

---

① 牛鸿斌、文明元、李春龙等点校：《新纂云南通志7》卷一百四十七，云南人民出版社2007年版，第165页。
② 牛鸿斌、文明元、李春龙等点校：《新纂云南通志7》卷一百四十七，云南人民出版社2007年版，第176页。

第四章 变动的时代：民国时期的云南盐业及其在地方社会中的意义

因国内时局动荡，北洋政府陷入善后借款以盐税为抵押的漩涡之中；南京政府时期，盐税依然逃离不了帝国主义的控制，盐业在夹缝中生存；抗日战争时期，中国的盐税又被日本帝国主义所控制。总体来说，这三个阶段盐税均承担着重要的历史任务。云南盐业，尽管并未直接受到列强的控制，但是相关制度已经从上到下，桎梏着地方盐业的发展。

云南盐务管理制度不断发生变化的情况下，运销制度也跟着变化。清初，盐务制度试图将生产和运销分开，在三个盐区（黑井区、白井区和石膏井区①）各自设立督销总机关，其下又分设督煎机构和督销机构。民国3年（1914年）各盐区又改为场务公署管理各区盐务。此后，地方盐务管理机构有一些变动，但变化不大，民国26年（1937年）成立云南盐务管理局。民国28年（1939年），各区又以井场同名容易混淆为由，更黑井区为滇中区盐场公署，更白井区为滇西区盐场公署，更磨黑井区为滇南区盐场公署。这种情况持续至云南解放，1951年云南盐务管理局隶属西南盐务管理局，辖滇中、滇西、滇南三个盐务管理处，外加安宁场务所、汪家坝场务所和白盐井直属场务所。

---

① 后改为"磨黑井区"。

第一节
民国时期云南盐务管理体系及运销制度

民国时期,云南盐务共分三大盐区,这和明清以来形成的习惯直接相关。三大盐区分别为黑井区、白井区和磨黑井区,其中黑井区含黑井、元永井、阿陋井三场;白井区含白井、乔后井、喇鸡井和云龙井,计四场;磨黑井区含磨黑井、按板井和香盐井,计三场。三大盐区共有十个主要盐场。①

一、三大盐区盐务管理机构的变革

民国时期,云南的盐业生产和运销制度在清末的基础上有一些变化。云南盐务档案资料记载:"因前清咸同②年间,省会迭遭兵燹,文书图籍毁弃无遗。时省外井场,亦被匪占踞,成法旧案,荡然无存,从前煎销例章,实属无法查考。"③故掌握这一时期的云南盐务详细情况有些困难。

民国初期云南盐务机构的设立还是承明清旧制,但又有突破。档案资料记载:"前清因明旧制,设盐法道于省会,管理全省盐法,督征各井课款,附设盐库大使一缺,监守库款之出纳。又于省外之黑、白、石膏三大井,各设盐提举一,均负该管正、子各井煎销征解之完全责任,并于三提举之下,分设七大使,于黑盐、阿陋、乔后、云龙、丽江、磨黑、按板七井、专司稽煎查灶、缉私催课等事。自光复后,因盐务带有工商矿业性质,遂将全省盐

---

① 云南省志编纂委员会办公室:《续云南通志长编》(中册),云南省科学技术情报研究所印刷厂1986年版,第1078页。
② 即咸丰和同治年间。
③ 《清末民初云南盐业》,见吴强、李培林、和丽琨《民国云南盐业档案史料》,云南民族出版社1999年版,第1-2页。

政改隶实业司主管，附设专科，办理盐务。"①民国初年，云南地方盐务管理的思路主要是将生产和运销分开，因此先设盐运使署，驻昆明城内，除设盐运使一员外，地方盐务主要设督煎机关和督销机关。云南盐业主要分3个区，分布在滇中、滇西和滇南，即黑盐井区、白盐井区以及石膏井区，各井区的盐务机关具体情况如下②：

黑盐井区督煎总分机关，分驻黑、元、永、琅、安、阿6井，其构成人员为：督煎总办1人，督煎委员3人，井区缉私队长1人，司事书兵夫役400余人。黑井区督销总分机关，同样分驻上述6井，构成人员为：督销总办1人，会计6人，井区缉私队长1人，司事书兵夫役200余人。另外，设开化边岸公司经理1人，广南边岸盐局委员1人，边岸缉私委员1人，宣威缉私委员1人，司事书兵夫役200余人。

白盐井区督煎总分机关，分驻白、乔、喇、丽、云5井，其构成人员为：督煎总办1人，督煎委员4人，司事书兵夫役共170余人。白井区督销总分机关，分驻上述5井，并下关、剑川、鹤庆、永昌、龙陵、腾越、中甸、维西等处销盐地方，其构成人员为：督销总办1人，督销委员5人，分销边盐委员4人，转运边委员3人，阿墩征税、缉私委员2人，腾边缉私队长1人，司事书兵夫役400余人。

石膏井区督煎总分机关，分驻石、磨、抱、按、香、益6井，其构成人员为：督煎总办1人，督煎委员4人，井区缉私哨弁3人，司事书兵夫役90余人。石膏井区督销总分机关，同样分驻上述6井，并思茅、磨歇、猛烈、王布田等处销盐地方，其构成人员为：督销总办1人，督销委员会4人，分销边盐委员3人，司事书兵夫役100人。

民国初期，除了上述3个盐区的管理机构外，还设川盐厘务总分机关，分局委员4人，司事书丁夫役若干人。这个时期，各区总分机关的官阶及薪资情况参看表4-1。

---

① 《民初云南盐务辑要》，见吴强、李培林、和丽琨《民国云南盐业档案史料》，云南民族出版社1999年版，第18页。

② 《民初云南盐务辑要》，见吴强、李培林、和丽琨《民国云南盐业档案史料》，云南民族出版社1999年版，第17-18页。

表4-1　军政部财政司下各井盐官阶级薪①

职　名	阶　级	薪　水	备　注
督销总办	府	140元	督销、督煎总办每人配夫4名，马2匹
督煎总办	府	140元	
督销委员	州县	60元	
督煎委员	州县	60元	

民国2年（1913年）10月，在北京政府以盐税为抵押善后借款五个月之后，北京盐务署稽核总所派华洋经理来滇，将实业司盐务专理业务划出，于11月组成云南盐政处，附设于民政长署内。

民国3年（1914年）4月，撤云南盐政处，改组成立云南盐运使署。②同时成立云南盐务稽核分所，直隶中央财政部。③在云南盐运使署下设黑井、白井、磨黑井3区场务公署，10个分场署，3个掣验局、2个掣验分局、4个盐务局、5个盐务分局、1个署。在盐运署内，设总务、榷运、场产3科，2科之下分机要、编纂、会政、庶务、收发、榷算、运销、票照、井灶、测验、缉私等11课。④

盐运使署成立之后，便对民初实行的督煎和督销机构进行改编。在盐业生产机构方面，将原来的黑井、白井、磨黑井区督煎督销总局改为场务总局，各设局长1人，督煎督销局改为场务分局，各置场长1人。民国4年（1915年）1月，省盐运公署下令取消局长、场长名称，一律改为场知事和

---

① 《军政部财政司下各井盐官阶级薪表》，见吴强、李培林、和丽琨《民国云南盐业档案史料》，云南民族出版社1999年版，第357页。
② 先后由云南社会知名人士萧坤、陈钧、吴琨、由云龙、杨福璋、赵钟琦、周钟岳、袁嘉谷、王九龄、胡瑛、马聪、朱旭、张冲、李培炎等14人出任盐运使。见云南省志编纂委员会办公室《续云南通志长编》（中册），云南省科学技术情报研究所印刷厂1986年版，第1235页。
③ 云南省档案馆：《云南省档案馆指南》，中国档案出版社1997年版，第68页。
④ 《云南省志·盐业志》编纂委员会：《云南省志·卷十九 盐业志》，云南人民出版社1993年版，第22页。

分场委员。分别设10处场务公署①和6处分场署②。场知事和分场委员的官制得到正式实行,但在民国19年(1930年)又将场知事改为场长,分场委员改称分场长。③民国8年(1919年)云南盐运使署职员情况见表4-2。

表4-2 民国8年(1919年)云南盐运使署职员一览④

职别	姓名	别号	年龄	籍贯	任事时期
盐运使	由云龙	夔举	43	云南姚安	民国5年(1916年)9月
中文秘书	金在镕	仲陶	39	云南昆明	民国5年(1916年)10月
英文秘书	龚自知	仲筠	35	云南大关	民国7年(1918年)2月
科长	杨长兴	用宾	53	云南昆明	民国3年(1914年)5月
一等科员	李兴孝	友庭	48	云南昆明	民国3年(1914年)5月
一等科员	段长顺	悦庭	53	云南昆明	民国3年(1914年)5月
二等科员	陈望和	竹潭	54	云南广西⑤	民国5年(1916年)11月
三等科员	陈怀曾	慕三	26	云南晋宁	民国3年(1914年)5月
会计兼庶务员	黄绍裘	子文	58	云南永北	民国5年(1916年)5月

---

① 分别为黑井、元永、阿陋、白井、乔后、云龙、拉鸡、磨黑、香盐、按板等10处。
② 分别为安宁井、丽江井、益香井、石膏井、抱姆井、琅井等6处。见《云南省志·盐业志》编纂委员会:《云南省志·卷十九 盐业志》,云南人民出版社1993年版,第23页。
③ 《云南省志·盐业志》编纂委员会:《云南省志·卷十九 盐业志》,云南人民出版社1993年版,第22-23页。
④ 《云南盐运使署职员一览表》,《云南盐政公报》1919年第4期,第96-97页。
⑤ 疑是今广南县。

续表

职 别	姓 名	别 号	年 龄	籍 贯	任事时期
监印兼校对员	张尊美	济五	53	云南石屏	民国5年（1916年）5月
收发兼译电员	萧锡庚	峄阳	53	湖南邵阳	民国4年（1915年）7月
额外科员	陆鸿俊	彦臣	34	安徽含山	民国3年（1914年）5月
额外科员	杨富	治安	38	云南昆明	民国3年（1914年）5月
学习科员	邬云卫	卓章	30	湖南新但	民国4年（1915年）7月
学习科员	杨精健	自强	22	□□□□	民国6年（1917年）2月
学习科员	郭映奎	星□	40	□□□□	民国6年（1917年）3月
练习员	甘德裕	子益	20	云南姚安	民国7年（1918年）8月
练习员	赵文炳	梦麟	29	云南姚安	民国7年（1918年）8月

民国20年（1931年）后，盐运使署机构又迭次变更，其组织是：盐务署直隶财政部，下设云南盐运使公署，盐运使公署则分秘书、总务科、场产科、运销科以及缉私处。整体上，在产盐区设立场公署，分别是：石膏、益香、香盐、按板、磨黑、啦井、云龙、乔后、白井、琅井、阿陋、黑井和元永等13个井场，各地还设立场警局。而在运销区则成立掣验局或盐务局，如设龙陵掣验局和腾冲掣验局，以及在边岸阿墩设立盐务局。除此之外，设立云南缉私第一中队、缉私第一大队、缉私第二大队以及在白井区和黑井区设场警大队。① 其目的自然是维护盐业生产正常运作，严格管控盐的运销，防

---

① 《云南省志·盐业志》编纂委员会：《云南省志·卷十九 盐业志》，云南人民出版社1993年版，第24页。

止私盐的贩卖。

民国26年（1937年），云南省奉国民政府财政部命令，对云南盐业的管理机构进行改革，将盐务稽核分所和盐运公署合并，成立盐务管理局，但是仅对稽核分所进行改革，盐运署机构基本维持旧制，产、销、税、警等事务尚归盐运公署管辖，所以盐务管理局成立之初，仅设总务和会计2课。次年，重新组建盐运公署，在原来的总务、会计2课的基础上，增设产销、税警2课，以及增设观察、训练、技术3室。盐务管理局下设黑井、白井、磨黑3区盐场公署和汪家坪场务所、开广边盐办事处、富宁称放处等机构。①

民国28年（1939年），因区名与井场名相同容易混淆，黑井区改为滇中区盐场公署，白井区改为迤西区盐场公署，磨黑井区改为迤南区盐场公署。关于滇中、迤西、迤南3个场务公署，民国档案资料均有记载。滇中区盐场公署"为总绾（管）滇中全区盐务行政之最高机关，负元永场业务暨行政之责，并监督各场业务行政之推进，内部分设总务、业务、会计、工程、盐警第二区部五大部门、辅助场长处理全区与本身有关之一切业务。滇中场署所辖之分支机关，计有黑井场分署，阿陋井及琅井两场务所，元永实验盐场、一平浪稽征办事处，舍资及麦地冲两查验卡等七机关"②。迤南区盐场公署，"案奉管理局先后训令，以云南各区场名称，均以区内之一场名，代表全区，名实不符，经层奉部令，准予更改，本署改为迤南区盐场公署，颁发场印一颗"③。更改后的名称从1939年的11月1日启用。迤西区盐场公署，"职署元明白井区盐场公署，所用印信文曰'白井区盐场公署关防'。本年十月二十日，奉钧局令，改成迤西区盐场公署，并颁发场印一颗，文曰'迤西区场印'。遵即于十月二十一日更名"④。

---

① 《云南省志·盐业志》编纂委员会：《云南省志·卷十九 盐业志》，云南人民出版社1993年版，第26页。
② 《滇中地区盐务公署三十六年度年报目录》，见吴强、李培林、和丽琨《民国云南盐业档案史料》，云南民族出版社1999年版，第98页。
③ 《迤南区盐场年报》，见吴强、李培林、和丽琨《民国云南盐业档案史料》，云南民族出版社1999年版，第107页。
④ 《迤西区盐场年报》，见吴强、李培林、和丽琨《民国云南盐业档案史料》，云南民族出版社1999年版，第165页。

民国31年（1942年）云南盐务管理局分支机构组织系统[1]主要包括滇中区盐场公署、迤西区盐场公署、迤南区盐场公署、安宁井场务所、汪家坝井场务所、元江验放处、滇中区诊疗所、舍资技术处以及10个办事处[2]，其组织机构以迤西区盐场公署为例，主要包括产制机构、官运机构以及缉私机构。可见，这个时期形成了产、销、缉私3个管理机构，见图4-1。

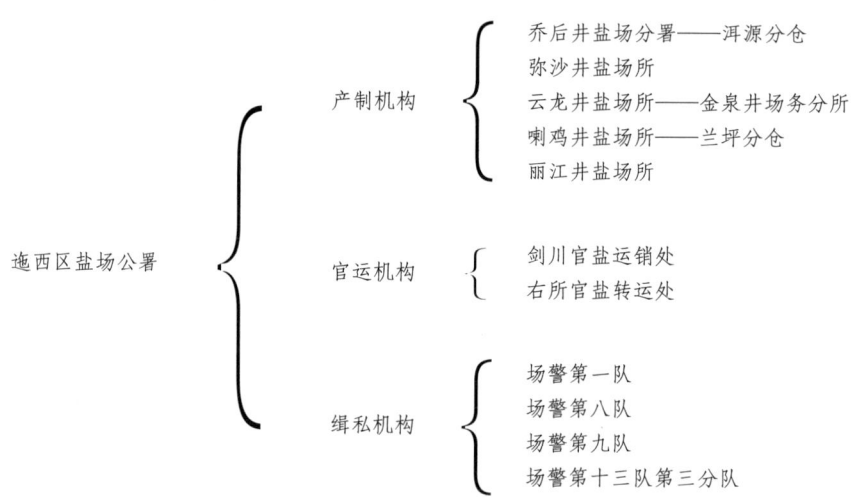

图4-1 迤西区盐场公署机关组织机构示意图[3]

1949年12月云南得以和平解放，次年3月，昆明市军事管制委员会财经小组接管云南盐务管理局，隶属西南盐务管理局。1951年，云南盐务管理局辖滇中盐场管理处、滇西盐场管理处和滇南盐场管理处以及安宁井场务所、汪家坝场务所、白盐井直属场务所。其中，滇中盐场管理处辖琅井场务所、

---

[1] 《云南省志·盐业志》编纂委员会：《云南省志·卷十九 盐业志》，云南人民出版社1993年版，第29页。
[2] 分别是腾龙边盐办事处、开广边盐办事处、昆明官仓办事处、镇南官仓办事处、昭通官仓办事处、文山官仓办事处、购运粤盐办事处、禄丰官仓办事处、曲靖官仓办事处、开远官仓办事处。
[3] 《迤西区盐场公署三十年年报》，见吴强、李培林、和丽琨《民国云南盐业档案史料》，云南民族出版社1999年版，第175页。

黑井场务所、阿陋场务所和元永实验盐厂，滇西盐场管理处辖乔后盐场、云龙场务所、兰坪场务所和弥沙场务所。可见白盐井从滇西区分离出来，成为盐务管理局直属机构。滇南盐场管理处则辖凤岗场务所、勐野场务所、按板场务所、石膏场务所、香盐场务所、益香场务所以及磨黑盐场。此外，一平浪盐场则直属西南盐务管理局。

1964年之后，盐业管理机构再次做出调整，组建成立云南省轻工业厅盐务管理局和云南盐业公司，两个机构，一套人马。此后盐业管理机构有一些变化，但是总体上维持盐业公司运作的方式。

二、三大盐区运销制度及其变迁

云南的盐务，整体上和他省在行销上还是有一定的区别，"滇省盐务，向无岸商、票商之特许，故无引岸票地之区别。各井销盐地面，皆各就距井较近地方，酌量产盐额数，定为行销区域，听彼商脚民贩，向督销局缴价填票、配领官盐，运回销盐地面，照市转售民间。与他省之行商、票商得有专卖岸地者，迥不相同。虽此间某井之盐应销某地，习惯上亦间以引岸、边岸或销岸、正岸等名词称之。而事实上则不过标明界限，以防制井际及外界之争越，而杜绝私盐之充斥耳"①。由此可见，在行盐地区也有销岸之说。

民国初期，云南已经形成了三个盐区，即黑井区、白井区和石膏井区，从行销区域来看，滇中的黑井区各井所产之盐，主要供滇中、滇东以及贵州西部地区各州县，白盐井主要供滇西和滇西北地区各州县，石膏井区主要供滇南地区的各州县，见表4-3。

---

① 《民初云南盐务辑要》，见吴强、李培林、和丽琨《民国云南盐业档案史料》，云南民族出版社1999年版，第3页。

表4-3 民初云南各盐区内（正）岸、边岸销区划分情况[1]

盐区	销岸	
	内（正）岸	边岸
黑井区	盐兴、昆明、富民、宜良、罗次、晋宁、呈贡、嵩明、安宁、昆阳、禄丰、易门、楚雄、定远、南安、广通、碌嘉、武定、元谋、禄劝、徵江、江川、新兴、路南、广西、师宗、弥勒、邱北、阿迷、宁县、河西、习峨、通海、曲靖、沾益、陆良、马龙、罗平、寻甸、宣威、平彝等	开化、安平、广南、富洲、东川及贵州之兴义、盘县等处地方
白井区	盐井、姚安、大姚、镇南、蒙化、永北、华坪、宾川、云南、弥渡、赵县、大理、漾濞、洱源、云龙、邓川、鹤庆、丽江、兰坪、中甸、维西、永昌、永平、龙陵、腾冲等	腾龙极边土司、中维边远夷地
石膏井区	普洱、威远、思茅、他郎、镇源、元江、新平、景东、镇边、顺宁、云县、缅宁、临安、蒙自、个旧、石屏等	王布田、猛烈等处夷地

从表4-3可知，民国初期云南盐务多以黑、白、石膏三区指井划岸，各有销地。其运销之方式，主要为"灶煎官卖，商运民销"[2]，具体为"改定三联照票，发交督销局机关，于商脚到井，缴款购盐。每脚一邦，填印照票一号，注明商脚名号及纳税领盐数目，以第一联裁给购盐商脚，执票配运盐斤，以第二联裁交督煎局，照票取盐；以第三联汇缴盐政处，校对销徵数目"[3]。从民国初期至民国20年（1931年），云南盐务之运销制度，中间不断改为官运商销，或复商运商销，或行有限制之自由商运等形式等。[4]

民国15年（1926年）及民国18年（1929年），云南的运销制度有所调整，规定盐商设号运销办法，但是该制度导致"各地专商，多勾结场灶，兜

---

[1] 《民初云南盐务辑要》，见吴强、李培林、和丽琨《民国云南盐业档案史料》，云南民族出版社1999年版，第3-4页。

[2] 《民初云南盐务辑要》，见吴强、李培林、和丽琨《民国云南盐业档案史料》，云南民族出版社1999年版，第5页。

[3] 《民初云南盐务辑要》，见吴强、李培林、和丽琨《民国云南盐业档案史料》，云南民族出版社1999年版，第6页。

[4] 《云南盐运使公署最近八年来施政成绩报告》，见吴强、李培林、和丽琨《民国云南盐业档案史料》，云南民族出版社1999年版，第41页。

买现买零盐及私盐,更吸收零商小贩之盐,囤积居奇,操纵市价,每百斤获利至数十元之巨,往往演化成盐慌现象"①。于是,经云南省政府讨论决定,自民国20年(1931年)10月,"所有各井出产之盐,一律就场征税、任商民自由运销"②。开始施行自由运销办法二十九条,其主要内容为:

> 商人到井购盐,务须连同马脚一并到井,始准购运,如无驼马夫脚者,一概不得售给,又预防商民运销省城或由省转运东南各县之盐,有取巧绕道或中途洒卖或在井翻卖囤积等弊,复规定于缴纳税饷薪竜等项之外,按本次所购盐数,另行预缴下次半价,以资保证,俟初次盐斤运到省城,报验无讹,取获查验凭证,赴井呈验,并再补缴下次半价后即可照数抄给二次盐斤。又凡附近井场,不经省城转运之各县,则由本署酌定盐额,寓计口授食之意,按月照额,填印凭单,发交各该县政府,分发所属各区公所承领,转发该区域内自愿赴井购盐之真正商民运回该县分销,以济民食。凡领获此项凭单之商民到井后,只须按照规定征足薪竜各款,即可照购盐斤,不必预缴下次半价。③

同时,民国18年(1929年)公布实施的盐商设号运销办法以及发给省城盐商的盐业凭证一律废止;黑井区因产量尚未恢复,并未执行自由运销制度。

民国24年(1935年),"因本省厉行禁烟,筹拨抵补费,乃将全区各场,划分统制区与非统制区"④,统制区为"全省各县销地划一者",其主要为元永、黑井、阿陋、白井、磨黑等五场;非统制区为"销地散漫者"⑤,含乔后、喇鸡、云龙、香盐、益香、石膏等六场以及弥沙、凤岗和汪家坪三场务所。此外存在如"按板、猛野二场,其行盐区域,一方为非统

---

① 《民国十年至抗战前夕的云南盐业》,见吴强、李培林、和丽琨《民国云南盐业档案史料》,云南民族出版社1999年版,第25页。
② 《民国十年至抗战前夕的云南盐业》,见吴强、李培林、和丽琨《民国云南盐业档案史料》,云南民族出版社1999年版,第25页。
③ 《民国十年至抗战前夕的云南盐业》,见吴强、李培林、和丽琨《民国云南盐业档案史料》,云南民族出版社1999年版,第25—26页。
④ 《云南盐运使公署最近八年来施政成绩报告》,见吴强、李培林、和丽琨《民国云南盐业档案史料》,云南民族出版社1999年版,第41页。
⑤ 《云南盐运使公署最近两年整理盐务之实况》,见吴强、李培林、和丽琨《民国云南盐业档案史料》,云南民族出版社1999年版,第49页。

制区之云县、昌宁、江城、镇越等县,一方为统制区之元江墨江、新平、峨山、金平等县"①。

统制区和非统制区的划分,无非是为了实行不相统一的运销制度,"凡统制区内之食盐,实行官运官销(即食盐专卖制度),以余利归公,即作为禁烟抵补费,每年预算收新币200万元,此项余利,系以商运商销所得利息四元为中准"②。而非统制区实行自由运销制度,其原因是:"(1)非统制区多系边远地方,施行专卖,不便管理,用人不当,流弊转易滋生。(2)香盐、益香、凤岗、石膏各井场之盐,行销南峤、佛海、车里等县;猛野井之盐,行销江城、镇越等县;乔后、喇鸡、云龙各井之盐,行销腾龙边岸。此等皆系外私浸灌之地,运费又较内地昂贵,必轻其负担,俾便制外私,基于此点,故非统制区之盐,只加公路费,且现在对于腾抵制外私,基于此点,故非统制区之盐,只加公路费,且现在对于腾龙近边极边盐,除照案退税外,并将公路经费退还,即为调节盐价,抵制外私之故也。"③

统制区和非统制区实行不同的运销制度,一定程度上和这个时期云南的销岸情形有关,云南历来不仅仅食滇盐,如滇东北昭通一带明清以来长期食用川盐,滇南的开化(今文山)、广南(合称开广边岸)食用的是粤盐。上述两处是经地方政府同意,有案可查的邻省之间食盐相济的例子,而这个时期的云南食盐则受外私侵扰,如滇西腾冲、龙陵等地的腾龙边岸,因与缅甸接壤,为缅甸私盐侵入的地区,每年私盐达300万斤之多;滇南的开广边岸,则受越南私盐入侵;滇东十二县④则依然为川盐销岸;原属滇盐行销区域的黔岸,也因川省盐商试图将其占为行销区域而受影响。⑤

从云南实销盐数来看,民国18年(1929年)最少,这与军事匪患、币制

---

① 《云南盐运使公署最近两年整理盐务之实况》,见吴强、李培林、和丽琨《民国云南盐业档案史料》,云南民族出版社1999年版,第49页。
② 《云南盐运使公署最近两年整理盐务之实况》,见吴强、李培林、和丽琨《民国云南盐业档案史料》,云南民族出版社1999年版,第49页。
③ 《云南盐运使公署最近两年整理盐务之实况》,见吴强、李培林、和丽琨《民国云南盐业档案史料》,云南民族出版社1999年版,第50页。
④ 分别为宣威、会泽、昭通、巧家、大关、鲁甸、永善、彝良、镇雄、绥江、盐津、威信等。
⑤ 《云南盐运使公署最近两年整理盐务之实况》,见吴强、李培林、和丽琨《民国云南盐业档案史料》,云南民族出版社1999年版,第48页。

紊乱以及私盐冲击有关，全省三区仅销食盐412 000担。^①次年开始整顿，初见起色。自民国20年（1931年）开始实施自由运销，1933年云南销盐有所增加，至606 000担。民国23年（1934年）改用新衡，起初商贩持观望态度，销数受一定影响，全年销146 000千担，新衡729 214担98斤。销数未增加，所收捐税未减缩。^②据分析，云南施行食盐统制一年之后（即1936年）方见效果：一是产量增加，民国24年（1935年），盐产额已超过90万担，是民国18年（1929年）的2倍之多；二是销额明确，民国24年（1935年）全省销额达8800余万斤，黑井盐销地也无恐慌现象发生；三是缉私较便，统制区内缉务不断有起色，并不断加强对非统制区盐务的缉私；四是平价便民，打破价格由盐商操控的局面，并由官方制定详细的盐价，责成各县按月填盐价表，以期达到平价便民的目的；五是税收增加，全年收入正附税饷，合现金500万元，又抵补工程公路各类费用，约合现金200万元。^③

民国26年（1937年）4月，云南成立云南盐务管理局。民国27年（1938年）6月以后，全省盐务由管理局接管之后，重新实行自由商销。所以，在1910—1941年，"广设盐仓，移运囤储，平价出售，各井场由盐行商号自由领盐，转发配销"^④。

根据各区盐务公署年报，盐务管理局对局部进行了改革。滇中地区于1939年5月改组黑井区盐务公署为滇中场务公署，场署辖黑井、琅井、阿陋井三场务所及一平浪、腰站、羊老哨三个官仓办事处。^⑤同年，滇西白盐井盐场公署改称迤西场务公署，并受销情激增影响，一方面要求各场增加产量；另一方面则在镇南和保山两处设立常平仓，将白盐运至镇南仓，乔后、云龙、喇鸡等井所产之盐运至保山仓，以备附近销区缺盐价涨之时，提供

---

① 《云南盐运使公署最近八年来施政成绩报告》，见吴强、李培林、和丽琨《民国云南盐业档案史料》，云南民族出版社1999年版，第41页。
② 《云南盐运使公署最近八年来施政成绩报告》，见吴强、李培林、和丽琨《民国云南盐业档案史料》，云南民族出版社1999年版，第41-42页。
③ 《云南盐运使公署最近两年整理盐务之实况》，见吴强、李培林、和丽琨《民国云南盐业档案史料》，云南民族出版社1999年版，第51-52页。
④ 《云南省志·盐业志》编纂委员会：《云南省志·卷十九 盐业志》，云南人民出版社1993年版，第27页。
⑤ 《滇中区盐场年报（1939—1947年）》，见吴强、李培林、和丽琨《民国云南盐业档案史料》，云南民族出版社1999年版，第75页。

平价食盐，接济百姓。此外在下关设转运处，利用汽车将乔盐运至保山一处。① 又，改滇南盐务公署为迤南盐务公署，改组香盐场务所，成立场务分所，将抱姆井收归官办并成立场务分所；而猛野井以当地气候恶劣、公务人员相继死亡、税收并不见起色为由，恢复商办。②

民国31年（1942年），云南省又实行食盐专卖制度，各县市普遍设立公卖店，两年内成立保山、昭通、昆明、蒙自等四个分局。③ 1944年，滇中地区之黑、阿、琅等三个分场，将盐配放至盐兴等十一县的食盐公卖店以及合作社供转售外，余盐均运至昆明局，配销各县。滇西地区之乔后、弥沙、喇鸡、云龙等场，乔后井盐除配销乔后镇、洱源、邓川、漾濞等公卖店外，还移运至下关、永平、漾濞三个官仓配销转运，并分至洱源、右所两仓一部分。弥井盐，除主要配销当地的弥沙、沙溪，鹤庆的牛街，永胜全县，洱源一部分之外，还移运至下关配销，分运沙溪、右所两仓各一部分。喇鸡井盐，除配销兰坪县及碧江、泸水两设治局公卖店之外，还移运至兰坪仓一部分。云龙各井所产之盐，产量少，除配销云龙公卖店及龙陵、潞西军民食用外，余盐皆运云龙南部的大栗树站备供军队食用。④ 滇南地区的运销情况，不见详细记录，仅在1940年4月29日成立墨江暨思茅官盐运销处，两县食盐由该处官仓零趸发售，自由竞争。⑤ 民国时期的云南盐业运销情况大致如此。

---

① 《迤西区盐场年报（1939—1944年）》，见吴强、李培林、和丽琨《民国云南盐业档案史料》，云南民族出版社1999年版，第167页。
② 《迤南区盐场年报（1932—1947年）》，见吴强、李培林、和丽琨《民国云南盐业档案史料》，云南民族出版社1999年版，第107页。
③ 《云南省志·盐业志》编纂委员会：《云南省志·卷十九 盐业志》，云南人民出版社1993年版，第27页。
④ 《迤西盐场公署三十三年年报》，见吴强、李培林、和丽琨《民国云南盐业档案史料》，云南民族出版社1999年版，第172页。
⑤ 《云南迤南盐区盐场公署民国二十九年份年报》，见吴强、李培林、和丽琨《民国云南盐业档案史料》，云南民族出版社1999年版，第148—149页。

第二节
民国时期云南盐业生产及产量概述

一、民国时期的云南盐业生产技术

盐业生产中，除了修建必要盐场设施之外，首要的步骤是获得一定浓度的卤水①。获取卤水的方法不过两种：一是自然卤水；二是采盐矿，溶解后制成一定浓度的卤水。自然卤水，其浓度一般不高，仅在8~10.5波美度②。因地质不同，各盐场卤水离地表的高度不同，有些卤水直接冒出地面，无须开凿井口。这类盐泉在云南境内较少见，但在青藏高原东部的青海省囊谦县八个盐场、西藏自治区昌都市类乌齐县甲桑卡乡的吉亚盐田以及芒康县纳西民族乡的加达盐田较为常见。需要开凿盐井的各盐场，提（汲）卤需要一定的技术，民国时期主要有四种：第一种是辘轳提卤③，第二种是"竹竜"汲卤，第三种是人工入硐背挑，第四种是机械抽卤。辘轳提卤方式自清代以来，广泛运用在云南的盐业生产中。"竹竜"汲卤当在民国时期才开始使用。至于机械抽卤，20世纪40年代，一平浪盐场引入美国制造的全封闭式吊泵，抽运深90米的竖井卤水。④档案资料提及，"其采汲之方法，并非一律，即同一井场，亦视井硐之形状、应用之便利，各硐各异。卤井之汲取方法分下列数种：（1）辘轳拉汲式。此式应用于垂直开凿之吊井，依井硐之大小，于井口安置辘轳，系以皮索皮袋，配用二人或四人，用手转动辘轳皮索，即循环上升，汲卤出井。此项皮袋，系用整张牛皮缝成容量自一百余斤

---

① 卤水浓度太低，不易煎煮，而且耗费燃料，成本增加。
② 即含盐量为85~114g/L。
③ 在滇西的云龙五井还有一种扯卤的方式，可见第五章有关云龙盐业生产技术的论述。
④ 《云南省志·盐业志》编纂委员会：《云南省志·卷十九 盐业志》，云南人民出版社1993年版，第104页。

以至四百斤不等。（2）竹筒拉汲式。此式应用于倾斜之井硐，依井之深浅置相当数目的竹筒，俗称为竹竜，每条长约六百尺，凿空其中之节配以竹竿手柄，中系牛皮以当活塞，每竜配用毫夫一人，运用唧筒之原理，将卤水逐节抽上以至硐外。（3）人工直接入硐背挑。此项应用于倾斜而出卤不旺或深度极浅之井，工具为木制背桶或挑桶"①。

就云南省制盐技术而言，民国时期主要继承明清以来的煎煮法，"以柴薪为燃料，使用铸铁锅和土坯盐灶的简陋设备，生产我（云南）省特有的锅盐和筒盐，是晚清到民国年间云南主要的制盐方式"②。其盐的形状，有块盐和筒盐，二者均以铁锅熬制卤水，仅在锅盐灶的设计上有所差别。生产的最终盐产品，滇中各盐井以块盐为主，滇南各井以锅盐为主，滇西则以筒盐为主。

滇中地区的盐井，以元永、黑井、阿陋、琅井等盐井为著，以生产块盐为主。据地方志所述的内容，可以看出黑井盐业生产的空间以及制盐技术。

黑井尚存有清末至民国年间使用的制盐作坊多处，其较完整的一幢为3间2层楼房。楼上堆放柴薪什物。楼下3间用以煎盐。总长10米，进深宽9米，左置卤池，右置滤甑，中为盐灶。灶长5.5米，宽2.9米。灶上前置煎卤成沙的桶锅36口，后置筑制盐平的大锅2口。桶锅分高热、中热、低热三区。其高热区叫前围，置桶锅15口，用以将卤水煮成卤浆；中热区叫后围，置桶锅15口，用以将卤浆浓缩；低热区叫配堂，用以把浓缩后的卤浆蒸发后形成盐沙。盐沙并入大锅，以木棍舂筑，便成盐平。③

应该说，黑盐井的制盐方法是滇中地区较为普遍的技术，其制盐方式为"煎灶用土坯和石块砌筑，上置专供成盐的大锅2～8口，供产盐沙的桶锅8～20口。大锅口径80厘米，中心深40厘米。桶锅口径30厘米，深50厘米，均为铸铁制。升火开煎时，先用菜油涂抹锅内，以防盐沙粘锅。然后注卤入桶锅

---

① 《云南盐务概况汇编》，见吴强、李培林、和丽琨《民国云南盐业档案史料》，云南民族出版社1999年版，第182页。
② 《云南省志·盐业志》编纂委员会：《云南省志·卷十九 盐业志》，云南人民出版社1993年版，第114页。
③ 《楚雄州盐业志》编纂委员会：《楚雄州盐业志》，云南民族出版社2001年版，第73页。

内蒸发、浓缩,并陆续添加新卤。大锅中也注入少量卤水,使结成'锅底',然后将桶锅中析出的盐沙经铺有麻布的竹筐过滤后移入大锅,盛满后,用木棍夯实,筑成与锅边齐平的实心锅盐——盐平。自起煎至成盐,费时约20小时。熄火后,将盐平自锅内取出并用炭灰泥涂抹盐平底面,以防盐平破裂,然后用炭火烘烤至坚实为度,交仓时,锯为2块或4块,以便搬运"①。

可以看出,滇中地区的制盐工序,含熬制盐沙,然后制作盐平。如琅井制盐之方法,据《续云南通志长篇》所记,"本场制盐之法,系用柴煎。于灶房中,用土制一盐灶,作长方形,名马槽灶,近灶门之端,安大铁锅三口,尾端安小桶锅三十六口。……凡制盐时,锅中盐水煮沸,即以木瓢舀出,浇于灶上,日日如此,是时灶体温度极高,又最干燥,卤水全被吸入,其盐质与灶体凝结,宛如矿石"②。这便是熬卤成盐沙。此后,便是制作盐平,其做法是"先用菜油在两口成盐锅内遍抹,待灶内火燃,将菜油烘热,便将桶锅中的含水盐沙放入20余斤,以木棒舂捣坚实,作为盐平之底,然后将各桶锅煮成的盐沙滤去卤水后,渐次装入成盐锅中,桶锅则继续以卤水煎熬盐沙,循环往复。其间,以1人专司添薪之事,以3人专司添卤制盐之事。约历9小时,两口成盐锅内盐沙堆满,且因火力烘烤渐渐凝结,至与锅口齐平,始盖本灶木印于其上,再用缓火将盐烘干,连锅抬于地面,以2人持铁杆将锅内盐整块取出。至是盐平制成,锯解后可以交仓"③。

滇南所有盐场及滇西的喇鸡井都生产中心凹下的锅盐。其灶式,"有梅花灶和窑灶(又称梯形灶)之分,前者设圆锅5口或7口构成梅花形,因产量低,已被淘汰。后者形如楼梯,自首至尾,每排锅提高约15厘米,使灶膛(烟道)具有一定的坡度。灶式结构,最初为'一洞(炉膛)一联(一列锅)',后来改进为'一洞二联'和'一洞三联',产盐量随之增加。每联设口径为80厘米、中心深约35厘米的圆铁锅13~17口。灶身用红色黏土坯砌筑,生产2~3个月后拆除重建。成盐时间,每次需3天,进而提高到1天起盐

---

① 《云南省志·盐业志》编纂委员会:《云南省志·卷十九 盐业志》,云南人民出版社1993年版,第114—115页。
② 云南省志编纂委员会办公室:《续云南通志长编》(中册),云南省科学技术情报研究所印刷厂1986年版,第1098页。
③ 《楚雄州盐业志》编纂委员会:《楚雄州盐业志》,云南民族出版社2001年版,第74页。

1次盐"①。从中可以看出，滇南地区和滇中地区制盐工序的区别仅在于盐灶的设计不同以及减少了制作盐平的环节。

就滇西地区而言，大理州境内的云龙五井、剑川弥沙井、洱源县乔后盐场，楚雄自治州大姚县境内的白盐井以及所辖的安丰井，均生产筒子盐，其重约为5公斤。具体煎制过程主要包括制卤、煎盐以及制作筒子盐（也有捏盐之说）。盐卤经不断熬制，"即析出盐沙，经继续煮沸蒸发，使盐沙锅内水分稍干，便将盐沙用木瓢舀入支在大锅上的滤箩（盐箩）滤去卤水。待滤箩内的盐沙稍经冷却，即用筒模将盐沙筑成椭圆状。置于撒有盐灰的灶上烘干，再削去盐底泥灰，装入土仓，用栗炭烘烤一夜，使盐团坚实，不易离散。次日便可挑送盐仓秤收"②。

说到民国时期云南盐业生产技术上的创新，不得不提及时任云南盐运使张冲③亲自组织实行的"移卤就煤"工程。可以说，这是云南盐业史上的创举。该工程是在云南盐价暴涨、短销严重、税收危机、外场私盐充斥的特殊社会环境下启动的。④工程的核心便是试图摆脱滇中黑井、元永井、琅井、阿陋井等盐场对柴薪的依赖。由于这些盐井长期以来煎煮食盐全赖柴薪，导致盐场四周森林破坏，所需柴薪要在数十里之外的山上才能获得，这也使生产成本不断增加，盐价上涨。

云南盐运使张冲实地考察元永井，亲自试验以煤代薪。试验取得进展之后，他又对距元永井21千米处的一平浪进行考察，发现该地储藏有优质的煤矿，于是开始思考"移卤就煤"或"移煤就卤"。后因元永井地势高于一平浪，已有一条溪流至一平浪，最终确定采用"移卤就煤"的方案。起初阿陋井因同元永井情形相似，曾一度被列入工程计划之内。两井同为黑井区，所以先成立黑井区移卤就煤工程委员会，后改为云南一平浪制盐场工程处，张冲兼任督办。1933年2月，工程开工，一方面修建21千米长的引卤沟渠，另一方面修建旧式盐灶百余间，工程可谓浩大。该工程因触及地方势力的利

---

① 《云南省志·盐业志》编纂委员会：《云南省志·卷十九 盐业志》，云南人民出版社1993年版，第115页。
② 《楚雄州盐业志》编纂委员会：《楚雄州盐业志》，云南民族出版社2001年版，第75页。
③ 张冲（1900—1980），彝族，云南泸西（今弥勒人），民国21至22年（1932—1933年）任云南盐运使。
④ 谢本书：《移卤就煤——云南盐业史上的创举》，《盐业史研究》1991年第4期。

益，对方不断上诉至云南省政府，以致工程遭到阻挠，但均被试图在盐业改革上有作为的盐运使张冲冲破。不仅如此，他在引卤工程所用材料的选择上，从木质、石料，再到陶器，不断试验，最终研制出"U"形釉沟砖，成功破解引卤难题。工程于1937年9月竣工，翌年9月投入生产。档案资料显示，一平浪盐场共有煤灶12座，每灶每日煎盐6000斤，则整个盐场每日可生产6万斤。①如此算起来，一年的产额达2160万斤，就效益而言，比使用柴薪一年节约637.5万元滇币。②民国元年（1912年）云南各井额销实销盐数见表4-4。

二、民国时期云南盐区各盐场的产量

民国时期的云南，如上所述，主要产盐区为滇中的黑井区、滇西的白井区以及滇南的磨黑区。民国元年（1912年）云南各井额销实销盐数见表4-4。

表4-4　民国元年云南各井额销实销盐数对照③

单位：斤

井　别	暂定盐额	年度实销盐数
黑　井	4 920 000	正5 377 070，零107 302
元永井	11 080 000	正10 885 055，零214 200
琅　井	3 000 000	767 422
阿陋井	1 700 000	3 970 825
只旧井	106 122.5	87 247
安宁井	250 183	333 917
开化边岸	1 200 000	808 230
广南边岸	800 000	1 361 060

---

① 《滇中移卤就煤》，见吴强、李培林、和丽琨《民国云南盐业档案史料》，云南民族出版社1999年版，第251页。
② 和丽琨、张卓玛：《张冲与"移卤就煤"》，《云南档案》2008年第4期。
③ 吴强、李培林、和丽琨：《民国云南盐业档案史料》，云南民族出版社1999年版，第8页。

续表

井　别	暂定盐额	年度实销盐数
白　井	4 026 000	4 933 500
乔后井	4 674 000	5 856 670
喇鸡鸣井	1 561 000	1 476 210.5
丽江井	10 000	177 455.5
云龙井	1 639 000	2 194 529.5
弥沙井	36 023	29 892.5
石膏井	1 645 000	1 401 828.5
磨黑井	2 078 000	5 728 471
抱姆井	260 000	459 716
按板井	3 649 000	4 569 579
香井、益香井	2 368 000	3 390 381

从表4-4可以看出，各盐井或边岸，多数实销盐数比暂定盐额要高，仅琅井、只旧井、开化边岸、喇鸡鸣井、弥沙井以及石膏井比暂定盐额低。各省暂定盐额为45 002 328.5斤，实销盐数为53 809 059.5斤（不含零盐），即实销盐数多了8 806 731斤。其中，黑井区实销23 590 826斤，占全省实销盐数的43.8%，比暂定额高出534 520.5斤；白井区实销14 668 258斤，占全省实销盐数的27.3%，比暂定盐额高2 722 235斤；石膏井区（后改为磨黑井区）实销15 549 975.5斤，占全省实销盐数的28.9%，比暂定盐额高5 549 975.5斤。可见，三个盐区实销盐数均在增加。

据资料显示，民国8年（1919年），全省人口为9 995 542人，全年云南实销盐数为821 484.31担，每人平均获食盐8.2斤。[1]民国9年（1920年），黑井区含黑井、琅井、元永井、安宁井、阿陋井、汪家坪井、开化边岸、广南边岸以及黔岸，8月份一个月的实销盐数为2372担左右，则一年当在28万担左右，约为2800万斤。如果以此数计算，则和民国初年比较，黑井区实销盐

---

[1] 《云南省志·盐业志》编纂委员会：《云南省志·卷十九 盐业志》，云南人民出版社1993年版第89页。

数下降近一半，产量已经受到很大影响。档案资料也显示，民国6年（1917年）后，"惟黑井一区，因产量日绌，予商贩操纵之机，是由价涨盐慌诸弊"①。其他两个盐区产量反而不断增加，如白井区含白井、乔后井、喇鸡井、云龙井、金泉井、腾越边岸及龙陵边岸，实销13 528担，年约实销盐数为1 600万斤，高于民国初年的实销盐数；磨黑井区含磨黑井、石膏井、按板井、抱姆井、香盐井、益香井、景东井以及恩耕井，实销盐数为48 496担，5 800万斤左右，比民国初年的实销盐数3倍还多。②

表4-5 民国时期云南盐运署各井场实销盐数统计③

单位：担

年 份	黑井全区④	白井全区⑤	磨黑井全区⑥	包课小井⑦	合 计
民国元年（1912年）	197 440.50	99 841.30	115 781.19	1 065.51	414 128.50
民国2年（1913年）	237 012.00	39 264.24	162 099.07	1 518.68	439 893.99
民国3年（1914年）	258 261.47	152 153.06	167 120.65	3 181.77	580 716.95

① 《云南盐运使公署最近八年来施政成绩报告》，见吴强、李培林、和丽琨《民国云南盐业档案史料》，云南民族出版社1999年版，第41页。
② 该数据见《民国九年八月份实销盐数报告表》，《云南盐政公报》1920年10月第22期。
③ 见云南省志编纂委员会办公室《续云南通志长编》（中册），云南省科学技术情报研究所印刷厂1986年版，第1154-1161页。
④ 含黑井场、元永场、阿陋场、琅井分场、安宁分场、绥裕分场、汪家坪分场、盐井渡井、开化边岸、广南边岸黔西边岸。需要说明的是并不是每个盐场或边岸在每个时期都包含在内，下同。
⑤ 含白井场、乔后井、喇井场、丽江分场、云龙场、金泉井、腾越边岸、龙陵边岸以及阿墩边岸（1930年起）。
⑥ 含磨黑井、石膏分场、按板场、抱母分场、香盐场、益香分场、景东井、勐野井、磨歇井、恩耕井、茂蒗井、磨铺井等。
⑦ 含安乐井、积旧井、横山井、安宁井、硝井、绥裕井、汪家坪井、镇雄盐井、弥沙井、高轩井、福兴井、三星井、丽江井、日期井、金泉井、顺荡井、师井、山井、勐野井、磨歇井、景东井、茂爱井、茂蒗井、磨铺井、整董井、恩耕井、抱母井、茂腊井、习孔井、小羊箐井、裕民井、二尾井、蛮卡井、发龙井、凤井、滥盐井、茂益井等。不同盐井，亦在官办和包课之间变动，具体参见云南省志编纂委员会办公室《续云南通志长编》（中册），云南省科学技术情报研究所印刷厂1986年版，第1161-1163页。

续表

年　份	黑井全区	白井全区	磨黑井全区	包课小井	合　计
民国4年（1915年）	257 699.87	185 590.56	194 026.94	8703.13	646 020.50
民国5年（1916年）	289 168.18	191 820.57	191 380.04	8658.31	681 027.10
民国6年（1917年）	336 651.20	231 110.63	196 026.86	13 928.42	777 717.11
民国7年（1918年）	378 075.51	222 022.94	216 877.85	13 275.97	830 252.27
民国8年（1919年）	348 103.49	242 097.70	209 808.45	21 474.67	821 484.31
民国9年（1920年）	309 748.11	225 997.00	224 408.38	10 293.86	770 447.35
民国10年（1921年）	332 941.14	225 340.00	215 618.09	15 247.88	789 147.11
民国11年（1922年）	310 811.06	228 339.40	201 743.53	21 775.45	762 669.44
民国12年（1923年）	290 291.64	204 019.20	192 947.23	23 250.03	710 508.10
民国13年（1924年）	255 736.20	192 745.88	176 971.78	27 070.42	652 524.28
民国14年（1925年）	282 956.22	176 444.28	151 828.33	41 068.29	652 297.12
民国15年（1926年）	272 996.44	14 808.60	133 714.49	44 136.86	465 656.39
民国16年（1927年）	201 515.61	163 495.50	169 517.42	45 182.10	579 710.63
民国17年（1928年）	160 905.05	175 940.28	181 580.17	51 269.66	569 695.16

续表

年　份	黑井全区	白井全区	磨黑井全区	包课小井	合　计
民国18年（1929年）	153 551.58	141 349.4	118 070.59	57 932.13	470 903.70
民国19年（1930年）	174 003.36	226 232.12	131 957.07	43 655.83	575 848.38
民国20年（1931年）	200 319.33	196 309.99	105 973.47	50 121.69	552 724.48

从表4-5来看，从民国元年至民国20年间，全省食盐销量变化较大。从初期到民国7年（1918年）是一个上升期，这个时期从40多万斤增加到80多万斤，此后慢慢开始下滑到50多万斤。民国16年（1927年）之后，云南省盐务受龙云主席重视，盐务起色，一是每年产销由40余万担增加至80余万担；二是黑井区向来煎不济销，经过修理井硐，产量剧增，变得供过于求；三是各场私盐逐渐禁绝，效果明显。[①]参看表4-6，可知民国20年（1931年）至民国24年（1935年）的云南各盐场盐数情况。

表4-6　云南各盐场自民国20年（1931年）至24年（1935年）
产盐数目统计[②]

单位：担

场别	民国20年（1931年）	民国21年（1932年）	民国22年（1933年）	民国23年（1934年）	民国24年（1935年）	说　明
黑井	75 706.39	83 414.14	105 826.46	114 255.77	120 162.37	该场产量与年俱增
元永	49 868.30	55 355.27	65 970.38	74 520.12	121 610.17	同上

---

① 《云南盐运使公署最近八年来施政成绩报告》，见吴强、李培林、和丽琨《民国云南盐业档案史料》，云南民族出版社1999年版，第39页。

② 《云南盐运使公署最近八年来施政成绩报告》，见吴强、李培林、和丽琨《民国云南盐业档案史料》，云南民族出版社1999年版，第40页。

续表

场别	民国20年 （1931年）	民国21年 （1932年）	民国22年 （1933年）	民国23年 （1934年）	民国24年 （1935年）	说　明
阿陋	44 504.91	46 371.27	45 908.28	43 198.75	34 652.24	该场产量有递减势此因纯出卤水之故
白井	77 940.40	77 252.80	82 111.30	96 887.65	110 828.90	该场产量，与年俱增
乔后	79 476.30	87 125.80	80 850.20	69 894.20	97 850.27	该场储碘甚丰，向均尽销尽煎
喇井	26 865.19	23 533.96	27 854.00	38 521.25	34 695.33	该场产量与年俱增
云龙	18 030.50	18 066.00	23 160.00	23 975.00	25 017.50	同上
磨黑	67 219.82	63 466.24	99 537.79	103 945.38	10 685.22	该场储碘甚丰，向均尽销尽煎
按板	13 661.26	19 704.93	28 851.59	39 152.20	51 543.75	该场产量与日俱增
香盐	5 174.03	6 033.71	10 823.18	8 213.47	9 561.20	该场储碘甚丰，向均尽销尽煎
石膏	13 521.09	15 619.52	20 029.89	20 393.14	26 937.90	同上
益香	6 535.06	5 700.28	5 240.00	5 841.39	10 164.97	该场储碘甚丰，向均尽销尽煎
合计	478 502.65	501 643.92	596 163.07	638 798.32	774 050.92	

通过表4-6可以看到云南的盐产量，在这5年间，总产量呈现不断增长的趋势，但是人口激增导致盐供应不足的现象不可忽视。据资料显示，民

国21年（1932年），全省销盐492 739担，全省人口为11 795 486人，即在13年的时间里，人口增加了180万人，其结果是人均食盐量从1919年8.2斤减少至4.2斤。①客观来看，人口激增的原因，主要是"抗战爆发后，因地处大后方，内地迁来大量的工厂、机关、学校，人口急剧增加，随着战区的扩大，日军先后占领了越南、缅甸，云南又由后方而变为前线，往来军队人员频繁"②。

从文献和档案资料的记载来看，自1930年至1940年，云南省总盐产量有持续增加的趋势。民国19年（1930）至21年（1932年），历经运署整顿，日有增益，迨22年逐增销至60万斤之多。③其原因是"民国26年（1937年）以来，产量从无超过年额一百万担者。抗战以来，外汇缩紧，国币贱值，缅私、越私无形减少，运输困难，粤盐来源断绝，淮区沦陷，川盐移销湘鄂，其滇东、黔西遂由财部明令规定以滇盐济销，故是年前运署即计划增产，本年冬季管理局接收行政，统一盐务管理，更建议大量增产，当时估计，于现有规范，增加工人，全省约可增加年额二百万担"④。但是1940年之后，云南盐总产量开始逐年下滑，其产量情况如表4-7所示。

表4-7　民国29年（1940年）至民国35年（1946年）云南盐产量统计⑤

单位：担

年　份	年度实产盐数
民国29年（1940年）	1 210 761.24
民国30年（1941年）	1 197 985.83
民国31年（1942年）	1 115 223.03

---

① 《云南省志·盐业志》编纂委员会：《云南省志·卷十九 盐业志》，云南人民出版社1993年版，第89页。
② 黄健、程龙刚、周劲：《抗战时期的中国盐业》，巴蜀书社2011年，第320页。
③ 《云南盐运使公署最近八年来施政成绩报告》，见吴强、李培林、和丽琨《民国云南盐业档案史料》，云南民族出版社1999年版，第41页。
④ 《盐政实录第三辑云南迤西区盐务分志》，见吴强、李培林、和丽琨《民国云南盐业档案史料》，云南民族出版社1999年版，第195页。
⑤ 《云南盐务管理局应社会部要求调查全省盐业概况及盐工待遇》，见吴强、李培林、和丽琨《民国云南盐业档案史料》，云南民族出版社1999年版，第188页。

续表

年　份	年度实产盐数
民国32年（1943年）	1 084 250.51
民国33年（1944年）	1 017 792.64
民国34年（1945年）	860 087.59
民国35年（1946年）	860 765.96

民国29年（1940年）总产量约为1 210 761担，民国35年（1946年）已减至860 766担，其原因如下："（1）制盐原料及柴薪均感缺乏；（2）在抗战时期人工被征；（3）雨季期间，一般较低井硐被水侵入，卤浓变淡；（4）35年度迤西各场以存盐丰盛，奉令量销配产。"①

第三节
民国时期云南盐税征收及地方截留问题

一、民国时期云南盐税征收情况

民国时期的云南盐税征收形式及其制度也因管理制度的变化而有所变更。自光复云南之后，盐务一直是云南财政收入的重点，云南实业司"至元年（1912年）十二月，共催获旧案盐款银八十九万九千七百两零，收获新案正杂附加盐款六十五万二千八百余十元，较前清宣统元年报部六项册载；实

---

① 《云南盐务管理局应社会部要求调查全省盐业概况及盐工待遇》，见吴强、李培林、和丽琨《民国云南盐业档案史料》，云南民族出版社1999年版，第189页。

收盐课及附加练兵费、团费、铁路费、学费、杂款、公款共银一百二十五万两零,内应计除自捐自用之铁路费二十万零六千五百余拾两外,实收课团原公经等款银一百零三万三千五百余十两,则光复后收入盐款,已属有赢无绌。至每斤平均课税,因各井课价,既有不同,杂款之加,数亦各异,最多者三分三厘零,最少者二分四厘零。灶薪井费、运盐脚价尚不在内"[1]。可见,民国之初,盐税已被云南地方政权所重视。此时,盐税占整个省的财政收入比重较大,全省财政收入639.38万元,盐税为180.54万元[2],占28.24%;次年,盐税收入为148.33万元,占20.27%。[3]这个时期的盐税征收标准为每担1~4银圆,普遍在3~4银圆,只有滇西的丽江各井以及云龙县境内的金泉井每担征收1银圆。[4]

从档案资料来看,民国初期云南境内的盐税征收并不理想,各井可谓入不敷出,以滇中黑、元、永、琅四井为例,民国元年销正、零盐1100万斤,每百斤以公费银1钱,共入提举公费银11 000两,另销边盐80万斤,得入公费银800两。此外,以本年销数计,井费入银2200两,桥工岁修入300两,扣之一成加薪盐路捐,入银3300两,薪本平余入银1764两,入边盐竜工硐费1760两,入边盐井费并油纸张银400两,三井票钱入银235两5钱。元永井出关块头钱,以两井销正边盐600万斤,入银100两(此项黑井无);元永井汤盐,入银671两8钱(此项黑井无);琅井本年约销盐30万斤,共入竜工银600两。此外,应领本年廉役巡兵站兵食解课马脚等款2973两6钱,领役食孤祭需银232两7钱,领琅井土巡捕银120两,领琅井票钱5两。但所开项,应未列全,如薪本费。此年,共入各项款银48 662两6钱,支出为109 419两9钱9分,不敷银为60 757两3钱9分。若去除存盐1000斤,收回竜工2万两,则依然有40 757两3钱9分亏空。[5]

---

[1] 《国税厅筹备处调查盐务条款公函及实业司复函》,见吴强、李培林、和丽琨《民国云南盐业档案史料》,云南民族出版社1999年版,第366页。
[2] 货币为银圆。
[3] 《云南省志·盐业志》编纂委员会:《云南省志·卷十九 盐业志》,云南人民出版社1993年版,第215页。
[4] 《云南省志·盐业志》编纂委员会:《云南省志·卷十九 盐业志》,云南人民出版社1993年版,第216页。
[5] 《黑元永琅四井全年实入各款分析细数清折(1912年1月)》,见吴强、李培林、和丽琨《民国云南盐业档案史料》,云南民族出版社1999年版,第353-354页。

滇南石膏井，在民国初期也处于公亏状态，此可据石膏井委员黎元熙所呈"窃查石膏井各井引岸，半属夷地，民间生计，恃种罂粟，盐课全资掉换……迨禁烟后，销数较前尤减，商欠愈疲、堕课愈深，开始不敷愈甚，竟至补救无术，故王提举甘以身殉……综计三年共入公费31 043两余钱，而提款需32 577两余钱，是公费所入不能作各井开支。历年公亏截至今年（1912年）腊底止，共积亏26 318两余钱"①。云南护督谢汝翼、民政长李鸿祥给袁世凯的电文中说："滇自光复后，关于截去协饷无着，搜罗殆尽，岁入仅四万余元，盐款已居半数。……况滇省盐款，课厘、练兵及团学等费，每斤三分三厘有奇，甲抬全国。淡食之民，已居强半。"②

据当白盐井稽核治所呈报，白盐区盐税跌减的原因主要有二：一是薪本增加，其中白盐井增加四角二分之多，乔后井增加四分；二是白盐井制盐成本所需三元零八分，但是官府规定只允许给一元九角；三是受军队频出马，导致马脚避匿裹足不前，无形之中又增加柴薪的运输成本；四是当地盐厂区长期以来乱砍滥伐，毫无保护生态之举，导致近处无柴薪，需从远处运来井区。③可以看出，除了盐务制度之外，对盐业生产影响较大的是薪本以及运脚。

民国初期，当地政府为增加盐税收入，对权制不断进行调整。其时盐税征收并无章法，档案资料提道："滇处边瘠，素无富商巨贾，盐由灶煎官卖，商民雇脚赴井，缴款领盐，自运自销，无从查悉。"又，"滇省引盐，向无商岸、内岸之盐，均系就井征款……由商人照价纳款购买，运至应销之地，听民买食"④。民国6年（1917年）对滇中、滇西及滇南地区的大井实行官办，小井则实行包课制度。如黑井、阿陋井、琅井为官办，其内岸和边岸销盐数和征税银见表4-8；其余元永、安宁、白井、乔后、喇井、云龙、磨歇、石膏、抱姆、按板、香井、益香井等各井共配销554 651.8担，每担以三

---

① 《石膏井盐务委员黎元熙陈该井历年公亏情况》，见吴强、李培林、和丽琨《民国云南盐业档案史料》，云南民族出版社1999年版，第356页。
② 《云南护督谢汝翼、民政长李鸿祥为盐款事致北京袁世凯等电》，见吴强、李培林、和丽琨《民国云南盐业档案史料》，云南民族出版社1999年版，第370页。
③ 《白盐井九年份秋季税收减少原因呈复（1920年12月27日）》，见吴强、李培林、和丽琨《民国云南盐业档案史料》，云南民族出版社1999年版，第381页。
④ 实业司复函（1913年4月3日），见吴强、李培林、和丽琨《民国云南盐业档案史料》，云南民族出版社1999年版，第366页。

元五角征收税银1 941 281.3元。

表4-8 民国8年（1919年）滇中四井销盐数及征解税额①

盐 井	内或边岸销盐数	每担盐价	共征盐税
黑井	内岸：71 072担	3元	213 216元
阿陋井	内岸：2336担② 开化边岸：27 000担 广南边岸：6750担	4元 2.5元 2.5元	109 344元 67 500元 16 875元
琅井	6582担80斤	3元	19 748.4元
元永井	广南边岸：3750担	2元	13 500元
合计	142 490担80斤		440 183.4

民国以来，云南各小盐井进入包课的发展阶段，安乐、只旧、丽江、弥沙、恩耕、茂蒗、磨歇七井改定包办，喇井所属的高轩井以及云龙所属之顺、师二井年解包课共银七千九百零九元二分；民国8年（1919年）上述共计核定数为2 476 750元，而民国11年（1922年）预计盐税征收数为2 427 250元7角。③同时早期一些官办的盐井也被列入包课范围之内，如抱姆井、磨歇井、安宁井等。

民国20年（1931年），云南盐运使署和盐务稽核分所以蛮卡、滥盐两井为试点，制定了会订包课办法条件，先是商定包课数，全年现金2640元，需先缴付保证金1320元以及三个月分期缴纳包课现金660元。此外，则是对有关销售、盐井生产改革、器具的修整及包课之人应遵守的相关制度进行约定。④同年，云南省的盐税征收多有变化，先是改回征收半开银币；次年起

---

① 《云南盐运使呈十一年度盐款岁入预算电》，见吴强、李培林、和丽琨《民国云南盐业档案史料》，云南民族出版社1999年版，第384页。
② 此数按照总数来算，应以109 344元为准，则销盐数为27 336担。
③ 《云南盐运使呈十一年度盐款岁入预算电》，见吴强、李培林、和丽琨《民国云南盐业档案史料》，云南民族出版社1999年版，第384页。
④ 《云南盐运使署、盐务稽核分所会订包课办法条件》，见吴强、李培林、和丽琨《民国云南盐业档案史料》，云南民族出版社1999年版，第388-389页。

加增外债附税及军饷捐、军盐股捐、人马脚捐等。民国26年（1937年）又开始加增建设专款、管理费暨运署之抵补费、公路费、工程费、卫生费等名目；民国32年（1943年）开始增战时附税，次年征国军副食马干费等。整体上，民国时期的云南盐税数额每年在200万元左右。但是自1937年起，受抗日战争的影响，各种附税增加，盐税总额到400万元，此后不断增加，到1942年，增加至3500万元，两年之后增加至7800万元。①

二、民国时期云南盐税地方截留问题

民国时期，国内政治一度产生许多乱象，孙中山本人也在1923年谈道："自民国二年至于五年，国内革命战事，可统名之曰讨袁之役；自五年至于今，国内之革命战事，可统名之曰护法之役。"②在这样的背景之下，云南省作为地方政府，其如何应对混乱的局势，特别在财政收入一项上，如何能在持续的战争之中维持地方稳定，是地方官员需要重点考虑的问题。云南因地处边疆，长期以来财政收入并不丰裕，可以说，"云南历史上就是一个贫穷的省份，清末全省每年财政收入仅有300万两，而支出则需600万两。清廷从巩固国防、维持国体出发，除由国库补助外，并命令四川、湖北两省每年各补助云南50万两，名为协饷。辛亥革命后，各省省政自主，协饷停拨；新成立的中央政府也无力接济。而云南除省内支出外，还要出兵援川、援黔、援藏，开支浩繁，财政更加拮据"③。

学者指出，民国之初唐继尧统治云南时期，云南几乎是经年战争，先是1915—1916年的护国战争，之后是1917—1925年以护法为背景的几次战争。征战时期所需的大量军费开支，远远超出平时财政所能承受的能力。然而唐继尧之所以能维持这一持续不断的战争局面，显然同特殊的地方财政体系有

---

① 云南省志编纂委员会办公室：《续云南通志长编》（中册），云南省科学技术情报研究所印刷厂1986年版，第1198页。
② 中山大学历史系孙中山研究室、广东省社会科学院历史研究所等：《孙中山全集》（第七集），中华书局1985年版，第69页。
③ 云南省地方志编纂委员会、云南省人民政府：《云南省志·卷四十七 政府志》，云南人民出版社2001年版，第174页。

关。①那么何为特殊的财政体系？应该说，面对云南财政入不敷出的状况，蔡锷统治时期起便有所行动，"在军政府成立后，即致力于财政的整理，开源与节流并重。一方面积极组织财政收入，如对厘金、税收等采取了招商承包办法，使这部分税收较以前增多，兼之创立富滇银行，首次发行云南地方公债，同时将过去全部解交中央的盐税截留自支；另一方面大力缩减行政开支，汰除浮冗机关和闲散人员。在援外部队先后撤回后，立即大量裁减军队，减少军费开支。所有军政机关开支经费均重新核定，不得超支"②。为此，作为地方统领者，都督蔡锷更两次带头裁减薪金，"第一次由原定600两［元］减为120两［元］，第二次减为60两［元］，都督的薪俸与一个营长相等。蔡锷还以身作则，规定非星期日不宴客，一席费用不得超过5元，违者罚薪半月。由于采取了多方面的开源节流措施，1912年不仅没有出现赤字，还有盈余。在接获财政部总长熊希龄'库空如洗，束手无策'的告急电后，蔡锷积极筹款20万元（滇币）资助中央"③。

云南一省，清人已言："滇南大政，唯铜、盐关系最重。"④可见盐税在地方财政中的地位和作用。然而，盐是国家掌控的资源，盐税常常作为国家税入征解国库。但鉴于云南的特殊情况，维持地方财政收入便要截留盐税，不仅蔡锷统治时期，即便在唐继尧、龙云两人统治时期，这一方法也同样被采用。在1915年和1917年护国和护法运动期间，因北洋政府在护国和护法的旗帜下已经被定性为"非法"，地方政府应缴国家之税入部分，自然也被"截留"下来了。⑤

云南盐税情况，在民国5年（1916年）的《申报》中有所论述。1916年护国运动期间，中央早期的意见还是趋向于地方"盐税如有短少，由中央设

---

① 陈征平：《民国政治结构变动中的云南地方与中央关系研究》，中国社会科学文献出版社2012年版，第84页。
② 云南省地方志编纂委员会、云南省人民政府：《云南省志·卷四十七 政府志》，云南人民出版社2001年版，第174页。
③ 云南省地方志编纂委员会、云南省人民政府：《云南省志·卷四十七 政府志》，云南人民出版社2001年版，第174页。
④ ［清］檀萃辑，宋文熙、李东平校注：《滇海虞衡志校注》，云南人民出版社1990年版，第65页。
⑤ 陈征平：《民国政治结构变动中的云南地方与中央关系研究》，中国社会科学文献出版社2012年版，第86页。

法弥补"①。就云南盐税问题而言,"滇黔两省每年盐税共为八百八十万有奇,去年(1915年)中央收入之盐税除指出外所余颇多,以去年之盈余补今年之不足,或不致为难。中国政界以为,滇政府绝不引起外人之冲突,蔡锷、唐继尧如不完全失败,必不动滇黔盐款稽核处之款云"②。应该说,中央为此还是兑现了地方盐税不足时给予弥补的承诺。1916年2月29日,据北京电,"滇黔盐税,月捐偿额三十万,议就浙、淮、芦各补十万"③。这相当于滇黔盐税月捐偿额之数。但是,盐税截留现象依然存在,"至盐款至截留问题,滇军政府与洋人商议,将盐款二百余万元截留云南不解中央"④。中央对地方盐款的截留还是颇有意见,"前以滇省筹办善后,拟将盐款截留四个月,一再磋商,唇焦舌敝,始获勉允……又经向盐署所切商,反复陈说,幸得同意,允将八、九、十、十一四个月之款由分所直接交厅。自十二月起,应查照前定办法,交由汇理转储,万难再行更动"⑤。1919年12月,中央又再次明确提出"禁各省再截留盐款矣"⑥。

盐税对于民国财政收入的重要性已然凸显,盐税"已于国税中占最重要之位置,自善后借款成立盐税作为担保以后,又因财政问题牵连而及于外交此项税款之不能逐议废止"⑦。因此,在北京签订善后合同之后,地方盐务采用中方和洋人共同管理的方法,如"各产盐地方盐斤纳税后,需有该处华洋经、协理(英文称华洋所长)会同签字,方准交盐放行"⑧。此外,北洋政府几次借款,其中向俄国借款"二千零八十五万九千零十五佛郎四九",英德借款"九十六万九千三百六十九磅三八"⑨,又续借英德洋款"八十三万七千三百二十磅零八",善后借款"一百四十九万九千七百三十四

---

① 《申报》,1916年2月25日第2版。
② 《战争中之滇黔盐务谭》,《申报》1916年2月29日第6版。
③ 《战争中之滇黔盐务谭》,《申报》1916年2月29日第6版。
④ 《滇省内部情形之别讯》,《申报》1916年2月28日第6版。
⑤ 《滇边政闻录》,《申报》1916年9月17日第6版。
⑥ 《申报》,1919年12月13日第3版。
⑦ 杨汝梅:《民国财政论》(全一册),商务印书馆1927年版,第122页。
⑧ 《北京政府以盐税为抵押之善后借款合同》,见吴强、李培林、和丽琨《民国云南盐业档案史料》,云南民族出版社1999年版,第369页。
⑨ 杨汝梅:《民国财政论》(全一册),商务印书馆1927年版,第100页。

磅八四"①。这些款项在1925年12月达400万元，均以关税和盐税款项为抵押。借款多，国内自然压力过大，然而关税解款也并不理想，解款之省份有直隶、山东、河南、山西、江苏、安徽、江西、福建、浙江、湖北、陕西、京兆、奉天、湖南、四川和广东等16处，②据《申报》记载，"因滇黔桂三省独立，其解交中央之款早已停顿"③。此时的西南局势并不乐观，学者指出："段内阁裁成南方军队的计划也并未获得成功。西南各省军阀对待北京政府采取了一种貌合神离的态度，仍然截留税款，招兵买马，俨如独立王国。西南大军阀在裁兵善后时期还采取了向外扩张的政策，例如滇系军阀唐继尧在讨袁战争十分吃紧的时候，不肯派兵增援四川，而在战争结束以后，却又调动大批滇军去抢四川的地盘。"④

民国初期，受善后赔款的影响，北京政府对盐税的重视比地方政府更甚，因此可以看到，北京试图通过制定地方官参与盐务的一些奖惩制度，以此起到杜绝私盐的作用，先是1914年发布《缉私官弁奖励惩戒条例》（共十七条），主要围绕缉私明确场知事的奖励惩戒办法，其详细内容如下：

  第一条　凡管理缉私之盐务官弁，依本条例之规定，考核功过分别奖励惩戒。

  第二条　场知事失察所缉场灶漏私者，初次降等，二次褫职，知情故纵或因而得财物者，褫职，依法治罪。该管运副失察者，初次降俸，二次降等，三次褫职。知情故纵或因而得财物者，褫职，依法治罪。

  第三条　缉私官弁失察所辖境内私制私贩土盐者，初次降等，二次褫职，依法治罪。

  第四条　盐务官弁失察所属兵警丁役制造贩私者褫职，知情故纵或因得财物者褫职，依法治罪。

  第五条　缉私官弁所辖境内有结伙十人以上执持枪械与贩私盐

---

① 杨汝梅：《民国财政论》（全一册），商务印书馆1927年版，第101页。
② 杨汝梅：《民国财政论》（全一册），商务印书馆1927年版，第31-34页
③ 《申报》，1916年4月10日，引自陈征平《民国政治结构变动中的云南地方与中央关系研究》，中国社会科学文献出版社2012年版，第87页。
④ 陶菊隐：《北洋军阀统治时期史话》（第三册），"督军团叛变和复辟政变时期（1916年6月至1917年7月）"，生活·读书·新知三联书店1957年版，第23页。

人犯，而缉获不及半数或不获首犯者，初次降俸，二次降等，三次褫职。

结伙不及十人者，缉私官弁缉获不及半数或不获首犯，初次记大过，二次降俸，三次降等，四次褫职。

缉私官弁缉犯未获而将贩私盐全数缉获者，得免其惩处；私盐贩有拒捕杀伤人行为者，缉私官弁不能缉获，除依前两项惩处外，仍勒限缉犯，限内缉获及半，兼缉获首犯者，准其开复，其褫职历任者由后任照案缉拿。

第六条　第三条第五条事发在缉私营长以下之官弁所驻地者，本营官弁依各条惩处，兼辖之营长减一等，统领递减一等；在营长驻地者，营长依各本条惩处统领减一等。

第七条　第二条第三条第五条所列次数，系就一年内计算，第二条第二款所列次数，系就一年内所辖各场分别计算，前条缉私统领营长对于分驻官弁亦同。

第八条　盐务官弁有左列情事之一者，褫职，依法治罪。

（一）缉获之犯纵令逃脱者；

（二）缉获之盐侵占入己者；

（三）妄捕平人诬为私贩者。

所属兵警丁役犯前项各款次之罪，而该管官失察者褫职，徇庇者与犯人同罪。

第九条　所辖境内出有私盐案件，隐讳不报，别经发现者，褫职。

第十条　所辖境内一年届满，无第三条第四条第五条应行惩处事项者，记大功。

第十一条　缉捕私盐犯全获者，系第五条第一项第三项之罪，给予奖章或加俸，系二项之犯记大功。

第十二条　缉获临境私盐首犯者或获纵犯三人以上者系第五条第一项第三项之犯，记大功。系第二项之犯记功。

第十三条　凡得本条例记大功奖励者，得抵销他案应记之过，受记大、过记过处分者，得以他案之供抵销。

第十四条　凡受本条例降等减俸处分者，他案得有进等加俸奖励，准其抵销。

第十五条　凡应受本条例惩戒处分，及第十一条第十二条奖励者，由盐运使专案详报盐务署办理，应受第十条奖励者，每届年终汇案详报。

第十六条　盐运使每届终，除依第十条详请奖励外，应将盐务官弁缉私成绩，开列职名，出具考语详，报盐务署考核。

第十七条　本条例自公布之日施行。①

继上述《缉私官弁奖励惩戒条例》之后，北京政府又发布大总统申令《地方官协助盐务奖励惩戒条例》（共计十一条），其内容具体如下：

第一条　地方官指县知事而言。

第二条　地方官对盐务应负协助之责，受盐务使之考核。

第三条　地方官将所辖境内私制和贩土盐禁绝者，由盐运使详报、盐务署呈请，优奖。失察私制私贩者减俸或降等，知情故纵者褫职，经缉私官弁报告而不协缉者，以知情故纵论。

第四条　地方官所辖境内出游结伙十人以上，执持枪与贩私盐之案，全数缉获给予奖章或加俸，或犯不及半数或不获首犯者，记大过或减俸；失缉至三次以上者降等。

结伙不及十人者，地方官全数缉获，记大功；获犯不及半数获首犯记过或记大过，失缉三次以上者减俸。

地方官缉犯未获而将私盐全数缉获者得免其惩处；私盐犯有拒捕杀伤人之行为者，地方官不能缉获，除以依前边两项惩处外，仍勒限缉犯。

第五条　地方官所辖境内出有抢夺盐店，哄闹场灶之案，全数缉获者给予奖章或加俸。获犯不及半数或不获首犯者，减俸或降等。仍勒限缉犯，纵容者褫职，经盐务官商报告而不即弹压拿捕者，以纵容论；在途抢劫盐车船之案同。

第六条　前两条，勒限缉拿之犯，地方官于限内缉获及半数兼获首犯者得开复惩戒处分。

第七条　地方官于盐运使饬办事件，办理敏速妥协者，依知事奖惩条例第十二条第三款之规定奖励办理，错误或延缓者依知事惩戒条例第七条第六款之规定，予以惩戒处分。

---

① 《缉私官弁奖励惩戒条例》，《云南盐务公报》1919年第5期，第1—4页。

第八条，缉私官弁奖励惩戒条例第八条至第十条及第十二条之第十四条之规定，于地方官准用之。

第九条　盐运使考核地方官协助盐务成绩，关于减俸进等以上之惩奖牒，请巡按使核办。

第十条　本条例之规定于设有县佐地方得使用之。

第十一条　本条例自公布之日起施行。①

通过上述两则北洋政府的条例，我们可以明显感觉到中央政府为善后贷款一事绞尽脑汁，力图增加地方盐税收入，从加强对盐务管理官员的考核力度到制定奖惩制度，再到希望地方官也积极参与到缉私中来，试图将私盐的贩卖控制在最低限度，以此保证官盐的正常销路。

从云南地方文献资料所记录的情况来看，云南盐务同样重视缉私在盐业发展中的重要性，并在不同时期成立了相关机构。如1914年云南盐运使成立之初，在内部设缉私一科。次年，根据盐务署命令，各省以盐运使兼任缉私统领，云南省在盐运使署内部设缉私总部，各盐区分设缉私营，各井场设缉私队，分场设缉私排。民国20年（1931年）先后多次对缉私队伍进行改编或裁减，但是针对场知事和地方官的考成未见较为明确的文献记载。

通过对这个时期盐务的分析，不难看出，地方政府的首要任务是维护地方稳定，以求自保，于是截留盐税款项成为云南统治者保证财政收入的主要手段。当然，这一方法也不仅仅是云南使用，如吴佩孚也曾截留十二省盐税，②甚至有文章指出："中央政府真是窘迫极了，各种税收，统被各省截留，去年新旧历年间，几乎不能渡过了，万分勉强的发行了八百万国库券，销出去的只有五百万元，八二发行，还预扣利息，政府实得的，只有三百三十万元。"③不仅如此，"中央财政名义上所收入的虽有关税、盐税、印花税、烟酒税、常关税的五种，关税专还内外债务，每年还是不够。烟酒税、印花税、常关税几乎完全被各省截留。实际上只靠盐余一项，藉以挹注。可是近年来，各省军阀截留盐税的声浪和事实，也就一天增加一天"④。上述情况可以参照这个时期的盐税

---

① 《地方官协助盐务奖励惩戒条例》，《云南盐政公报》民国8年（1919年）5月第5期，第4-7页。
② 《截留盐税问题之各面观》，《银行周报》1925年第46期，第33-36页。
③ 童蒙正：《各省截留盐税与中央财政的影响》，《现代评论》1926年第74期。
④ 童蒙正：《各省截留盐税与中央财政的影响》，《现代评论》1926年第74期。

收支情况（表4-9）。

表4-9　1922—1924年中央财政盐税收入情况①

项　目	民国11年 （1922年）	民国12年 （1923年）	民国13年 （1924年）
一月一日存款	13 184 356元	12 089 678元	10 703 353元
盐税净收数②	85 789 049元	79 545 102元	70 544 475元
银行存款利息	232 078元	226 400元	184 612元
购回青岛日本盐田第一批款 （收入来源未详）		200 000元	
海关拨还善后借款付息等项		2847元	912元
总计	99 228 332元	92 064 027元	81 433 354元

由表4-9可见，民国11年（1922年）至民国13年（1924年），中央盐税收入逐渐减少，两年之内减少1700多万元，而支出之数目可参见表4-10。

表4-10　1922—1924年中央财政盐税支出情况③

项　目	民国11年 （1922年）	民国12年 （1923年）	民国13年 （1924年）
盐税担保债务支出	8 051 411元	9 492 166元	8 111 776元
（1）英德借款	0	0	0
（2）庚子赔款	0	0	0
（3）汇理汇丰借款 （京汉）	3 343 588元	3 937 976元	3 425 616元

---

① 童蒙正：《各省截留盐税与中央财政的影响》，《现代评论》1926年第74期。总计数并非各项之和，不知是否因为作者遗漏其他数据，此外支出的总计数同样存在这种情况，但是支出和收入又平衡。
② 查（民国）11年份盐税总收入为96 819 000元，（民国）12年为89 879 000元，（民国）13年为8 150 000元——原作者注。
③ 童蒙正：《各省截留盐税与中央财政的影响》，《现代评论》1926年第74期。

续表

项　目	民国11年 （1922年）	民国12年 （1923年）	民国13年 （1924年）
（4）湖广借款	2 660 560元	1 425 747元	1 340 277元
（5）克利斯蒲借款	2 047 261元	2 839 408元	2 679 677元
（6）善后借款	0	23 632元	0
（7）青岛盐田库券	0	1 265 401元	666 204元
交还中央政府之数	47 193 233元	41 543 563元	31 256 934元
各省得中央许可提拨之数	2 542 729元	3 749 951元	4 093 448元
汇兑运送费用	225 558元	114 848元	405 158元
十二月底存款	12 089 678元	10 703 353元	8 192 909元
总计	99 238 332元	92 061 181元	81 433 354元

通过收入和支出比较，可知1922—1924年各项赔款数之和为800万～900万，占总支出的8%～10%。从地方报解的省份来看，包括直隶、山东、山西、陕西、甘肃、河南、江苏、湖北、浙江（一部分）、福建（一部分）、江西及三特区，共计14个省份。盐税一项"几乎无省不扣"①。被截留的盐税数额，"东三省约825万余元，西南各省的广东、广西、云南、四川约计3500余万元。自去年（1925年）扣留的：有山东约520万余元，江西、江苏、浙江、湖北、湖南、江西、福建、安徽、陕甘一部分，约计4700万余元。中央收到的，只有直隶、口北、甘肃一部分，约计2000万余元而已"②。随着"滇黔两省独立，失去大宗盐税，（中央）因之财政上大受打击"③。

---

① 童蒙正：《各省截留盐税与中央财政的影响》，《现代评论》1926年第74期。
② 童蒙正：《各省截留盐税与中央财政的影响》，《现代评论》1926年第74期。
③ 《时局危难中之财政问题》，《申报》1916年2月28日第6版。

下篇　现代篇

第五章
滇藏地区澜沧江上游的营盐村落

滇藏两地，相互毗邻。西藏自治区境内的盐业资源主要分布在藏东和藏北。藏北为池盐，藏东为井盐，后者主要分布在澜沧江流域。云南省的盐业分布较为广泛，滇中、滇西和滇南均有分布，但是澜沧江流域的盐业资源最为丰富。从地质成因来看，藏东和滇西产盐地区属同一种类型的地质，地下卤水的形成过程也是相同的。因此，本章以澜沧江流域为轴线，分析两地以泉盐为主的不同的营盐村落。

第一节　西藏东部传统晒盐村落

西藏境内出泉盐的自然村落,从目前掌握的情况来看,主要分布在西藏东部昌都市境内的类乌齐县和芒康县,其他如贡觉县,虽文献记录有一些小型盐矿,但影响力有限,学界也未关注。类乌齐县和芒康县的制盐工艺均是以晒盐为主,其中类乌齐县境内的甲桑卡乡有吉亚茶卡(盐田),但是盐场面积小,年产量不高,仅销往附近的村庄。芒康县境内的盐井盐田,面积广,产量高,在川滇藏交界区的影响较大。

一、类乌齐县吉亚村[①]

吉亚村现属西藏自治区昌都市类乌齐县甲桑卡乡。从地理位置来看,甲桑卡乡处类乌齐县最北端,属青藏交界区,东面是青海省囊谦县白扎乡,西面和北面是囊谦县的吉曲乡,南面是类乌齐县吉多乡,盐田的海拔在3500米左右。澜沧江的干流吉曲河从青海的吉曲乡流出,在甲桑卡乡流入西藏境内。

2018年4月23日,笔者经囊谦县到甲桑卡乡,主要目的是考察青海南部玉树州囊谦县境内8个盐场的情况,在得知距离囊谦县城120千米左右的类乌齐县境内有一处盐场时,兴奋不已,决心前往一探究竟。于是先沿着214国道南下,早上先调查囊谦县南部的白扎盐场,下午再驱车赶往甲桑卡乡。两地之间虽是国道连通,但是道路曲折,车辆有时盘山而上,有时在河谷间穿行。一路上,过往车辆并不多,多数是私家车和运输车,其他车辆则较少。公路两侧的岩石上时不时可以看到佛像和经文,这在内地是并不多见的。快

[①] 此处的材料是笔者同中山大学人类学系坚赞才旦教授以及中山大学孟加拉国留学生Alamgir(博士候选人)一同前往调查获得的。

到甲桑卡乡时，可见吉曲河缓缓南流，河床不断变宽。

这一天，笔者从囊谦县城到白扎盐场，行程1个小时左右。从该盐场至甲桑卡乡，行程约2个小时。办理好手续，在派出所干警的陪同下前往盐场。据介绍，顺昂曲河东岸行车5千米，对岸便是吉亚村。但是，此处并无桥可通行，需要继续前行1千米，过宗拥混凝土大桥到吉曲河的西岸，再顺河北上1千米，峡谷两侧便是吉亚村。顺着河谷行600米左右，方见峡谷北侧的吉亚盐田。盐民用石料垒成平台，建筑盐池，大小为4～9平方米，数量不详，大概260块左右，面积14 000平方米。盐泉出自两侧的山体，北侧有3处，出自山崖的洞穴中，深仅1.5～3米；南侧河谷边有1处，是用石料砌成的盐井，深2米左右。据仁青罗布村主任介绍，这里的盐田属于7户人家。盐民因为没有土地，只能靠全年晒盐来维持生计。盐民为了避免雨季时雨水冲淡盐卤，只得在盐田上方搭建"人"字形木架，铺上塑料薄膜。天气转好时，则收起塑料薄膜。因此，在雨季和晴天可以看到不同的盐田景象。雨天，只见盐田上方白色的薄膜，盐田不见踪影，整个盐田形如一排排白色帐篷。晴天，卤水结晶时则看到雪白的一片，好像刚下过一场大雪。

整个盐场产量在3万～4万斤，当地的盐100斤卖80元，即每斤0.8元左右。全年收入2.4万～3.2万元，每户收入3000～4000元。

图5-1　吉亚盐田一瞥

图5-2　吉亚村盐泉洞穴

吉亚村并不大，据2017年户籍登记记录有21户、109人（男58人、女51人），住在村里的仅15户。他们没有土地，只有盐田。这里的盐田开发于何时并没有资料记载。据地方志载,"1976年,开办甲桑卡盐厂,当年产盐15吨,创利润0.15万元,上交利税0.02万元。截至2000年,共生产食盐500吨,创利润1.2万元,上交利税0.25万元"[①]。整体上,该盐场的产量不高,仅供甲桑卡周边的村民及牲畜食用。

这里的晒盐技术与囊谦县境内的盐场在台地上直接垒石头建盐田相似,盐民在盐田底部铺薄膜,以提高盐的品质。类乌齐县同芒康县有相同的晒盐技术,但不知其传播的方向。到底是下游影响上游,还是上游传播到下游,还有待研究。整体上看,这里的制盐技术还停留在传统的方式上。

二、芒康县晒盐三村

芒康县境内的晒盐村落均在该县所辖的纳西民族乡。从芒康县城顺澜沧江一路南下110千米,便到达盐田。当地人很少称此处为纳西民族乡,多以"盐井"代之。盐井地处川滇藏三省区交界处,离云南省德钦县110千米左右。214国道从该乡穿过,交通便利,故这个村落近些年发展较快。笔者多次到盐井调查,多沿214国道由滇入藏,具体路线为昆明—大理—虎跳峡—香格里拉—德钦—盐井。道路最难者,属香格里拉至德钦段,这段路需翻越海拔4100米左右的白马雪山,道路崎岖,结冰湿滑,容易出现交通事故。政府为了交通安全以及避免受下雪封山的影响,近些年投资修建香格里拉至德钦的公路,设计修建穿过白马雪山的隧道。尽管工期长,地质状况恶劣,工程难度大,但是一旦贯通,对于进藏的人们来说,又少了一道难关。

纳西民族乡辖4个行政村,即纳西村、上盐井村、加达村以及觉陇村。前3个村均有盐田,村民祖辈从事晒盐业。而觉陇村远离澜沧江谷地,并无卤水资源,以农牧业为主。全乡的盐田共计3500多块,均分布在澜沧江两岸。盐民在两岸的台地或悬崖之上修建盐田,从河谷底部背卤晒盐。

---

① 西藏自治区类乌齐县地方志编纂委员会:《类乌齐县志》,巴蜀书社2014年版,插图第21页、正文第435页。

图5-3 澜沧江两岸的盐田

图5-4 雾中的纳西村

纳西村是盐井纳西民族乡的驻地,地处214国道西侧,海拔在2500米左右,交通便利,地理优势明显。全村共7个自然小组,共有243户,1150人,藏族和纳西族杂处。目前该村有350多块盐田,但是从事晒盐业的村民越来越少。

图5-5 加达村盐田

加达村地处澜沧江西岸的台地上,海拔在2350米左右,距离纳西村5千米左右。全村共有206户,1233人,有盐田2400多块。

第二节 滇西沘江流域的传统制盐村落

一、云龙县境内制盐四村

云龙县位于云南省的西部,坐标为98°52′E~99°46′E,25°28′N~26°23′N,东连洱源、漾濞县,南邻永平县和保山市,西交怒江州泸水市,北接剑川县和怒江州兰坪县。东西长92千米,南北宽109千米,总面积达4400平方千米。全县辖诺邓、功果桥、漕涧、白石4个镇和宝丰、关坪、团结、长新、检槽、苗尾(原为表村)、民建7个乡,共85个村民委员会和1个社区,有1807个自然村。

2017年末,全县总人口208 571。其中,城镇人口51 577,乡村人口156 994。汉族占全县人口的12.12%,少数民族占87.88%。少数民族人口中,白族人口最多,占71%左右。其他民族中,彝族占6.46%,傈僳族占5.60%,阿昌族占1.36%。此外还有苗族、傣族和回族等少数民族。[1]

云龙地处滇西"三江成矿富集带",具有良好的成矿条件,矿产资源丰富,有锡、铜、铁、汞、钛、银、金、镍、铅、锌、钠盐、板岩、石膏、大理石、水晶等19个矿种。因此,对云龙地方历史的描述,在很大程度上和采矿业分不开,其中影响较大的,当属盐、铜和锡的开发。县城北侧有一处天然太极锁水图,是云龙县一道较为特别的自然景观。

---

[1] 云龙县人民政府网,http://www.ylx.gov.cn/view/front.article.articleView/13042/32/701.html。

图5-6　云龙县太极图

  沘江是澜沧江上游的一条主要支流，其发源于怒江州兰坪县境内的青岩石山，流经兰坪、云龙两县，最后在老功果桥处汇入澜沧江。沘江是云龙境内重要的河流，从北到南，贯穿整个云龙县境。从地质来看，此地的盐矿属老三系含盐盆地，是中生代咸化海盆后期发展演化而来的。从沘江上游至下游，兰坪县境内有三处井区，一是金鼎镇的上井、温井、下井和老姆井，此外还有三口附井；二是河西乡境内的高轩井；三是喇井镇的日期井和喇井。[1]其中，老姆井或在元代已开发。《大元一统志》记载："丽江军民府……'有盐七井之货'。"《明实录》也有载："万历三十八年（1610年）土司木增时期，盐井有六处，曰二欠井、曰下日欠井、曰上日欠井、曰罗摩井、曰温水井、曰伍井，均在雪盘山西南。"清代，老姆井含天、地、人、和，共四井。喇井的开发时间在清代道光二十三年（1843年），原来属丽江井的子井，至同治十三年（1874年），因产量超过丽江井和老姆井，变子井为母井。[2]云龙县境内则分布有顺荡井、师井、诺邓井、山井、大井、

---

[1]　兰坪白族普米族自治县盐矿：《兰坪盐业志》，云南省怒江州新闻出版局内部资料1993年，第34—36页。

[2]　兰坪白族普米族自治县盐矿：《兰坪盐业志》，云南省怒江州新闻出版局内部资料1993年，第1—2页。

合称"五井"。其中最早开发的盐井是诺邓井,确切开发时间在唐代。因此,可以看到,沘江流域分布着丰富的盐业资源,长期以来成为当地民族的主要生活来源。而且盐作为国家征税的主要对象,是国家管控西南边疆地区的重要工具。甚至在明代,政府还因盐利,将云龙州治从江外的旧州三七村迁往江内的金泉井。

(一)诺邓村

诺邓古村现归云龙县诺邓镇[①]管辖,该镇是县政府所在地,面积约467平方千米,人口约24 500。诺邓村现在已是滇西的历史文化名村,是一个历史悠久、白族文化氛围浓厚的古村,在县城的正北面,离县城不过5千米。

图5-7 诺邓古村一角

从县城到诺邓白族村有两条路:一是过县城西北部的胜云桥,往果郎方向行2千米左右,右侧沘江上建有一座现代钢混桥梁,过桥顺路蜿蜒而

---

① 2005年撤销果郎乡和石门镇,设立诺邓镇,这里自云龙州治前往石门之后,一直是云龙县的政府驻地。

上。另一条则通向开发区，沿江向西，顺着太极图不过1千米左右转入山中，和第一条相交。循着诺河而上，弯弯曲曲的水泥路是诺邓同外界来往的唯一通道。

诺邓是有文献记载的滇西云龙县境内最早生产盐的村落。诺邓因盐而兴，通过对盐业的开发和利用，成为民族聚居的古村落。关于其历史，前面已做了叙述。诺邓在樊绰所著的《蛮书》中被称为"细诺邓井"。"细"在白语中有"新"的意思，新对应旧，即新井修筑之前还有旧井存在，因此诺邓的盐业开发时间应该比《蛮书》记载的时间更早。方国瑜先生认为汉代的比苏县即今天的云龙、兰坪等地。[①]若此结论成立，则云龙的制盐历史可追溯至汉代。

从汉代到中华人民共和国成立，云龙县境内居民一直从事盐业生产。可以看出，云龙盐业发展具有持续性和连贯性，并未出现产量不足、盐业衰落的局面。

盐业作为人类演进过程中不可缺少的重要物质资料，其在人类生活中各个领域的重要性是不言而喻的。因此，一个地方一旦对盐进行开发和利用，则这个地方的政治、经济、文化都将围绕盐业而兴。盐业的兴起先是影响当地民族的生活。云龙地处西南边陲，其地处青藏高原的东南部，因此海拔高，农业生产并不发达。该区域至少在汉代还处在游牧社会，但是随着盐业的开发、人口的聚集，当地形成了"以井代耕"的文化。随着明代国家主导的移民政策的推行，大量人口进入云龙，而且这些人是受汉文化影响较深的文化传播者。其中一些人家是开发盐井的主力。

（二）宝丰村

宝丰村旧称"雒马"，地处县城诺邓镇的南部、沘江下游河谷，面积475平方千米，人口约18 000。其中，白族占总人口的73%，汉族占19%，还分布有少数的阿昌族、傈僳族、傣族、彝族等民族。境内最高海拔3296米，最低海拔1239米。宝丰村是宝丰镇所辖的一个行政村，截止到2018年10月，共有居民1250户，2791人。其中，乡村人口1652，城镇人口1139。男女比例

[①] 方国瑜：《云南民族史讲义》，云南人民出版社2013年版，第304页。

1∶1.044；全村经济以种植业、养殖业、外出务工为主。2017年人均经济收入8490元。旅游业发展滞后，2017年来此旅游的游客只有1327人次。

　　宝丰村在今天的云龙县城镇分布格局之中地位并不显著，原因是其离县城诺邓镇太远，向南有11千米的路程，在以前交通不便之时，需要行车半个多小时。如今宽敞的柏油路面通向宝丰，时间缩短至10分钟。这大大增强了宝丰和县城之间的联系。历史上，云龙的州治是发生过变化的。历任州官治理江外和江内的路径不同以及江内盐利的诱惑，成为州治不断变迁的根本原因。明崇祯二年（1629年），在明王朝"羁縻制度"背景下，治理云龙州的第三任知州钱以敬在前两任知州的基础上，决心"移治于井司"，将州治从江外的旧州三七村移到宝丰，时称"雒马井"。此后雒马井所在地在长达300年的时间里，一直是云龙地方的政治、经济和文化中心。直到1929年县治从宝丰迁至石门[①]，宝丰在云龙的历史地位才有所下降。

　　明代，云龙五井含诺邓井、大井、山井、师井和顺荡井，也就是说，此时雒马井未见史料记载。这有两种可能：一是此时雒马井还未开发；二是雒马井已被开发，但规模有限，并不在中央政府管控之中。但是之后的文献中已有记录，如万历年间的《滇略》和天启年间的《滇志》。前者记载"大理有诺邓井、大井、山井、天耳井、师井、顺荡井、石门井、雒马井、石缝井、河边井、天生井"[②]。从文史资料可确定，雒马井、石缝井、河边井三井皆在宝丰。后者记载：万历四十二年（1614年）巡抚和巡按题准，裁云龙五井提举，盐课规云龙州征解，此时盐井有十一处，包括诺邓井、大井、山井、师井、顺荡井、石门井、雒马井、石缝井、河边井、天耳井和金泉井[③]，其中雒马井、石缝井、河边井和金泉井皆属宝丰。宝丰停止盐业生产的时间和云龙境内其他盐场无异，大概在20世纪80年代。

　　宝丰村是目前云龙县境内几个制盐古村落中民居、盐井保存较好的一个。诺邓村中的各式白族民居建筑在宝丰村同样可见。其中，董泽故居是当地比较有代表性的建筑。据了解，董泽故居原系董家大院，始建于明代，清

[①] 云南省云龙县志编纂委员会：《云龙县志》，农业出版社1992年版，第9页。
[②] ［明］谢肇淛：《滇略》，见方国瑜《云南史料丛刊》（第六卷），云南大学出版社2000年版，第691页。
[③] ［明］刘文征撰、古永继校点：《滇志》，云南教育出版社1991年版，第214页。

代和民国时期作了扩建。①该建筑具有中西文化融合的风格,气势磅礴,古朴典雅,而又体现了一个家族的经济实力。目前保存较好的还有当地的雏马井,从井上的建筑以及卤水井的井口,均能看到人类采卤产盐的历史痕迹。井口向下斜,人可以弯腰进入井中。笔者进入其中后,看见原来的通道已经被沙石掩盖。据当地文化站工作人员杨兴源介绍,抽卤过程需竹笕5~6根,以每根5米计算,则深入盐井的深度会达到25米左右。抽卤方式,据方志记载,是用叫"辘轳"的提卤装置。此法主要用于金泉井,而雏马井则采用扯卤或竹笕抽卤的方式。抽卤过程分4~5级,每级1~2人配合。因井深,光线不足,常人往往难以在井下长期工作,于是多数时候派失明者抽卤,因其对光线没有反应,所以可以长期待在井中不断重复机械性的抽卤工作。

图5-8　宝丰雏马井

(三)师井村

师井村隶属云龙县检槽乡,地处云龙县北部,东部是本县的长新乡,西部是本县的苗尾乡,西北部是怒江州的兰坪县兔峨乡地界,南部是诺邓村。

---

① 张启发:《云龙宝丰董泽故居》,见云龙县宝丰古镇历史文化暨董泽研究会《古镇宝丰》,云南科技出版社2014年版,第10页。

从云龙县县城诺邓镇（原来称为石门镇）向北行26千米，遇检槽河，向西北转入一条7千米的水泥路直通检槽乡驻地。再前行11千米，便可到达师井村，村中分布有几口盐井。

检槽乡有16 000人左右，面积约415平方千米，辖有检槽、哨上、清朗、清文、三合、文兴、大功厂、师井和炼登等9个行政村。沿着检槽河继续北进大约10千米，便到达师井村。该村共360户，1078人，90%以上是白族。当地以农业和种植业为主，年轻妇女多外出打工，整体上经济萧条，并不发达。

图5-9 师井村全貌

自明代以来，师井村人的生计方式主要是从事盐业生产。据前面的论述，最早在1383—1384年，师井已经是云龙五井提举司下辖的盐课司之一。①可见明代时，师井的盐业生产已成规模。师井之由来，据当地的文史工作者介绍，有其历史渊源，还和当地产盐紧密联系。

据当地老人介绍，盐井的由来有这样一段历史。明代之后，丽江木府比较强大，滇西北的百姓受木氏土司奴役，最后不得不反抗，完成两次大迁徙。从雅砻江到金沙江，翻山越岭，再过澜沧江和怒江，部分人到达了缅

---

① 地方文史资料所言"万历（1573—1620年）年间，（师井）才有移民凿井，汲卤煎盐"的说法是不正确的。见中共云龙县委、云龙县人民政府《云龙风物志》，德宏民族出版社2008年版，第149页。

甸。当时的人往往逃到人迹罕至的地方。目前傈僳族所居住的地方，大多是一些高山峡谷，或是比较偏远、气候恶劣的地方。当时从兰州涧[①]跑下来到检槽的有一两户人家，住在现在的师井村（那个时候并非该名）。在师井村北部有座小山，山的背后有个小村子，称为三家村。三家村对面也住着几户人家。这个地方后来被称为倮倮麦地，住在这里的这两户人家以放牧、采集为生。这几户人家的羊，每天总是翻过三家村的山坡，进入师井。当时的师井还是一块湿地，长有很多水草。牧羊主人觉察到一个奇怪现象，于是跟随羊群来到这里，发现地表有盐水渗出，便沿着河边不断寻找卤水泉眼。因为这里的盐泉长期没有开采，地下已经形成了盐的结晶体。一天，羊群的主人挖到一块狮子形状的结晶体[②]，于是当地的民族开始挖井煮盐，并给该地起名为"狮井"。随着盐业的不断发展，到了明朝，朝廷已经知道云龙这个地方产盐，师井的人口也越来越多。据说"狮井"的盐品质好，运至朝廷时，朝廷认为"狮井"名称不雅，于是改为"师井"。[③]

明代以前，有关师井的文献记载非常稀少。我们可以从当地人的讲述中获得对地方历史的一些了解。讲述人提到，唐朝时，滇西的少数民族被统称为"施蛮"，其实是傈僳族。当地民间称这个地方为"倮倮"，事实上不是指彝族，而是指傈僳族。在检槽乡提及"倮倮"这个词，对了解师井的历史非常有价值。这个民族非常彪悍，而且擅长使用弓弩。他们当时处于不洗脸、穿兽皮、以采集狩猎为生的状态。宋代之后，随着盐业的发展，当地的傈僳族在卖盐的过程中，要和外界不断交往，于是刻意隐瞒了自己的傈僳族身份，并声称自己是僰人，即现在的白族。从当地人的口述可以看出，人们建构了当地民族身份转变的过程，具有功利性，但是这对于我们理解地方民族的变迁是有帮助的。

清代以来，云龙盐业发展进入鼎盛期。据雍正《云龙州志》记载，此时师井有盐井六口，即正井、樽节井、公卤井、公费井、香火井和小井，全部分布在溪流两侧。对于盐井大小，六井之中仅正井有记载，其深7丈，宽2

[①] 报道人介绍，这是云龙县和兰坪县交界的一处村落。
[②] 另有一说为"第一口井叫'佛井'，凿井时挖到一块极像狮子的石头，因此起地名为'狮井'"。见中共云龙县委、云龙县人民政府《云龙风物志》，德宏民族出版社2008年版，第149页。
[③] 2017年8月2日田野调查资料，报道人为检槽乡文化站站长。

丈有余。①因各盐井缺乏资料记载，我们已无法分辨其所存在的井口是否同历史上的盐井相同。因为在不同历史时期，盐井是不断发生变化的，如资料提及师井中"香火、小井近溪，夏秋为溪水冲没"。所以，盐民为了保证盐的产量，往往需要在盐井被冲毁或被泥土掩没之后重新挖掘新井，所以地址往往会发生变化。据《云龙州志》记载，各井之间有的相距仅仅几十步至百步，远的也仅有四五百米，由此看来，盐泉主要还是分布在村子南部溪流东侧。②

据史料记载，此地盐业生产者十五户，人口应该不过百，但是依附于盐业维持生计者达百余户，可以推测是盐业生产人口的五倍之多。

其后，有关师井的文献记载并不多。20世纪90年代，全县盐业生产停止，师井也不例外。当地现尚有一户杨姓家庭煮盐。笔者第一次到师井调查的时间是2017年8月，在村子的西南侧有一条小溪，小溪东侧有一口卤水井，深2米左右。据了解，该井应为方志记载中的正井。卤水井的上方建有一间煮盐的小作坊，当时还是雨季，所以未见煮盐。所建的制盐作坊较为简陋，四面通风，顶部盖有石棉瓦，高约2.2米。煮盐之处类似于当地的灶头，灶上架有三口铁锅。铁锅已经生锈，估计两三个月未煮盐巴。

笔者第二次到师井调查是2019年1月下旬。当时临近春节，家家户户准备年货，盐业生产也停了下来。同2017年8月调查时相比，盐井上方已经修建起垛木房小屋一间，两层，开了两道门（上下各一道）。底层为卤水井，二层放置了一些晒盐工具，如铁锅、背篮、盐箕、铁锄等。制盐作坊往上坡上移了两三米，原来晒盐之处变为牛圈。新建的制盐作坊仍旧是四面通风，不过由原来"品"字形的三口铁锅变为两排，每排两口铁锅，共四口。笔者询问得知，这是技术改进的成果，四口便于生产更优质的盐巴。

---

① ［清］王㴩：康熙《云龙州志》卷六"赋役·盐政"。
② ［清］王㴩：康熙《云龙州志》卷六"赋役·盐政"。

图5-10 师井煮盐小作坊

据制盐作坊的主人杨志光①介绍，制盐采用煎煮法，所需燃料为木料，多数为栗树，因为其木质较硬，燃烧时间长，且燃烧后的木炭还能提供热量，节省燃料。他们的作坊一年生产1万斤左右的盐巴，价格大约为每斤3元，年收入为3万元左右。制盐工序为四口锅轮流煮盐，分四级：一级是直接煮从卤水井中抽上来的盐水，二级至三级卤水浓度不断提升，至第四级，也就是第四口锅的时候成盐。盐巴用马驮回家中，放入塑料大缸中储存，至需要制作盐筒时将盐取出，放入用大树干制成的窝形木臼之中。用木槌将盐仔细捣碎，将梯形木制模型放在盐箕上。该模型中部挖空，壁厚1~1.5厘米，上部直径为12厘米，底部直径为13.5厘米，高19厘米。将盐放入其中，一边放一边用带柄的圆形工具压实。待整个模型填满盐巴，则用手托起盐筒，将其倒放在圆形的工具上，一边转动工具，一边用菜刀拍打上部，然后拍打侧面。见盐和筒之间有缝隙出现，则将模型轻轻取下，此时筒盐成形。随后，将其放在火炉边烘烤，使筒盐变得更加坚固。此时两个筒盐，左右各一筒，用稻草捆绑，便可放入盐筐之中储存起来。一般是等买家来家中购买，很少拿到集市上去售卖。此盐可供食用，也是腌制火腿、做腌菜的上等

---

① 杨志光，男，55岁，白族，家在师井村，和老伴一起煮盐。

盐，部分盐质差者可用来喂养牲畜。筒盐除了食用之外，在当地白族男女定亲仪式中还扮演着重要角色。按照当地风俗，男方给女方的四件礼中，盐不可缺少。定亲之日，要给女方送去两对盐筒盐，也可以是四对，但只送双数，不送单数。

图5-11　师井村制盐工具

目前，师井还有三四处出卤水，但是卤水流量不大。因为多年停止产盐，盐井几乎荒废。现在几处井口也难以和清代记载的名称一一对应，井深也未见有7丈之深，多数井深仅有2米左右。除了正井之外，笔者在其东面四五百米的小溪东侧见到卤水井一口，深不过1.5米。从《云龙州志》"公卤井，在正井之东，相离一里"的记载来看，此井为公卤井的可能性比较大。

（四）顺荡村

顺荡村隶属云龙县白石镇，地处云龙县最北端，东连剑川县，北通兰坪县，西靠检槽，南接长新。从云龙县县城诺邓镇向北行51千米左右到达白石镇政府所在地，这里离怒江州的兰坪县城仅39千米。全镇地域面积为321.5平方千米，共14 000人，辖中和村、云头村、云顶村、顺荡村、松水村、白石村和双龙村等7个行政村。这里的民族主要是白族、傈僳族、彝族、傣族、回族和汉族。

从白石镇驻地继续向兰坪方向前行18千米，便到顺荡村。该村有360多户，1600人左右。顺荡村有两大特色，一是历史悠久的古盐井，二是顺荡火葬墓碑群。

顺荡的制盐历史至少可上溯到明代，朝廷在此设顺荡盐课司，这在前文已述。据20世纪50年代至60年代少数民族社会历史调查资料显示，当时顺荡村（自然村）有人口200余，全村主要是杨、赵、张、郭四姓。关于当地的盐是如何发现的，当时调查到的内容如下：

> 顺荡盐井开发的年代是在明朝。那时这里本是一片原始森林，为土司家的辖地。有一年土司家的放羊老倌把羊子放到这一片上，到了晚上回去时发现少了几只羊子，第二天情况还是如此。最后找羊子找到了一块岩壁底下，发现从岩缝中流出一股涓涓流水，汇成了一个水塘，失踪的羊子全部死在了水塘边。用手沾水一尝，发现是盐水，原来羊子是因吃多了盐水而胀死了。土司家发现盐水后，就私煎私煮了18年，获得了大利。后有一个叫杨森的剑川人，为做木匠来到这里，他发现土司家在这里私自煮盐，就对上官说："你们私自煮盐，不报国课，是犯罪。"土司害怕了，就把三姑娘嫁给他，让他在这里安家，参加煮盐。后杨森向朝廷报课，被封为"护国将军"，而杨森就是现今顺荡井杨姓的始祖。后来又陆续来了一些人，逐渐发展成这个以煮盐为业的村子。①

显然，土司开发了顺荡的盐井这一说法不符合历史事实。白石土巡检设立于明代，而顺荡井土巡检为原白石土巡检李良之后。康熙二十年（1681年），李良之后李鸿翼因追剿伪将，被封为顺荡井土司，这就清楚地说明顺荡井的土司即原来的白石土司，搬到顺荡井的时间是在清康熙二十年以后。所以不可能是土司发现并开发了顺荡井，而是顺荡井已存在了数百年后，此

---

① 佚名：《云龙县顺荡盐井调查报告》，见国家民委《民族问题五种丛书》编辑委员会、《中国民族问题资料·档案集成》编辑委员会《中国民族问题资料·档案集成（第5辑）》《中国少数民族社会历史调查资料丛刊》（第85卷）、《〈民族问题五种丛书〉及其档案汇编》，中央民族大学出版社2005年版，第310页。

地才设立了土司。①

清代有关顺荡井的记载可见《云龙州志》。其载：顺荡井在师井东北，相距七十余里。盐井有七：正井、洗锅井、天生井、祭天井以及三口小井。人口不得而知，煎盐者分八灶，仰赖盐井生活者百余户。

图5-12　顺荡村远景

笔者两次到顺荡井，从彩凤桥上过沘江，顺江而上四五百米，然后顺山路斜上，四角的玄天阁映入眼帘。从玄天阁底部宽一米二三的石门中穿过，右侧上台梯，见阁楼上部，据说为戏台。此处原为关卡，不仅有阁楼，还有其他楼房两三间，可供守卡的士兵起居。站在阁楼前，向顺荡村望去，整个村子尽收眼前。顺荡村已经失去了昔日的繁华，雄伟的龙王庙不见踪影，留下的是长达1米的长条石，侧面刻有精美的图案。村落凋敝，人气已去，留下仅仅12户34人守在这一古老村落。大部分房屋已经开始倒塌，多数经济条件好的人家都选择搬往沘江西岸的公路两侧。那里交通更加便利，更适合

---

① 佚名：《云龙县顺荡盐井调查报告》，见国家民委《民族问题五种丛书》编辑委员会、《中国民族问题资料·档案集成》编辑委员会《中国民族问题资料·档案集成（第5辑）》《中国少数民族社会历史调查资料丛刊》（第85卷）、《〈民族问题五种丛书〉及其档案汇编》，中央民族大学出版社2005年版，第311页。

发展。而古村仍然需要靠人背马驮来运输货物，再没有当年的盛况。现在人们只能靠种植玉米、土豆以及核桃来维持生活。如今这一状况，在当地人看来，和先前的盐村相比，实在是难以想象。

图5-13　顺荡井玄天阁

笔者2017年8月调查时，据当地人帮忙辨识，正井位置在龙王庙南部三四米处，现在已经被掩盖。其他如小井、洗锅井也只能分辨出大体位置。目前还有出卤水的盐井，应该是文献记载中位于小溪西侧的盐井。此处村民建有储卤池，接有一节胶管，据说沘江西岸煮盐者便是从此处引卤水的。

二、兰坪县境内啦井村

兰坪县现归云南省怒江傈僳族自治州管辖，地处云南省西北部、横断山脉的东南部。澜沧江从北向南流经该县的大部分地区，北接迪庆藏族自治州维西傈僳族自治县，东北邻丽江市玉龙纳西族自治县，东南靠大理白族自治州剑川县,南邻云龙县,西与本州的泸水市、福贡县接壤。兰坪县是一个少数民族聚居的地区,境内有白族、普米族、怒族、藏族、汉族、傈僳族、彝族等19个民族。

兰坪县境内盐矿资源丰富,和云龙县境内的盐矿应属同一个盐矿带,处兰坪盆地,即云龙组。学者指出,云南兰坪-思茅盆地沉积了广泛的古近纪古新统含盐地层,盆地沉积建造主要由三叠系、侏罗系、白垩系组成。[1]兰坪县盐矿地处南北走向的三江(金沙江、澜沧江、怒江)断裂带中部。该县几个盐区均分布在这个断裂带的澜沧江流域东部。

图5-14 盐业生产时期的啦井村[2]

兰坪县境内或在唐代已开始生产盐,但无确凿证据。如前所述,有学者提出若耶井和诨溺井二井在唐时期已是兰坪县境内开发的盐井。地方志

---

[1] 张从伟、高东林、张西营、唐启亮、时林:《兰坪-思茅盆地与楚雄盆地古新统含盐系地球化学特征对比》,《盐湖研究》2011年第3期。

[2] 兰坪县档案馆资料,卷宗号:67-10-1。感谢兰坪县档案馆和俐铨同志为笔者查阅资料提供的帮助。

提及在1206年之前，当地的各族人民已经开始在卤水溢出地表的地方凿井取卤煎盐[①]。盐井当时属村落所有[②]，即国家力量并未介入。据《大元一统志》记载，元时期丽江境内有盐井七口，具体名称现在已不得而知。明代初期，当在云龙设置五井盐课提举司之后，在丽江军民府境内设了兰州井盐课司。[③]整个明代，兰坪县境内的盐井属丽江木氏土司管辖，时间长达470年。木氏土司在该地区实行"实物代役制"，即盐民获盐半数以上上交丽江土司府。[④]据《明实录》载：万历三十八年（1610年）土司木增时期，盐井有六处，曰二欠井、曰下日欠井、曰上日欠井、曰罗摩井、曰温水井、曰伍井。清代有新井的开辟，并对旧井和新井实行命名和更名。清代兰坪境内已经形成了三个主要盐区：一是丽江井区，共十八井；二是老姆井，含四井；三是啦井，在道光二十三年（1843年）即被发现之后的第22年开始生产盐，初期仅属丽江井的子井，后在同治十三年（1874年）因年产量远超丽江井和老姆井二井而升为母井。此后，当地的少数民族以传统煎煮法制盐。这种现象一直持续到20世纪50年代。60年代之后，技术不断革新，机器逐渐参与到盐业生产当中来，产量也提高了不少。70年代之后，又开始引入真空制盐技术；1987年5月1日实现真空制盐。

啦井镇因盐而兴，原来的一个小村落在清代盐业开发之后，不断发展壮大。1950年4月，兰坪县城从金顶迁至啦井，该处成为兰坪县的政治、经济、文化中心。自然村逐渐发展为该县的一个乡镇。1985年，啦井镇因盐业生产停滞，经济优势不再。当年8月，县城从啦井迁回金顶。目前，该镇地处兰坪县城的西部。两地之间的直线距离不过十四五千米，但是连通两地的这段公路却长达39千米。道路坡大弯多，还需要翻越一座山峰。啦井西部不过十余千米处便是澜沧江峡谷，江的东岸便是兰坪县的营盘镇。

[①] 兰坪白族普米族自治县盐矿：《兰坪盐业志》，云南省怒江州新闻出版局内部资料1993年版，第1页。

[②] 云南省兰坪兰坪白族普米族自治县志编纂委员会：《兰坪白族普米族自治县志》，云南人民出版社2003年，版第410页。

[③] 据方志记载，兰州井盐课司属五井盐课提举司管辖，见方国瑜《云南史料丛刊》（第十二卷），云南大学出版社2001年版，第576页。

[④] 云南省兰坪兰坪白族普米族自治县志编纂委员会：《兰坪白族普米族自治县志》，云南人民出版社2003年版，第410页。

啦井获取卤水的方式和云龙县的各井略有不同，云龙县境内各井所煎卤水均是从地下自然流出，在啦井则需要沿着卤泉寻找盐矿，通过修建井硐，开采矿体，然后溶解盐矿制作卤水。盐矿有青灰色、白色、棕褐色数种之多，其中青、白两种盐矿品质最好，含盐量达95%以上，而棕褐色仅在60%以上。①啦井的盐矿主要藏在山体之中，所以当地需要修建井硐。此外，通过观察啦井和云龙两地的地形地貌，可发现啦井的盐矿周围并无溪流，矿体很难自然溶解，所以不得不通过采矿获得盐卤。而云龙各井有沘江水系或其他溪流作为地下水的供给来源，盐矿自然溶解，通过压力自然往上冒出，所以云龙各井无须采矿。

图5-15　中华人民共和国成立前啦井盐民煮盐和背盐②

笔者2018年2月调查发现，啦井早期开采盐矿的井硐早已被淹没，地牌山东侧一处20世纪七八十年代用混凝土修建的井硐口犹存，内部可以听到卤水滴落的声音。井口用铁锁锁住，卤水不断流出，因当地煮盐者不多，卤水浪费严重，顺着河沟流出去的卤水自然结晶，可以看到河沟两侧全是白色的盐晶体。

---

① 兰坪白族普米族自治县盐矿：《兰坪盐业志》，云南省怒江州新闻出版局内部资料1993年版，第76页。
② 兰坪县档案馆资料，卷宗号：67-10-1。

图5-16　兰坪县啦井井硐　　　　图5-17　小溪两侧的盐结晶体

据啦井镇的工作人员介绍，作为以盐发展起来的小镇，当地已经开始围绕盐的主题展开规划：一是修建具有早期地方特色的建筑和街道；二是修建具有芒康特色的盐田，引卤晒盐；三是打造融入了盐文化的地方特色饮食，如盐水鸡蛋、盐水土豆、腌制火腿等。

第三节　滇藏地区营盐村落的地方历史

一、动荡的川边：不同政权下的西藏盐井地方社会

盐井地处西藏东部，现归昌都市芒康县管辖。盐井历来地处边地，离中缅边界和中印边境的直线距离仅100余千米。其西邻西藏自治区的察隅县和

云南省的贡山县，东邻四川省巴塘县，东南和云南省的德钦县接壤。盐井及周边生活着藏、纳西、门巴、珞巴、怒、独龙、傈僳、普米、白等少数民族及未进行民族识别的族群（僜人）。

盐井产盐的历史在明代之前并无记载。根据藏学家任乃强先生的论述，古代羌族在不断分化的过程中，已经占有产盐地区，并在这些区域稳定下来。他提道："昌都东北的察零多盐泉，是宁静山地区猿人群长期留住的地方，后来发展成为苏毗、东女国，和西康地区一些部落。"①还有学者指出："近年来随着考古学的研究逐渐发现，很可能早至新石器时代晚期，中国地区便开始较具规模的盐生产活动。"②如此说来，西藏东部的早期部落已经占有盐泉也是有可能的。

明代，滇西木氏土司势力崛起，其势力范围在1487年到1493年的6年间，跨过了金沙江，到达了中甸一带，并不断往北扩张。其在1525年到达德钦北部的阿东村，1526年到达滇藏交界处的必鲁各寨（必用工村）和盐井你那寨（应是今天的芒康县盐井）。木氏土司在管理盐井的时候，带入云南的工匠，利用其曾经管理过丽江地区兰州（现在的兰坪县）盐业的经验③，推动了盐井制盐技术的发展。木氏土司长期统治着滇西北一带，盐井受其管辖。直至1639年底，青海蒙古族和硕特部入康灭掉白利土司后，南下打败木氏土司，结束了木氏土司在巴塘等地的统治④，盐井才由青海和硕特部控制。

清康熙四十二年（1703年），盐井由西藏派往巴塘的弟巴管辖。土司管辖盐井时期已经形成征税制度。《巴塘志略·赋税》载："康熙五十八年（1719年），巴塘投诚案内原管番民六千零五十四户。雍正五年（1727年）拨归云南二千八百十八户外，实存三千二百六十户。每年认纳马骡钱粮并土官头人喇嘛口粮银三千二百四十六两三钱七分，……内除：正土司养廉银四百零六两八钱七分九厘。……红白盐二百一十六石七斗五升二合。……副

---

① 任乃强：《羌族源流探索》，重庆出版社1984年版，第16-17页。
② 陈伯桢：《中国早期盐的使用及其社会意义的转变》，《新史学》2006年第4期。
③ 洪武十五年（1382年），在丽江军民府兰州井盐课司，又《明实录》记载："万历三十八年（1610年）土司木增时期，盐井有六处。"当在今天兰坪县境内。
④ 四川省巴塘县县志编纂委员会：《巴塘县志》，四川民族出版社1993年版，第54页。笔者认为木氏土司进入盐井的时间要向前推至1526年，那样木氏土司统治巴塘等地的时间不止71年，应该有110年。

土司养廉银一百七十四两三钱八分一厘，……红白盐九十二石九斗。"①地方志也提及："巴塘则设立宣抚使土司一、副土司一。所辖宗俄（即宗崖）协廠，兼管盐井。"②《盐井县纪要》载："盐井盐税在未征服时（指改土归流之前），由巴塘大二营官委二三员司抽取，每驮取两批，计汉量半升零。"③

光绪三十一年（1905年）二月，川边发生"凤全事件"④，朝廷派建昌道尹赵尔丰进入川边，处理凤全事件。宣统元年（1909年），赵尔丰经腊翁寺事件⑤，管理盐井，在此设盐井县。其在制定盐业管理制度时，推行官督商办，制定相关细则，如《议定盐井商盐局章程》三十条章程⑥以及《盐井征收盐税章程》⑦。"整体看来，赵尔丰在盐井实施改土归流过程中，积极推进盐业管理，这是盐井盐业发展历史上一个重要的时期。盐业的发展，首先带来直接的经济效益，如上所述能增加军费。其次维护了边军在当地社会的权威，为稳定地方社会发挥着重要的意义，例如赵尔丰利用在盐井建立起来的'根据地'，不断向盐井西部推进，收回桑昂曲宗（现察隅一带），维护了中印接壤地区我国边疆领土安全。最后，盐业管理制度的出现，促进了汉藏文化的交流，同时有利于推动盐井同周边民族之间的互动。"⑧

民国时期，川边动乱。民国元年（1912年）10月，四川都督尹昌衡在川边设立了镇抚府，当时盐井归其管辖，具体情况不明。民国2年（1913

---

① 西藏自治区社会科学院、四川省社会科学院：《近代康藏重大事件史料选编（第一编上）》，西藏古籍出版社2001年版，第165页。
② ［清］段鹏瑞：《巴塘盐井乡土志》，宣统二年铅印本，第1页。
③ 佚名：《盐井县纪要·土司世系》，《边政》1931年第6期。
④ 参见李何春《清末川边改土归流时期巴塘"凤全事件"的起因及其影响》，《西藏研究》2017年第6期。
⑤ 川边的盐井地区，原属四川巴塘土司和盐井腊翁寺管辖，清末赵尔丰在川边施行"改土归流"政策，以期治理川边，不料派王会同委员前往盐井察看地方盐业情况时，引发腊翁寺不满，随后发生清兵同寺庙之间的冲突。光绪三十二年（1906年），清军出动250余人攻克腊翁寺。该事件称"腊翁寺事件"。见李何春《清末川滇藏交界带之盐井"腊翁寺事件"起因分析》，《云南民族大学学报》（哲学社会科学版）2014年第2期。
⑥ 四川省民族研究所、《清末川滇边务档案史料》编辑组：《清末川滇边务档案史料（中册）》，中华书局1989年版，第512—515页。
⑦ 章程的具体内容参见四川省民族研究所、《清末川滇边务档案史料》编辑组《清末川滇边务档案史料（中册）》，中华书局1989年版，第512—515页。
⑧ 李何春：《清末川边改土归流时期赵尔丰盐业改革措施及其意义》，《中国边疆史地研究》2016年第2期。

年),全国废除府、厅、州三级制,川边废除康安、边北两道,设立川边道,盐井归其所辖。此时就清末改土归流的区域核设32县,初定为"川边特别区域",盐井设盐井县。①1920年,西藏地方政权委任盐井朔和寺活佛贡噶喇嘛为宗本管理地方事务,并将盐税收入的一半收入作为补助。②民国17年(1928年),刘文辉在康定设西康特区政务委员会,收抚乡城、稻城、德荣和盐井4个县,盐井归其管辖。1932年10月8日,康、藏双方在岗托签订《岗托协议》,议定双方以金沙江为防线就此停战。至此,原巴安所辖的金沙江以西的盐井、莽岭、朱巴龙、廓布等地均划归西藏地方政府管辖③。1953年10月12日,盐井解放,盐井成立解放委员会。至1959年,盐井开始征收盐税,以100斤盐收2元人民币的税。1983年10月8日,据《国务院关于同意西藏自治区增设隆格尔等六个县和恢复江孜、林芝两个地区给西藏自治区人民政府的批复》,同意设立盐井县,但因故最后未能正式成立。④1999年9月21日,民政部正式同意撤销盐井县。⑤

二、江内与江外:滇西云龙井盐产地的地方历史

(一)云龙境内早期人类活动

有关云龙县境内早期的人类活动情况,因缺乏系统性考古发掘,所以资料有限。从零星的几次发掘来看,在新石器时代,云龙境内各地均有人类活动。1975年以来,考古学家先后在云龙县西南部的漕涧仁山、县城驻地石门(后改为诺邓)天池坟坪子村和七登窝棚在三处发现新石器五件。由于所

---

① 任乃强:《任乃强藏学文集》(中),中国藏学出版社2009年版,第441页。
② 中国社会科学院民族研究所西藏少数民族社会历史调查组所:《昌都地区社会调查材料专册》(初稿),1964年刊印,第7页。
③ 芒康县地方志编纂委员会:《芒康县志》,巴蜀书社2008年版,第317页。多数学者认可《岗托协议》以金沙江划界,不过,任乃强先生则另有观点。按照《岗托协议》所述"汉军以金沙江上下游东岸为最前防线。藏军以金沙江上下游西岸为最前防线"中"金沙江上下游两岸"者,仅指德格、三岩之部,与巴塘以南无涉。那么,巴安(塘)以南,康军原管之巴安河西13村与盐井一县地方,应由康军收回接管。后因刘文辉败退,又受诺那事件影响,盐井及巴安河西诸村,遂竟为藏军占领。任先生的看法不无道理。见任乃强《任乃强藏学文集》,中国藏学出版社2009年版,第536页。
④ 《国务院关于同意西藏自治区增设隆格尔等六个县和恢复江孜、林芝两个地区给西藏自治区人民政府的批复》,《中华人民共和国国务院公报》1983年第23期。
⑤ 《关于同意西藏自治区撤销隆格尔等五县的批复》,《中华人民共和国国务院公报》2000年第6期。

发掘的器物有限，特别是未见陶器，因此考古发掘的断代有些困难。从整体上看，遗址位于小河沟、箐沟的山坡台地上。从上述两处的石器大体上和洱海地区相似来看，云龙境内的新石器可能与洱海地区的为同一类型。但云龙又处于洱海地区新石器文化的边缘地带，因此澜沧江西面的漕涧地区显然受到澜沧江中上游新石器文化的影响。①此外，据宝丰乡文管所杨兴源介绍，1986年该乡下科浪出土了青铜剑和青铜斧，据考证与洱海周围出土的新石器和青铜器属同一个类型，其年代约为夏朝早期（距今约4000年）至战国初期（距今2460年）。这说明云龙境内早期有人类活动是可以确定的。

1978年冬，云龙县坡脚乡坡头村社员在修建梯地时发现一批青铜器，被云龙县文化馆征集到县文化馆。1979年3月，云南省博物馆再派人员到该地域进行调查。最终，从该遗址出土铜器三十件。从类型来看，这批青铜斧的形制多数具有滇西地区青铜斧的特点，少数与滇池地区的铜斧相近。谢道辛进一步判断这些青铜斧属当地制造，非外来物，其年代晚于剑川海门口遗址，而与昌宁新街等地的遗存大体相当，即战国至西汉时期。谢道辛进一步指出，从出土的器形上刻有马的图案来分析，这批青铜器的主人应是以畜牧业为主的民族，即可能是嶲和昆明族群。②

《史记·西南夷列传》记载，"西自同师以东，北至楪榆，名为嶲、昆明，皆编发，随畜迁徙，毋常处，毋君长，地方可数千里"。张增琪指出，同师很可能在大理以南、保山以北的澜沧江河谷地区。又，昆明族的文化区域范围大致不外怒江以东、金沙江以南、滇池区域以西、西双版纳以北。这个区域内除了昆明族，还有斯榆、苞蒲、嶲人。③那么看来，云龙早期便在昆明族的文化范围之内。因此，可以初步判断，云龙县境内的早期民族同嶲和昆明诸族群有密切关系。

任乃强指出"昆明"又作"昆弥"，是羌语中雪山人之义。昆明族从哈姜盐湖兴起，不断顺澜沧江南下，先后发现西藏芒康县境内的几处盐泉，后

---

① 云龙县文化馆：《云龙县发现新石器》，见杨世钰、赵寅松《大理丛书·考古文物篇》（卷二），云南民族出版社2009年版，第448页。
② 谢道辛：《云龙县古代文化遗址和火葬墓群》，见中国人民政治协商会议云南省云龙县委员会文史资料研究委员会《云龙文史资料》（第2辑），1987年版，第192-194页。
③ 张增琪：《中国西南民族考古》，云南人民出版社2012年版，第154页。

移动至滇西北的沘江流域。在这里，昆明族继续利用盐泉，以牲畜运盐，经商于楪榆、同师等地。而且，以牧业为主的昆明族，盐工规模也发展较快，并成为部落组织中较为活跃的人群。①《后汉书·南蛮西南夷列传》记载："建初元年，哀牢王类牢与守令忿争，遂杀守令而反叛，攻嶲唐城。太守王寻奔楪榆。哀牢三千余人攻博南，燔烧民舍。肃宗募发越嶲、益州、永昌夷汉九千人讨之。明年春，邪龙县②昆明夷卤承等应募，率种人与诸郡兵击类牢于博南，大破斩之。传首洛阳，赐卤承帛万匹，封为破虏傍邑侯。"③可以看出，卤承（即盐工）在这场博弈中发挥了积极作用，其先进性不可否认。

（二）文明的分野：从江外到江内的云龙地方政权

云龙的历史，如前所述，可追溯到汉代的比苏县，但是汉之后直至唐代的历史却鲜有文献记载。通过对早期云龙境内澜沧江流域人类活动进行分析，基本上可以确定在明清之前，这里还处在较为落后的状态，而且以澜沧江为分界线，江内和江外形成了两种不同的统治策略，经历了不统一到统一的过程。

具体来说，至少在明代以前，澜沧江东岸和西岸被波涛汹涌的江水以及沟壑纵深的峡谷分隔出两种文明。江外，即澜沧江以西，多被认为是蛮荒之地，未经开化。东岸则较早进入国家视野，洪武年间在云龙五井已设提举司1人、盐课司7处。两种文明不断碰撞，最后统一起来。清人董善庆所作《江外野史》是一部描述澜沧江以西区域内社会文化、民族构成、土司制度等方面情况的重要的地方文献。从书名来看，作者显然把江外看作一种落后的、与中央王朝直接统治相脱离的社会。从云龙历史的演变来看，西汉元封二年（前109年）设比苏县，当属益州郡；东汉永平十二年（69年）属永昌郡；唐时属南诏，西岸属永昌节度，东岸属剑川节度；宋代大理国时期（937—1253年）称云龙睑。有学者指出："稽《蛮书》载唐代白蛮语'川曰睑（读音党）'，到了元代，云南（往）古地名称的'睑'都改为'甸'，这在元、

---

① 任乃强：《羌族源流探索》，重庆出版社1984年版，第13页。
② 据方国瑜先生考证，邪龙县为今漾濞县。见方国瑜《中国西南历史地理考释》（上册），中华书局1987年版，第88页。
③ ［南朝宋］范晔、［西晋］司马彪著：《后汉书》（下），岳麓书社2009年版，第977页。

明云南古史志中,比比皆是。由此推断,元代云龙甸之称,应是承自南诏、大理国时的'云龙赕。'"①江外的州治所在地旧州三七村,因明末迁往江内,故三七村被称为"旧州"。因此,"现今旧州坝还有上甸尾、下甸尾等村名,这可推知这应是南诏大理国时留传的地名"②。

元代,蒙古国平定大理,先以万户所和千户管理地方,1274年改制为路,但云龙设云龙甸军民总管府。明代,平定云南之后,洪武十七年(1384年)设云龙土知州,下辖1个土千总、5个土巡检,至此云龙进入土司统治的时期。其统治的范围大体为澜沧江以西、怒江以东,北至兔峨,南抵瓦窑。从今天的行政区划来看,主要是云龙县的功果桥镇(原旧州镇)、漕涧镇、民建乡以及泸水市怒江以东的区域。这个时期,怒江以西的区域由永昌府管辖,而北部则由兰州土知府管辖。

土司制度,兴于元,盛于明。洪武十四年(1381年)九月,朱元璋授沐英为南征副将军,令其同南征将军傅友德一起率30万大军征讨云南。1382年,攻克大理。此时,地方社会也受到影响,各地精英纷纷寻找机会和出路。其中,云龙第一任土知府段保便是这样的人。以下资料记载了其获得土知府并世袭的经过。

> 段保,四川邛州威远县人。少随父流寓云龙。与李贯章同佐早氏。贯章枭雄巧诈,夷人称之为神。保正直和厚,夷人因号谓佛。早氏灭,保欲为复仇,而势不敌。贯章亦忌保,欲杀之。保实有数万金,散于各头目,自携余赀回里。保去,贯章益横,戮早氏裔几尽,夷人寒心。当是时,值元末明初,海牙据云南,段氏据大理。保在途,闻傅友德、沐英已破云南,移兵向大理。保乃返,招集夷兵四十余人,投沐英,随攻大理。大理破,即入云龙,贯章已为诸夷所灭,闻保至,迎而服之。保欲立早氏后,而元其人,夷众亦不许,乃治事,立寨蛇山。始有衣冠,用书记,教人识字。雪山、鹿山、卯山、凤山及穷谷之夷,皆来贡物,保令从征之士分理之,编

---

① 杨延福:《西汉至明清云龙历史资料辑述》,见中国人民政治协商会议云南省云龙县委员会文史资料委员会《云龙文史资料》(第4辑),1990年,第138页。
② 杨延福:《西汉至明清云龙历史资料辑述》,见中国人民政治协商会议云南省云龙县委员会文史资料委员会《云龙文史资料》(第4辑),1990年,第138页。

各夷入册献之英，夷始通于汉。大理诸部赋役繁重，避而来者日益众，乃大开田亩。遂科粮，英以闻于朝，明太祖敕赐保云龙土知州印，予世袭。①

从洪武十七年（1384年）至万历四十三年（1615年），段氏一共统治了江外231年。在很长的时间里，西岸的旧州一直是统治江外的政治中心。

尽管江外从洪武十六年（1383年）开始便由土官统治，但是土司对地方社会的统治并不顺利。此地民风凶悍，经济落后。据董善庆记述："澜沧入州境，由北而南，起苗委，经赶马撒，至浪宋，不至苗寨，再南则两山夹江，无居人。至顺宁界，山方开阔，有村。自苗委至苗寨，江行一百十七里，夹江之山脚，阔者二里许，狭者江深山陡，径亦险隘。始无田，深箐丛杂，野夷星居，刀耕火种，迁徙无常。"②可见，受地理条件限制，此地农业得不到发展，人们还处在居无定所的状态。文献对当地的民族也有描述：

夷有三种，摆夷③十之七，阿昌十之二，蒲蛮十之一。地广人稀。每一山有五六家，或七八家，多不过十余家，亦不屯聚。各家庐舍。率隔百步或半里许。有丧则以其所用什物同死者焚于野，并焚其所居，生者移他处。男女婚配无媒。听自择，不计同族尊卑，有奸淫者，妻必告其夫，夫鸣于酋长，长索其物百件，与众瓜分，以示罚。其物不计精粗、大小，牛等于鸡，针同于釜。以足百数为准。不足则杀之，故俗少淫。酋长名曰头人，凡一山所居，或数十余家。内有膂力过人，善射善走者即为之。不相统属，无官职，亦无赋役。④

江外社会统治混乱。万历年间，段姓疏族进忠"以其酋绶，非段所出，告讦不休"⑤，最后纠集凶党，杀死土知府段嘉龙，并占领漕涧，自己统治

---

① 董善庆：《云龙记往》，见中共云龙县委、云龙县人民政府《云龙风物志》，德宏民族出版社2008年版，第215—216页。
② 董善庆：《云龙记往》，见中共云龙县委、云龙县人民政府《云龙风物志》，德宏民族出版社2008年版，第211页。
③ 方国瑜先生认为"所谓之摆夷，当即僰人之误，见诸史册者，元、明所谓僰人，即百子，今之白族（民家人）"，见方国瑜《云南史料目录概说》（中册），中华书局1984年版，第624页。
④ 董善庆：《云龙记往》，见中共云龙县委、云龙县人民政府《云龙风物志》，德宏民族出版社2008年版，第211页。
⑤ ［清］王浒：康熙《云龙州志》卷二"沿革"。

旧州。次年，放弃旧州、将州治迁移至提举司的治所成为政府的重要议题，"先是雒井士民，以其地文风渐兴，学校未立，士游别庠。又提举司惟司盐政，民事不得预，非便，屡请改州改学"①。万历四十三年（1615年），两台奏请改知州为流官，将提举司并入州内管辖，并得到准许。

浪穹（现在为洱源县）自古与云龙接壤，因该县山后六里的山谷险远之地与五井壤相接，而又赋税无多，鞭长莫及。自万历十八年（1590年）起，浪穹县正官觐见，以该县已有二十一里，境内百姓困难重重，未能顾及六里。万历三十三年（1605年），浪穹知州何邦渐建议划归六里给云龙州，在此添设流官，以求"免觐"。关于此过程，康熙《浪穹县志》有详细记载：

> 按山后六里皆山谷险远之地，与五井云龙壤相接，赋税无多，虚悬六里之数。万历十八年（1590年），新议浪穹正官入觐，徒以有二十一里之名耳，自此官民重困。万历三十三年（1605年），邑人知州何邦渐建议将六里割付云龙州，于该州添设流官知州，为浪穹正官免觐之计。时知县李在公经两觐之劳，据议通详，而当事或有难之者。因五井殷实之家，虚设正官不免则坏增赋。乃从中密阻，遂将前议注销。至万历四十二年（1614年），分巡道张文耀至，值云龙段氏酋乱，浪穹士民复申前议。公查案力为转详，邑士民又亲诣院司呈诉。蒙布政李焘、抚院周嘉谟、按院毛堪允议会题，添设云龙知州，割去六里及十二关、箭杆场、上五井、顺荡井、师井五巡司，共分各有税粮二百六十余石。浪穹正官得旨，允免觐。因立有《题免觐碑》。②

浪穹县划六里归云龙知州后，实现了云龙历史上江西和江东的合并。

万历四十八年（1620年），云龙进入"改土归流"时期，周宪章作为首任流官知州到任，在平息了地方叛乱之后，认为"移至井司，是自弃险要，以予逆也，不可"③。应该说，周宪章此时想有一番作为，于是决心励精图

---

① ［清］王浩：康熙《云龙州志》卷二"沿革"。
② 参见清赵琪《浪穹县志》，见杨世钰、赵寅松《大理丛书·方志篇》卷7，民族出版社2007年版，第326—327页。
③ ［清］王浩：康熙《云龙州志》卷二"沿革"。此时，云龙州治还在三七村，而非舒瑜说言："改土归流成功之后，州治由江外迁到江内雒马井。"见舒瑜《微"盐"大义——云南诺邓盐业的历史人类学考察》，世界图书出版公司2010年版，第30页。

治。天启元年（1621年），旧州三七村建周长460丈、高1丈5尺、厚4尺的城墙。可见，周宪章试图将三七村作为其"教化杂夷"的阵地，以此树立政治权威。然而，曾在平定段进忠叛乱之时立功的阿昌人林养中勇猛强悍，渐渐显露其专横暴戾的性格，常常"霸据官田，不服清丈，不纳赋税，声言复州免赋……谓州官止宜治五井，以云龙州治地归之，并授为土官"①。周宪章起初并无实力与林养中对抗，于是不得不作长远打算。他先是收买林养中手下10余人，后又擒拿其弟弟林养节。又将其父兄妻妾严刑拷打，都未能让林养中投降。最后，周宪章利用其妻妾作诱饵，在天启四年（1624年）三月十三日深夜，派人将秘密"潜回"家中的林养中砍死，除掉了上任以来的地方一大害。

从周宪章所撰《迁建州治碑记》的内容来看，作为第一任流官，周宪章内心是极力反对迁州治至江内的雒马井的。从文中可以看出，他更多的是想把治理江外作为己任。

> 云龙州虽僻在万山中，然其形势之雄，控扼之要，正榆西诸处枢也。万历末祀，以段逆之弗克振，而祸乱屡作。台议更其弦辙，而治以内地法，用留守守之，此实穷变通久之善制。而议者遂并州治移之井司，此无论沿名弃实，而于建邦启土，扼奇制胜之大计，得无未之思乎！夫以狡寇密迩，则策期万全，道宜慎重，业既凭仗皇威，悬首蛮邸，则审槛阬之胜，图建瓴之势，以奠百世之安者，策当于是始，宪章受任于危难之际，驱驰于荆棘之场，既文且武，亦牧而帅。当段逆之甫靖，即深计乎还治之为先务也。②

周宪章是一位务实的知州，在治理江外的过程中，他面临很多困难，不断受到当地权贵的干扰，但是依然坚持江外的治理。从"会兵使熊公以抚安善后至躬为相地，画城基，定治所，始得副其初志。然以经费之浩繁，欲中寝者数四。宪章乃悉心措置，廉得段逆所擅财赋为私积者千余缗，呈请以为营建资，而事乃克举"③来看，周宪章试图克服困难，修建州治。之后，他修建州志的衙门，含正堂、内堂及其附属设施，计有4个厅堂、5道大门。他

---

① [清]王洊：康熙《云龙州志》卷二"沿革"。
② 周宪章：《迁建州治碑记》，见清王洊撰康熙《云龙州志》卷十二"艺文"。
③ 周宪章：《迁建州治碑记》，见清王洊撰康熙《云龙州志》卷十二"艺文"。

还试图通过修建州署，励精图治，稳定下来。但是，江外之形势、朝廷之旨意，并不能让这位首任流官按照自己的思想来统治该区域。最终，在朝廷对云南采取"三江之外宜土不宜流，三江之内宜流不宜土"政策的大背景下，天启四年（1624年），段嘉龙之子段彩袭职云龙土知州十一世，澜沧江外出现土官和流官并存之局面。

（三）江内的统治及地方盐政

从上述周宪章统治江外的情况看来，他虽然占据了天险，但是并没法按照自己的想法实现对江外的统治。此外，随着原属浪穹县的六里划归云龙，盐利自然成为地方执政者重点考虑的问题。尽管《云龙州志》记载浪穹县将产盐的师井、诺邓、上五井划归云龙，其缘由是该六里"皆山谷险远之地，与云龙错壤，赋役无多"①。但是，这只能从侧面说明这一时期的盐业并没有得到发展，固守传统方式，商业并未兴起，而不是毫无盐利可言。事实证明，此后云龙的发展和盐业有着千丝万缕的关系，盐业始终是带动地方社会发展的重要资源。

崇祯二年（1629年），知州钱以敬移州治于雒马井，其理由自然是"其实云龙以盐课为要务，井司遥隔，不无鞭长莫及之势"②。随着迁州治到雒马井，为加强对盐政的管理，明朝政府采取了三大措施："一是把流官吏目总戎署设在雒马井；二是把原在旧州的巡检司迁到雒马井；三是把原设在诺邓（此时尚属浪穹所辖）的上五井盐课提举司也迁至雒马井。"③雒马井（现为宝丰）此后一直成为云龙的政治、经济和文化中心，直至1929年将县城从雒马井迁至石门井，历经300年。

从明代云龙盐业的发展情况来看，在州治未迁至东岸雒马井之时，盐业已有一定规模。洪武时期，云龙"五井盐课司，岁办盐二十七万二千一百三十七斤零，又折棉布七百二十段"④。清初，云南盐政改隶巡按为巡抚，设提举司三人，设大使共八人，其中云龙井大使四人。由此可以看出云龙盐井在云南盐

---

① ［清］王槩：康熙《云龙州志》卷二"沿革"。
② ［清］王槩：康熙《云龙州志》卷二"沿革"。
③ 黄正良、张浚、杨瑀：《古镇宝丰》，云南人民出版社2008年版，第71页。
④ ［清］倪蜕辑、李埏校点：《滇云历年传》，云南大学出版社1992年版，第383页。

业中的地位。康熙元年（1662年），云龙州五井岁额盐课四千七百六十三两七钱，遇闰加课。从云南境内几大盐井的盐课来看，五井排在全省第三位，次于白盐井和黑盐井。

康熙五十五年（1716年），云龙州知州王瀣撰写的《云龙州志》成为云龙历史上的第一部方志。该方志的《赋役》指出云龙"兹地钱谷无多，惟八井产卤以资生活"①。可知，盐业是当地人主要的生计方式。通过对盐业以及盐政的分析，作者应该是通过调查，方得出"所产卤水，咸淡多寡不同"②的。他又指出，按卤水的量和浓（咸）度将八井盐分成几类，山、师二井卤水少，产量自然少；金泉井和天耳井卤水丰富，当是浓度不高，所以较为费柴薪；大井、石门井浓度稍高，但是柴薪的价格不可比，应高于前四井；诺邓和顺荡二井浓度最高，无须烧煮，卤水便能结晶。

康熙年间的盐业生产概况在王瀣的笔下被描写得较细致。③此时的云龙州境内有八井，分别为金泉井、石门井、诺邓井、大井、天耳井、山井、师井和顺荡井。

金泉井距州署仅200多米，处在西山脚下，临近沘江。井底江高，因此夏秋季节卤水淡，春冬则卤水稍咸。在州治雒马，并非仅金泉井一口，原产有五井：金泉井、河边井、石缝井、民居井、雒马井。后因地震，后三井（石缝井、民居井、雒马井）被淹没，其盐课并入金泉井和河边井。《云龙州志》中还提及河边井在正井之南三十步，则正井在河边井北，据介绍，正井实为雒马井。盐井虽然经常被地震损毁或被大水淹没，但往往又被重修，以保证有充裕的卤水供制盐。据笔者实地调查，现在依然保存较好的为雒马井、金泉井和石缝井。河边井和民居井，因年代久远，又因井址多次发生变化，所以很难确定其位置，如河边井只能掌握盐井的大体方位。关于盐井之大小，方志仅列金泉井，深4丈，方3丈。

石门井（所在地原为石门镇，后改为诺邓镇）在州署东北15 000米处，沘江左岸有二井：正井和中井。其位置在今天的云龙县委党校内、狮尾河北侧。正井深3丈，方2丈余。中井深广和正井略同。

---

① ［清］王瀣：康熙《云龙州志》卷六"赋役"。
② ［清］王瀣：康熙《云龙州志》卷六"赋役"。
③ 此节以下内容见清王瀣：康熙《云龙州志》卷六"赋役"。

诺邓井在州署东北,距石门井5000米。则距州署22 500米处有二井:大井和小井。小井因味极淡,在明时已被遗弃,目前在诺邓村所见为大井。大井深7丈,方围2丈余。从盐井深度来看,诺邓井属较深者。从诺邓的历史文献来看,诺邓井位置未发生变化,仅多次复修。

大井在石门正东,距离3000米。盐井有四:正井、牛窝井、坡罗潭、石吉井。以正井为最大,8丈深,方围2丈余。其次为石吉井,深4丈,方1丈余。再者为牛窝井,深3丈,方4尺。

天耳井在大井正东1500米。仅为一井,深3丈,方围3丈余。

山井在天耳井正东,相距1000米,仅为一井,深2丈8尺,方围丈余。

师井,在石门正北,相距百里,有六井:正井、樽节井、公卤井、公费井、香火井和小井。正井大,深7丈,方围2丈余。其他盐井未见大小记录。

顺荡井在师井东北,相距约35 000米。盐井有七:正井、洗锅井、天生井、祭天井以及三口小井。

由上可知,云龙县境内的盐业资源同处在沘江流域,岩层中的盐矿成因相同,且处在同一时期。从北至南,几乎可以连成一条直线。在历史的长河中,滇西云龙境内的民族基本都以盐业生产为生。如今,规模化的盐业生产已成历史,诺邓村、师井村、顺荡村偶尔有几户人家用传统的方式制盐,也仅仅养家糊口而已。但是,历史上这些村落曾经因盐而兴,其繁华程度非产盐村落自然不能比。如今,只有因盐业而建的民居、官署、盐局以及寺庙保留着历史的模样,成为那些盐村曾经辉煌过的有力证据。

第六章
滇藏地区的盐业生计及其变迁

在不同的历史时期,盐对地方社会的影响是不同的。通过分析可以发现,越往历史的远点去追溯当地社会的图景,盐显得越重要,在当地社会的整个生计中所占的比重越大。随着社会的发展,多元生计并存的现象越来越明显。

在早期社会,人们以适应环境为主,因此生计方式的选择受资源的丰富程度影响较大。比如西藏东部的盐井地区,早期处在游牧和采集社会,后来不断发展出畜牧业、采集业、种植业和盐业并存的社会形态,如今又增加了旅游业。因此,需要用历时性的分析方法来具体理解盐业对当地社会的意义。云南省因气候、海拔、雨量等条件较青藏高原更适合农业和种植业的发展,因此在多数地区可以看到水稻、玉米、小麦等农作物。因此,滇藏两地,即使都以盐业为中心,但发展出的区域文化以及盐的交换方式和交易的产品也是不同的。

第一节　盐粮交换：
西藏东部盐井村落的生计模式

马克思言："一旦人类终于定居下来，这种原始共同体就将依种种外界的（气候的、地理的、物理的等等）条件，以及他们的特殊的自然习性（他们的部落性质）等等，而或多或少地发生变化。自然形成的部落共同体（血缘、语言、习惯等共同性），或者也可以说群体，是人类占有他们生活的客观条件和占有再生产这种生活自身并使之物化的活动（牧人、猎人、农人等的活动）的客观条件的第一个前提。"[①]即，生计是人类的基本活动。盐井处在干燥的澜沧江峡谷地带，海拔2100～2800米。农业受气候恶劣和土地面积少的影响，整体上不算发达。通过生活在这里的藏族和纳西族几百年来的耕耘，这里形成了以盐业生计为主，采集业、农业、种植业等为辅的生计模式。长期以来，当地的盐民通过盐的交换获取生活必需品。当然，随着盐业不断受到冲击，其他产业也自然发展起来，逐渐代替了以盐粮交换为主的生计方式。

一、盐业

当地的藏族和纳西族从澜沧江边的卤水井中获得卤水，将其运送至储卤池，然后将卤水倒入盐田，靠"风吹日晒"获得食盐。地方志载："盐井蛮户，首盐业，次农田，次又贸易，牧畜远不及巴塘迤北。"[②]这表明清代时，当地的盐业在整个生计模式中占主导地位。

盐井纳西民族乡有4个行政村，即纳西村、上盐井村、加达村和觉陇

[①] 马克思、恩格斯：《马克思恩格斯全集》第46卷（上册），人民出版社1995年版，第472页。
[②] ［清］段鹏瑞：《巴塘盐井乡土志》，宣统二年铅印本，第11页。

村，其中前3个行政村有盐田。觉陇处峡谷之中，并无盐田。有盐田的3个村，一部分村民从事晒盐这一传统生计。在3个晒盐村中，加达村和上盐井村还有2个村民小组没有土地，专门从事晒盐工作，称为晒盐专业户。他们常年以晒盐为生，辅之以其他生计。这样的晒盐专业户加达村有26户，上盐井村有12户。一年四季，他们为了能增加收入，不得不通过各种方式改变晒盐的条件，例如加高卤水井，防止其被暴涨的江水淹没；拆掉盐田，将拆下来的木料放入卤水池，溶解成盐水，以便提高卤水的浓度等。这些策略无疑保证了生计不受影响。盐井纳西民族乡有713户，其中有246户在晒盐，占了全乡总户数的34.5%。这个比例足以说明盐业在当地生计中占有的重要位置。长期以来，这项生产活动支撑了藏族和纳西族在这里的生活。这里的百姓以盐业为生，女人负责晒盐，男人负责卖盐。这已经成为半个世纪以来的传统分工。

当地盐业生产这看似平常的一件事，经仔细分析，能发现盐井传统盐业生产中所包含着的生态学的道理。

一是解决人地矛盾。人类的物质资料生产和人口再生产这两种生产都离不开人类与自然的物质交换。这种交换保证了人类得以繁衍，因此从某个角度来说，物质资料的生产是人口再生产的基础。而物质资料的生产是建立在一定的时空二元关系上的，空间上是该地区处于什么样的地理位置，受何种自然环境影响，能提供哪些生物资源。盐井受耕地面积严重不足的制约，产盐村落人均占地面积不到0.5亩，"吃穿住行"成为当地百姓最关心的话题，于是想尽办法进行物质资料的交换成为生存的第一要务。长期以来，人们一直认为西藏同周边的云南、四川等地的交换一般是以西藏的药材和毛皮来交换内地的粮食和生活必需品。但是盐井是个例外，盐井虽然土地面积小，却有天然的卤水资源，可以用来生产食盐。不过，有了卤水资源，并不代表一定能从事盐业生产。这是因为，即便是传统的晒盐方式同样需要广阔的土地。如果将盐田建在平坦的土地上，则减少了耕地面积。因此，只能将盐田建在地势险要的澜沧江两岸，这种现象东岸比西岸更加明显。在江的东岸，人们把盐田建在悬崖峭壁上，可谓是解决人地关系的良好举措。这样既能解决土地面积少的难题，又能以盐和粮食交换生存资料。于是，盐田越建越高，最高的盐田比江面高出260米左右。这在没有抽水机、仅靠人力背运的时代是件多么艰难的事情。

2013年10月，笔者在调查盐井时，从当地派出所了解到一件事情。加达村的村民扎西顿珠有一块土地在东岸纳西村的盐田旁边。盐田在过去的七八年中不断扩大，占领了顿珠老人家这块田地的一个角。于是，老人想要讨回公道，不料和盐田的主人争吵起来，两人互不相让，最后发生肢体冲突。幸好事情没有进一步恶化。由此可以想象，在土地稀缺的地方，对土地的争夺可能是农民之间一种常见的矛盾。

二是以盐业生产来补充粮食生产。盐井盐业生产相对发达，但是由于所处的区域海拔高（2400～3000米）、土质差（砂质地）、田地少，故盐井总体粮食产量较低。受人均耕地面积少的影响，当地所产的粮食难以维持生计。但是盐粮交换在一定程度上解决了粮食生产不足的问题。从清末的情况来看，当时并没有文献准确记录晒盐的人数，为了能客观分析粮食产出和所需之间的关系，以下笔者以清末时期盐的销售量来简要计算当地盐民一年所需的粮食总量。清末，盐井每年产盐1万驮，每驮以120斤算，合计120万斤。根据学者研究，每人每年盐的需求量为12斤[①]，则盐井盐消费人数在10万人左右。虽然需要考虑食盐消费中包含一部分用于喂养牲畜的盐，但是在盐巴比较稀缺的情况下，提供给牲畜的食盐还是比较有限的。所以，依赖盐井盐生存的人口数应该有八九万人。而盐井周边10村有3020人，加上盐井制盐者七八百人，总计不过4000余人。这样，其他食盐消费群体，便是盐井物资交换的对象。盐粮交换在一定程度上补充了粮食，同时缓解了人地矛盾。

盐业的生产为当地提供了同其他民族进行物资交换的条件，盐民主要通过以物易物的方式交换到自己所需的粮食、油、布匹、铁器等生活必需品。盐井通过盐业所形成的交换范围，西至怒江、独龙江一带，南部可达德钦、维西、中甸等地，东部的交换区域主要是巴塘、理塘、得荣、乡城等地，北部主要是芒康、左贡，有时甚至到达昌都。盐与其他物质的交换，保证了当地藏族和纳西族的生存和繁衍，也推动了马帮的发展，形成了"盐马古道"这一独特的文化遗产。

---

① 李中清：《明清时期中国西南的经济发展和人口增长》，《清史论丛》（第5辑），中华书局1984年版，第70-71页。

二、农业

农业在中国，可谓关系国计民生，也是人们生活的基础。农业的发达程度直接影响着一个地区的经济前景。如果农业生产长期得不到保证，社会稳定也会受到挑战。因此，在不同地区，农业历来都受到重视。但是，农业并非在任何地方都能发展起来，除了农作物所需要的适宜的气候条件外，可供种植作物的土地也是影响农业发展的要素之一。

盐井在西藏境内称得上是一个气候适宜的乡镇，从澜沧江面到乡驻地，海拔从2100米上升到2560米。这一海拔范围内是可以种植诸如马铃薯、小麦、玉米、青稞、葡萄等作物的，但是土地面积却严重制约着这里的农业发展。全乡现有的耕地面积为3153.75亩，人均耕地面积仅为0.77亩。有些村寨人均可耕地面积还不到0.5亩。很多制盐专业户基本上只有一小块种菜的地。因此，盐井的农业主要聚集在加达村周围的扇形冲积区、纳西村台地、觉陇村峡谷带。

沿着214国道进入盐井，笔者一路上最大的感受就是，"有绿的地方才有人家，有人家的地方一定是绿的"，其他地方则是光秃秃的一片。从云南的德钦进到盐井，整个峡谷地带较好的土地主要集中在江边的台地和扇形冲积区。土地在这里比什么都重要。马克思说过："土地是一个大实验场，是一个武库，既提供劳动资料，又提供劳动材料，还提供共同体居住的地方，即共同体的基础。人类素朴天真地把土地看作共同体的财产，而且是在活劳动中生产并再生产自身的共同体的财产。每一个单个的人，只有作为这个共同体的一个肢体，作为这个共同体的成员，才能把自己看成所有者或占有者。"①这段话包含了三层含义：一是土地是人们进行任何活动的场所，不管是采集狩猎、游牧、农业，还是工业生产，土地总是人类赖以生存的基础，即共同体的基础；二是土地不仅为人类提供了劳动场所，还提供了劳动资料，各种自然资源均来自土地；三是自古以来，人类就把土地作为共同体活动时所拥有的一种附属品，每个个体作为共同体成员，才能把自己视为土

---

① 马克思、恩格斯：《马克思恩格斯全集》第46卷（上册），人民出版社1995年版，第472页。

地的实际占有者。具体说来，人不能脱离土地而存在，人是社会性动物，土地的所有权应归社会共同体所有，而不为个人所私有。

直到清末，盐井的农作物种类还比较单一，只能种植耐寒耐旱的作物，以青稞为主，其次是小麦、荞麦、豌豆、圆根等作物。一般来说，青稞、豌豆、荞麦的成熟期为120天，小麦为120~150天，圆根为90天。农业的生产工具和耕作技术落后，盐井一带的农业工具有犁（主要分铁铧木犁和纯木质犁，且后者较多）、木耙、锄头、两齿耙、斧头、刀、木勾、打青稞板、砍刀等。工具主要是由当地的木匠师傅制造。有时候需要从云南运入犁、锄、斧头等工具。

盐井农业的落后局面一直到赵尔丰在川边大力推行改土归流后才有所改变。此前，这里荒地较多，无人愿意开垦。赵尔丰在盐井推行改土归流后，鼓励人们大量开垦土地，甚至直接派人专门从事这样的工作。其中一位吴姓的四川资中人，就被赵尔丰派到盐井开垦土地。①

盐井当地的自然环境以及农作物的种植情况，《巴塘盐井乡土志·树艺》里有记载：

> 树艺当各随土宜，盐井东岸高原风高土燥，西岸滨大江地气尤暖，然蛮人皆不知粪壅，又随地沙石甚多，耕地甚浅，故东岸但产稞麦、小米、荞子两季；西岸则黄豆、包谷，近亦兼种，而出产无多。近年察其土宜惟羊芋、麻子、菜子三种，业经试验成熟，不劳粪壅，又省人工，羊芋则觉陇、列丁遍山皆可种植，此物如遇荒歉大可救饥，麻子、菜子则尤为关外所乏，如能推广栽种，则麻布、麻索、清油均可就地成业。

上述文献表明，盐井的土地多沙石，往往土壤层较浅。分布在西岸的加达村由于地势平坦，靠近澜沧江，海拔低，可种植玉米、黄豆。东岸乡驻地，海拔要高出三四百米，主要种植的是马铃薯、青稞、地谷。

目前，随着化肥进入当地人的视野，大棚种植技术被引入，这里的农作物种类开始丰富起来。纳西村地势相对平坦，坐落在一个有15平方千米的台地上，因此现在这里可种植玉米、小麦、青稞、葡萄、马铃薯以及白菜、青

---

① 任乃强：《西康图经·民俗篇》，新亚细亚学会出版科，中华民国23年（1934年）版，第267页。

菜、苦菜、包菜、番茄、茄子、莲花白、大蒜、葱、姜、莴笋等蔬菜。盐井一年中农事基本情况见表6-1。

表6-1 盐井农事基本情况表

时　间	农　业	盐　业	采集业
1—3月	找猪草、给小麦和青稞施肥、田间管理、种马铃薯	维修卤水井、卤水池、盐田	
4—6月	收割小麦、青稞，耕地、种玉米、修剪葡萄、收马铃薯	开始晒盐（晒盐旺季），称为桃花盐	开始挖虫草、卖虫草、挖贝母
7—9月	施肥、割草、收葡萄、做葡萄酒、打核桃	晒盐	7月挖虫草；8月开始采松茸
10—12月	收玉米、种青稞和小麦、修房子、砍柴、打扫房屋、杀猪过春节	卖盐、部分人家晒盐（淡季）	挖贝母

土地的耕作方式主要有两种：一种是用马来耕地，一种是用机器。大部分土地都是用两匹马来耕地。纳西村的部分土地开始使用机器。机器耕地动力大，速度快，但是往往容易出问题，一旦出现故障就必须停下来修理。因此，一般用机器耕地都有熟悉机械的人跟随。于是在纳西用机器耕地时，一台机器旁边往往围着三四个人。有时候机器出现故障，暂时无法修好，这一天就算浪费了。

三、商业

盐井的商业可分两个阶段来描述：一是盐井解放（1950年10月12日）以前，二是解放后到现在。

中华人民共和国成立前，有关这里商业的文献记载不多，但是从盐井为从滇入藏的第一关隘、茶马古道上的重镇来看，这里应该很早就有交换和贸易，并且是马帮的集结地。清末段鹏瑞在其《巴塘盐井乡土志》中提道："虽以盐井地接滇边，然当巴塘土司用事之时，深闭固距商旅不行，故至今虽云产盐之区，尚无铺户市场。滇商年来渐通，乘势招徕，亟应先立市场,修造铺店,便侨寓之商有所归宿。待至商情渐洽,然后与之讲求各路之出产大宗及本地可兴之职业何者宜通道,何者宜倡办,次第组织,毅然行之。"①但是这种没有商铺、滇藏贸易日渐通畅后才得到发展的景象,应该是受土司管理不当影响。同一年代的《盐井县志》记载:"本县产盐,而近云南阿墩子,商贩往返熟于伤情。本城尚有汉蛮商店十余家,有此购置盐茶铜钱杂货输至寨隅以西野人地方,换掉药材就地出售,或赴阿墩子出售行以为长,此地商场虽不如大墩子之繁华,亦日渐发达。"②"有汉蛮商店十余家"表明当时已经有外来人进入盐井。西藏境内一个小小的地方就有商店十几家,这在当时算是商业较发达了。《盐井县志》载:"临城附近半为汉人……药铺、剃头店、银楼、小饭馆、铁匠、木匠、裁缝铺形同内地。"③这些店铺的出现,表明当时的盐井商业受到了汉人的影响,无形中推动了商业的发展。

清末,随着改土归流后盐业的发展,这里的商贸往来更加频繁。清宣统以来,赵尔丰在盐井的治理取得了成效,盐业的生产也规范起来,各地来盐井交换的商人依托茶马古道的契机,纷纷采购盐。金沙江对岸的"巴塘城区、东南区、康宁寺也有部分骡帮专门经营盐业。他们从盐井低价收购,运到巴塘以后经较高价出售坐商,后者以更高价销售顾客,或再转手运往康南其他地方"④。盐业贸易刺激了川边地方间的经济互动。民国时期,盐井周边各地商人来此收盐,盐井还有"商贾大道"⑤之称。

现代以来,随着西藏解放,各地的交通运输线开始修建。1958年9月,由云南省交通局公路工程第一处负责,在中国人民解放军四十二师工兵营的配合下,滇藏公路中甸至德钦段开始修建。该路段于1959年9月30日竣工,路面仍为四级,宽7.5米,沙石路,全长182千米。其中,德钦境内路段长113千米。但是德钦到盐井一段,1973年底才竣工,全长113千米。⑥至此,云南到

---

① 芒康县地方志编纂委员会:《芒康县志》,巴蜀书社2008年版,第384-385页。
② 《中国地方志集成·西藏府县志辑》,巴蜀书社1995年版,第388页。
③ 《中国地方志集成·西藏府县志辑》,巴蜀书社1995年版,第389页。
④ 扎西朗嘉:《巴塘运盐古道》,《巴塘新苑》1992年第3期。
⑤ 崔克信:《盐井县之地质及盐产调查》,《西康经济季刊》1944年第8期。
⑥ 德钦县志编纂委员会:《德钦县志》,云南民族出版社1997年版,第124页。

盐井的交通畅通起来。昔日行走在滇藏川间的马帮开始萧条，很多人都卖了马匹，从事其他行业。与此同时，现代的各类货车开始在川滇藏间往来。

2012年以来，随着西藏自治区大力发展旅游业，从214国道进藏的旅客逐年增多。很多人了解到滇藏线的民风民俗后，都特意绕远路走滇藏线到拉萨，这无形增加了滇藏线的人流量。另外一个重要的原因就是盐井紧靠旅游大省——云南，临近就有香格里拉、丽江等旅游胜地。为此，盐井大力发展旅游业，盐井景区负责人除了做好景区规划外，还不断利用媒体和自身的力量宣传盐井。盐井形成了以盐井景区为依托、以加加面和藏家乐为基础的旅游发展模式。到目前为止，当地百姓发展了56家藏家乐，旅客无论到哪个村都能享受当地的藏族饮食，感受当地的文化。

目前盐井的商业得到了一定的发展。截至2013年10月底，盐井个体户[①]有173家，其中包括餐饮、住宿、零售、酒吧。本地人开店87家，外地人开店86家，其中本地人[②]在盐井开店占盐井总个体户的50.29%，外地人开店占总开店数的49.71%。注册资金达2900多万元。整体看来，本地人在这里所开的店以住宿、小吃为主。大型商店、饭馆主要是外省人开的。在外省人当中，人数最多的当数湖南人，然后依次是湖北人、云南人和四川人。

四、种植业

盐井在整个西藏来说，自然条件算是较好的，这里能出产多种经济作物，包括核桃、葡萄在内的许多水果都适合在这里生长。《巴塘盐井乡土志》记载："果则葡萄、石榴、桃、梨、胡桃皆有，尤以河西桃为甘美。"[③]这表明那个时候盐井就已经引入了这些物种。但是需要指出的是，目前盐井种植的作物中发展较快的当属葡萄。

从历史上看，盐井的葡萄种植的确与天主教传入滇西北一带有关。文化对一个地方的影响是深远的，甚至在一定的条件下，一种文化的进入往往会

[①] 盐井工商所所管辖的个体户，不仅包括纳西乡境内的个体户，还包括木许乡和曲孜卡两个乡辖内的个体户。
[②] 本地人指的是个体户的户籍在纳西民族乡、木许乡和曲孜卡三个乡。
[③] 四川省巴塘县志编纂委员会：《巴塘县志》，四川人民出版社1993年版，第380页。

引起某种变革。文化的需求带动经济的发展，葡萄得以在川滇藏交界区生根发芽，关键就在于葡萄酒是天主教仪式过程中不可或缺的祭祀用品。"清同治二年（1863年），法国天主教神父巴布埃来巴塘，在城郊四里龙修建教堂一所和两座住房。自此，天主教传入巴塘，当时仅有藏民教徒17人。"[①]教堂建成后，神父还开办了学校、诊所，进行传教活动，也发展了种植业。他从法国引进玫瑰蜜葡萄、苹果、桉树。先是在教堂周围小面积种植，后来，种植园面积又由安德勒神父扩大到2亩多。

现在盐井大力发展葡萄种植业的原因有两点：一是就整个地区而言，盐井的海拔和气候比较适合种植葡萄，特别是澜沧江沿岸一带；二是盐井的地方企业带动了葡萄种植，形成了产业化。据了解，西藏芒康某酒业公司的创始人罗邓是下盐井村村民，父母一辈均以晒盐为生。盐井解放后，罗邓进入当地的青稞酒厂工作，后来转行，以传统的方式酿制葡萄酒。偶然的机会，罗邓同外界接触，引入技术，并在政府的支持下开办了企业，成立了公司。

葡萄酒生产企业的成立，促进了当地葡萄种植业的发展。当地政府提倡村民积极种植葡萄，并提供一定的优惠政策，比如在头三年没有利润的种植期内，每亩葡萄地政府每年补贴1500元。每个乡还会成立葡萄种植协会，企业和协会、农户签订三方的合同，形成订单式农业生产。目前，酒厂和纳西民族乡（盐井）、木许乡、曲孜卡乡的绝大部分葡萄种植户都签订了协议。

2011年开始，盐井纳西乡在上级政府的支持下，大力发展葡萄种植业，采取了"公司+农户+基地+协会"的模式，积极鼓励当地农户种植葡萄。一方面政府进行补贴，在葡萄种植零效益期（葡萄生长期），每年政府补贴每亩1500元；另一方面提高收购价格，和德钦同行相比，高出10%。2012年底，全乡种植葡萄达600多亩，可为群众带来直接经济效益300余万元。2017年，葡萄酒产量达410吨，年产值达3830万元。2018年6月，该地葡萄种植已经达到10 000亩，产量较好者亩产达2吨。这样，芒康县南部的盐井、曲子卡、木许三地，一年可产20 000吨。

[①] 四川省巴塘县志编纂委员会：《巴塘县志》，四川民族出版社1993年版，第449页。

五、采集业

生活在盐井的人民充分认识到这里土地资源有限，必须利用山上的各种资源来弥补农业和种植业的不足。因此，在充分保障盐业生产的基础上，人们也会在气候不适合晒盐的季节去采集松茸、虫草和贝母等菌类或药材。

（一）采松茸

纳西村的村民仁青顿珠对笔者说："7—8月是采松茸的最佳时间，到了采菌子的时候，大家都会去（山上）找（松茸）。下雨后松茸是很多的，去年芒康搞艺术节，我骑摩托车回来，经过红拉山口时，路边就捡到了松茸一两斤。我们村的话，现在比较自由，可以去上盐井村的山，也可以去下盐井（纳西村）的山。"[①]可见山上松茸在这个季节还是长得比较多。但是松茸生长的地方，海拔一般在4000米以上。

从德钦开往盐井的客车司机鲁茸德吉，老家是离盐井不到30千米的德钦县佛山乡巴美村。他曾说："整个德钦县佛山乡，沿江（澜沧江）一带都是纳西族，一般藏族都是住在较高的山上，纳西族当然是占有了很好的位置，拥有很好的土地，江边气候又好，能种植农作物。山上却没那么好，只能靠找松茸、虫草、贝母等菌类和药材过生活。所以呢，纳西族是比较聪明的。"[②]在他看来，上天很公平，给了生活在澜沧江的纳西族相对平坦的土地、适宜的气候，同时也给住在山上的藏族提供了贝母、虫草、松茸、雪莲等菌类和药材。这些也算另一种收入。

虽说在松茸生长的季节很容易找到松茸，但是对于经验不足者来说，这也不是一件容易的事情。随着松茸的价格上涨，人们越来越想利用这个机会挣点钱。纳西村的扎西央宗，在晒盐季节是地道的盐民，但是到了采松茸的时节，她也会放下手中的活计，和亲戚一起上山采松茸。据了解，她去了3天，辛辛苦苦地拾松茸，几天下来采到15斤松茸，收入460多元。扎西央宗

---

① 2013年10月，盐井调查资料。
② 2013年10月，盐井调查资料。

卖完松茸的第二天，要找够5天左右的猪草以及牛料，第三天一大早又要和她的几个姐妹一起上山去采松茸。她所去的是澜沧江东岸的山，那里只允许纳西村、上盐井村、觉陇村3个村的村民去找，不允许跨江的村民去找。①因为松茸越来越少，而找的人越来越多，在难以承担家庭开支的情况下，央宗的丈夫放弃了一同去采松茸，而是去芒康县城打工。

笔者也有过一次在红拉山采松茸的经历。那一天，出发之时天气良好，到达红拉山下，便开始进山寻找松茸。在海拔接近4000米时，天气开始变化无常。从公路一直往上爬到山顶，足足花了3个小时，可惜不见松茸的踪影。突然之间，山顶开始下雨，几人不得不选择下山，这期间还时常听到大家摔倒的声音，看来松茸并不是那么好找。

对有经验的村民而言，长松茸的季节，只要上山，或多或少都会有一点收获。因此，盐井的街道上，到了下午七八点钟，村民纷纷从四处赶来，采到松茸的村民都想着赶紧把新鲜的松茸卖了，此外便是纷纷攘攘收购松茸的老板以及围观者。盐井街上主要有两个收购点：一是盐田宾馆前的空地上；二是农业银行左侧的街面。据了解，收购松茸的老板主要来自香格里拉、丽江和大理等地，一般三四个人合作，有人负责收菌子，有人开车，有人负责搬运收到的松茸，收购结束便立刻运往大理、昆明等地售卖。

松茸的价格以等级来算，一般一级是较大且未开花者，价格每公斤80~100元；二级是轻微开花者，价格为每公斤60元左右；开了花的松茸被定为三级，价格每公斤20~30元。对村民而言，选择吃三级的松茸，既经济又好清洗。

（二）挖虫草

虫草，即冬虫夏草。虫草原身其实是一种虫子，叫作"虫草蝙蝠蛾"。虫草蝙蝠蛾在3000~4000米海拔的高山草甸上产卵。当蝙蝠蛾孵化变成小虫子后，本能地顺着草地上的植物茎干向下蠕动，最终到达潮湿疏松的土壤里，并通过吸取植物根茎来获得养分。也就在这个时候，它们遇到了麦角菌科冬虫夏草菌。真菌进入虫子的身体，菌丝开始迅速生长，最终完全侵占虫

---

① 2013年8月，盐井调查资料。

体，使之变得越来越僵硬，硬得好像是一块小小的木头。此时已经是寒冷的冬天了，这就完成了"冬虫"的过程。①

挖虫草是一件非常辛苦的劳作，每年的4—6月份是各地挖虫草的时节。这个时节，那些虫草产量大的地方，各地村民几乎全部出动，白天村子一片寂静，难得见上一两个人。每年4月初，村民开始上山，行至4000米左右安营扎寨，准备大干一场。村民每天早出晚归，在荒草丛中，手拿工具，几乎是地毯式搜索，寻找虫草的踪迹。他们在山上一住就是十几天，出发之前便要准备好一切生活所需。

盐井产虫草的地方并不多，主要是觉陇村和加达村。觉陇村有自己产虫草的草场，而后者并没有。加达村村民如想挖虫草，要到左贡县境内。前些年并不需要交资源费，去年开始到该县境内挖虫草的藏民，每人每月需要缴纳3000元才能自行挖虫草。

盐井虫草的价格分两种：一种是以只来论，按照"虫"的大小来分等级，小的十几元一只，中等的二三十元一只，最好的已经卖到六七十元一只。另一种是按斤论，每斤可达七八万元。

第二节 滇藏地区盐村的繁荣、衰落与发展

云龙的历史，离不开盐业史的衬托。在很长的时间里，盐业对云龙经济、社会发展所起的推动作用是不言而喻的。盐是云龙文化的精髓，养育了云龙境内生活在山谷之间的众多民族，也促进了以白族文化为核心的云龙山地文化的繁荣和发展。

云龙盐业历史至少可追溯到汉代，尽管制盐轨迹还需要进一步以史料

---

① 章艺：《玉龙雪山的神药》，云南大学出版社2014年版，第18页。

来描绘，但是其境内人类利用盐泉的历史是比较悠久的。如前所述，云龙早期文化和"昆明族"有密切关系。这一族群分布十分广。如今我们大致了解到，在先秦时期，云龙所在的怒江、澜沧江等广袤区域，人类居无定所，随着牲畜迁徙而过着游牧生活。①应该说，游牧生活是云龙境内古老民族所经历的时间较长的社会形态。当地民族何时开始定居，并逐渐走向游牧狩猎以外的生活，文献资料并没有详细记载。自唐代以来，云龙境内的盐业才开始有了准确的文献记载。这可以说明，盐业正式进入了国家的视野，对当地民族的生活影响应该比较大。

一、以井代耕：盐在地方经济社会中的作用

自唐代以来，云龙制盐历史始终以诺邓井为中心②，其他后来发现的产盐村落（至少有七处）在唐代之前是否已经有盐的开发，并无资料佐证，或许对小型盐场或盐泉的利用已经开始。唐代文献资料记载了"盐谓之宾"③，"宾"是盐在白语中的发音，与"比""沘"一样，表示盐的意思。又结合"言语音白蛮最正，蒙舍蛮次之"④，这里的"宾"可以确定是白蛮中"盐"字的发音。再结合唐代云南有"西爨白蛮，东爨乌蛮"之分，以及境内产盐地区的分布情况，盐的白蛮发音应该来自滇西的楚雄和洱海区域。

明代在五井设提举司，其目的是管控盐业，增加税收。据万历《云南通志》卷六"赋役志"所载，洪武十六年（1383年），中央在原属浪穹的云龙五井设盐课提举司，并设诺邓井盐课司大使一人。

明代，云龙五井盐课情况未见详细记载，只见文献记录嘉靖三十五年（1556年）五井中的"顺荡井给商本色盐每引征银八钱备边，折色盐每引征银一两，实征盐课无闰该盐四万七千三百八十二引一百四十九斤一十四两九钱，共银三万五千七百一十九两一钱三分零；遇闰该盐五万一千三百三十一

---

① 张增琪：《中国西南民族考古》，云南人民出版社2012年版，第16页。
② 樊绰《蛮书》卷七载："剑川有细诺邓井。"
③ [唐]樊绰撰、向达校注：《蛮书校注》，中华书局1962年版，第216页。
④ [唐]樊绰撰、向达校注：《蛮书校注》，中华书局1962年版，第216页。

引六十二斤六〔一〕两零,共银三万八千七百六十两七钱零;俱解太仓。其山井并新开石门关三井盐课,本提举司照旧征纳"①。到了万历六年(1578年),"五井提举司棉布每段折银四分五厘,岁解太仓盐课银三万五千五百四十七两三钱七分,遇闰该银三万八千五百二十八两九钱七分"②。可见,盐课依然是当地赋税的主要组成部分。

明清时期,全国的盐业有了一定的发展,云龙盐业也进入了发展的黄金阶段。《云龙州志》写道:"云龙地多硗确,惟八井盐醋,稍苏民命,然山店负固,氓落荒陋,地难摄也。"③又说"粟米力役之征,率土皆然。兹地钱谷无多,惟八井产卤以资生活"④。应该说,"以井代耕"是云龙盐业发达时期当地民族主要生计方式的真实写照。当地民族可用盐来换取生活的必需品,因此盐业的重要性超过了农业。"以井代耕"也称"以卤代耕",其含义在光绪《云龙州志·盐政》中有所表述:"盐策之利,古今皆同。井灶之情,彼此各异,云郡山多田少,以井代耕,不惟灶户赖以养生,即居民亦仰之延命,所谓井养不穷也。"

康熙五十五年(1716年),按照方志所载,云龙"原额户口人丁,二千三百七十丁。于康熙五十年,编审新增人十丁六丁。原额并新增,共人丁二千三百八十六丁"⑤。这个数字只是赋税上的单位,并不能代表实际人口。从事盐业生产的人口虽无系统统计,但是可作粗略计算,如金泉井的"附井居民四百余户"。那样算起来,该盐井所养活的人口至少在2000人以上;其他附井居民,诺邓井200余户,天耳井200户,山井30余户,大井、师井、顺荡井均在百余户。石门井虽然未提及,但是从该井卤水由"二十七灶户均分,每灶用铜锅十八口"来看,其附井居民也不少于百余户。那样八井以盐为生者就有1230余户,人口至少在3600人以上。由上可知,原额人丁数和围绕盐业生产所形成的人口数之间差距较大。其原因可能是:第一,官方统计的数据主要以纳税为目的,因此人口数以参与纳税为计,而推算的人口

---

① [清]倪蜕辑、李埏校点:《滇云历年传》,云南大学出版社1992年版,第385页。
② [清]倪蜕辑、李埏校点:《滇云历年传》,云南大学出版社1992年版,第385页。
③ [清]王浒:康熙《云龙州志》卷六"赋役"。
④ [清]王浒:康熙《云龙州志》卷六"赋役"。
⑤ [清]王浒:康熙《云龙州志》卷六"赋役"。

数是以从事盐业生产来计算的,所以实际人口比官方统计要多;第二,此时从事盐业生产的人口并非当地原籍,可能是因盐利从其他地方进入盐井,参与到盐业生产中来的。

在明代以前,此地盐业生产情况并无资料记载,明代开始有盐课的零星记录。如《新纂云南通志》记载:"嘉靖三十三年(1554年)……(云龙)五井提举司额办布匹,原解大理府搭放官吏俸钞,今将折俸另处补给。其漂布每段折银四分五厘,每银一两折盐一引,俱作正课及续增,新增加办加闰,复开河头等井,每岁共该银四万三千三百三十四两六钱零,无闰止该银四万五两六钱零,著为定额。"①此后,康熙五十八年(1719年)《云龙州志》记载八井盐额,"大建月共产额盐一十二万七千九百六十七斤;小建月共产额盐一十二万三千七百零二斤"②。盐课计"大建月正课银三百九十六两九钱七分五厘,小建月正课银三百八十三两七钱四分二厘"③。

康熙时期的云龙五井之盐运销六州县,分别是保山县、腾越州、永平县、邓川州、浪穹县和剑川州。其行销的盐额见表6-2。

表6-2 康熙年间的云龙五井行销区域及盐额④

行销州县	大建月	小建月
保山县	四万斤	三万八千六百六十七斤
腾越州	三万斤	二万九千斤
永平县	七千斤	六千七百六十七斤
邓川州	一万八千四百六十七斤	一万七千八百五十一斤
浪穹县	二万一千五百斤	二万零七百八十三斤
剑川州	一万一千斤	一万零六百三十四斤

---

① 牛鸿斌、文明元、李春龙等点校:《新纂云南通志7》卷一百四十七,云南人民出版社2007年版,第146页。
② [清]王滪:康熙《云龙州志》卷六"赋役·八井盐额"。
③ [清]王滪:康熙《云龙州志》卷六"赋役·八井盐额"。
④ [清]王滪:康熙《云龙州志》卷六"赋役·八井盐额"。

云龙所产之盐，自明代开始，虽然主要销往保山一带，但各井为了销路，也会不断争夺地盘。如地方志记载：

> 初白井盐通□□□永昌二郡，后开五井，始分行盐地方台（白）井之盐，专行大理，五井之盐，专行永昌。在官虽有定章，在民犹循旧习，盖白井课多，五井课少，大理止于府属，永昌远入诸夷，况白井盐咸，五井盐淡，然则白井之盐时到永昌，永昌之人兼贩白井，此势之所必至，禁之所必犯者。二井官民，互凌互夺，口可谓不察矣。夫欲盐法之通，莫如减价，减价则买者益众，行处益远矣。①

云龙各井，虽有同样的地质条件，但是不同的卤水井出卤的情况不同，产量也有差异，见表6-3。

表6-3　清初期云龙八井每日盐卤及盐产情况

井　名	盐卤	日产盐
金泉井	420背	—
石门井	200背	600斤
诺邓井	72~80背	420斤
大　井	98背	458斤
天耳井	150背	640斤
山　井	11桶	44斤
师　井	40背	—
顺荡井	24背48瓢	58斤

云龙各个时期的产额，清初朝廷规定为2 601 684斤。乾隆十六年（1751年），清廷题定各盐区盐额，云龙井为2 421 232斤，其中由安丰井代煎16万斤，云龙井实煎2 261 232斤。②嘉庆初期，云龙五井的额煎盐为2 815 100斤，

---

① ［明］李元阳：嘉靖《大理府志》，大理白族自治州文化局1983年，第114页。
② 牛鸿斌、文明元、李春龙等点校：《新纂云南通志7》卷一百四十七，云南人民出版社2007年版，第153页。

至道光年间减至2 114 600斤；清末的时候，已经大为缩减，仅为607 640斤。①

二、盐业时代：滇西云龙制盐工艺及地方记忆

云龙五井的盐业生产终于20世纪末。但是在五井的每一个制盐村落，制盐的历史都是村民热议的话题。上了年纪的老人经历过煮盐年代，内心对诺邓的过去有一种特殊的情结。

> 几位在诺邓村土生土长的离退休人员和在乡老人聚在一起，常常忆及当年在家乡度过的岁月：那古朴、雅致、和谐的村容村貌，青山绿水、鸟语花香的生态环境，淳朴多彩的习俗民风，多彩多姿的社会生活以及种种趣闻轶事，先辈们的动人传说等等。大家你说一段，我摆一桩，你一言，我一语，互为补充，互作修正。不经意间，一幕幕当年山村生气勃勃的生活场景重现于脑际，活脱脱历历在目。说到"精彩"之处，常常令人兴奋不已，好像大家又回到了让人难忘的童年、少年时代，深感为有这样的经历而庆幸、而满足。②

盐是当地文化的灵魂。要了解云龙的山地文化，不能不从云南制盐工艺漫长的历史中去寻找。

云南以生产井盐为主，生产井盐首先需要修建煮盐基础设施，其中卤水井的修建是整个盐业生产的保障。只有卤水资源源源不绝，才能维系整个盐业生产。明清时期的云南盐业生产技术，整体而言，各盐井差异不大。学者已就相关问题进行过论述。③

学者认为云南古代盐井总体上可以分为三大类，即盐泉利用、陆上盐井和河中盐井。④利用自然盐泉时一般无井，或是井口较浅，仅作暂时储备

---

① 牛鸿斌、文明元、李春龙等点校：《新纂云南通志7》卷一百四十七，云南人民出版社2007年版，第201—213页。
② 李文笔、黄金鼎：《千年白族村——诺邓》，云南民族出版社2004年版，第376页。
③ 早期刘淼在其所著《明代盐业经济研究》（汕头大学出版社1996年版，第38—56页）中就井盐生产技术进行过全面论述。后来，朱霞在其论文《从〈滇南盐法图〉看古代云南少数民族的井盐生产》（《自然科学史研究》2004年第2期）及其著作《云南诺邓井盐生产民俗研究》（云南人民出版社2009年版）中均有论述。
④ 朱霞：《从〈滇南盐法图〉看古代云南少数民族的井盐生产》，《自然科学史研究》2004年第2期。

盐卤之用，再引入盐池之中，以备煎煮。云南境内，利用自然盐泉的主要有两个地方①：一是《滇南盐法图》第八幅图所描绘的弥沙井，该井位于山崖之上，"卤从石中出"，并无盐井，"截竹为筒，引流入池"；二是明代谢肇淛在《滇略》中描述的"惟顺荡自岩穴涌出，有池盛之"②。康熙年间的《云龙州志》也有当地的盐卤"从崖壁石缝中流出，脉粗一线，置银管于内，以木桶接。其井无卤，止为盛桶之用"的记载，这和《滇南盐法图》第四帧《云龙井图说》中所述顺荡井的卤水堪称"愈出愈奇，源从石孔中出，无事盘汲"相同。从笔者2018年2月的实地考察来看，目前顺荡井依然还有卤水自然从半山的石缝之间流出，当地村民在卤水出处建有直径1.5米左右的卤水池，再用胶管引至沘江西岸，煎煮盐巴。

图6-1 顺荡井现存的卤水井③

陆上盐井是云南盐井中较多的一种。云龙境内的盐井中，九成属于陆上造井，不过严格来讲，井由两部分构成，一部分属地面之上的建筑物，一部分是地下开凿的卤水井。

---

① 朱霞：《从〈滇南盐法图〉看古代云南少数民族的井盐生产》，《自然科学史研究》2004年第2期。
② ［明］谢肇淛：《滇略》，见方国瑜《云南史料丛刊》（第六卷），云南大学出版社2000年版，第691—692页。
③ 据当地老人讲述，顺荡井正井卤水不见冒出来之后，人们从山底挖了隧洞至正井下方，方寻得卤脉，用胶管引出卤水。

图6-2　云龙县诺邓井外观①

卤水井的修建，如康熙年间任琅井提举的周蔚所述，"先拓其四隅，隅各三丈，强次及中。中入地三丈六尺，强探其源，索其流，咸者中出，淡者左出。因于四隅中复置一井，井径一丈五尺强，又于井中介为二区，外者咸，内者淡，咸者汲以煎，淡者汲以去"②。这已经成为理解清时期云南境内造井方式的重要信息。

刘淼曾就周蔚琅井造井的技术做过进一步的解读③：一是卤水井的修建过程中，首先要解决淡水和卤水的分离问题，一旦淡水流入卤水中，重则卤水浓度降低，导致浓度不达标，无法煎盐；轻则浓度降低之后，所需燃料增加，提高成本。如天耳井"雨水连绵，用夫加倍，视诸井特多费柴"④。因此，诺邓井、石门井、金泉井以及天耳井等井口，均有将卤水和淡水分开的工程。据笔者实地考察，该工程结构复杂，现在从井口窥视，并不容易看清其结构，但据了解，均是在卤水源头修建暗沟，排出淡水。雍正《云龙州志》记载，云龙境内的盐井要获得卤水，先要扯干淡水，如金泉井"值江

---

① 由云龙县文体局文管所提供。
② 康熙《琅盐井志》卷之三《艺文》，见杨成彪《楚雄彝族自治州旧方志全书·禄丰卷》（下册），云南人民出版社2005年，第1098页。
③ 刘淼：《明代盐业经济研究》，汕头大学出版社1996年版，第42页。
④ ［清］王洊：康熙《云龙州志》卷六"赋役"。

涨之时，每加大二十余名，扯淡水使尽，日得卤四百二十背"①，又石门井"因淡水渗入，旁业小井，雇夫扯干此水，正井可汲"②，再天耳井"潭高井低，淡水侵入，造龙骨车二加，以车附水扯上丈余，一车置岸侧接推，历二次，始流出。日雇车夫十六名，昼夜轮替扯尽，正卤方不致掺和"③。据诺邓井平面示意图显示，诺邓井在其左上侧建有淡水井，其作用类似于暗沟。二是修建卤水井，工程耗资巨大，琅井所修盐井耗资"介用木植五百丈，丈值银三钱零。筑用矿灰千石，石三钱，水工石工二千名，名七分，杂工三千名，名五分，砖瓦土基散石杂费约百两"④，总计一千五百四十两之多。三是井口上部分，多以建阁楼，即"井工讫，乃建楼，楼三楹，高二丈，广狭周四隅"，其作用有二：防止雨季时雨水进入井中，卤水变淡，或被淹没；保护卤水井的各项设施。

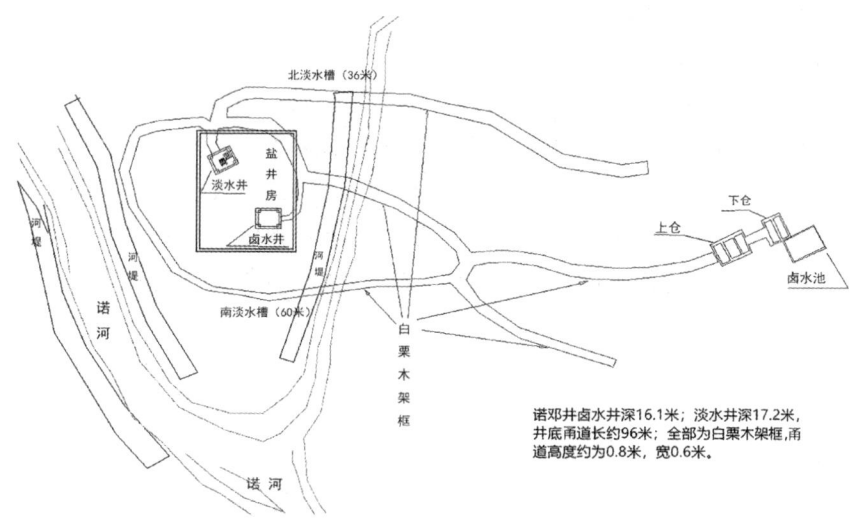

图6-3　云龙县诺邓井平面示意图⑤

---

① ［清］王沩：康熙《云龙州志》卷六"赋役"。
② ［清］王沩：康熙《云龙州志》卷六"赋役"。
③ ［清］王沩：康熙《云龙州志》卷六"赋役"。
④ 康熙《琅盐井志》卷之三"艺文"，见杨成彪《楚雄彝族自治州旧方志全书·禄丰卷》（下册），云南人民出版社2005年版，第1098页。
⑤ 本图由云龙县文体局文管所谢浩云提供，在此表示感谢。

制盐的首个步骤为提卤或汲卤。提卤技术较为原始，人的体力消耗大，盐工工作环境艰苦。据方志记载："以人进井，舀入桶内，然后用木车扯出井。"①此种方式，适合斜井。笔者在调查大井时，所见斜井深入山体之内五六米，高近一米二三，成人可弯腰进入井中。可知盐工进入斜井，只能弯着腰将卤水拉出来。朱霞描述："康熙年间卤工的工作更为艰苦，汲卤非常困难。卤工在潮湿低温、空气稀薄的井下劳作，井硐是由高低不一的坑道组成的，高的地方人可以直行，低的地方要爬行。清康熙时开采卤水的方法是人进去用瓢舀，卤工要到卤水的源头，用瓢把卤水舀入桶中，然后在黑暗的、高低不一的矿硐中背运卤水，时行时爬，把卤水输运到井口下，再用木车扯出井外。"②此外，直井当采用背卤的方式，这在西藏境内的芒康县盐井一处较为常见，直至20世纪末还存在。不同之处是西藏的盐井卤水井内为石梯，而诺邓井内用的是木梯。

此外，据方志记载，这个时候还出现了"辘轳"的提卤装置，云龙各盐井中，比较明显的是诺邓井。《云龙州志》记载："其井深四丈余，方三丈，置木车于上，轮流翻转挽卤。"③又据《滇南盐法图》可知，石门井也采用相同的方法。由图6-4可见，三人在操作辘轳，一人用脚踩动辘轳，另外两人负责将汲上来的卤水装入袋中。旁边置卤水桶，这和右下角背卤工人背上的卤水桶比起来明显要粗一些。可以判断，背卤者是将卤水盛入卤水桶中，将其运至灶房。

---

① ［清］王㴎：康熙《云龙州志》卷六"赋役"。
② 朱霞：《云南诺邓井盐生产民俗研究》，云南人民出版社2009年版，第101页。
③ ［清］王㴎：康熙《云龙州志》卷六"赋役"。

图6-4 《滇南盐法图》中的石门井汲卤车①

  云龙境内的其他盐井，多数采用上述扯木车的方式。汲卤技术，大概在民国时期发生了改变，即引入竹笕技术。这一工具的使用，一方面"促进了盐业技术结构的改造，直接导致汲卤和输卤技术的进步，完善了诺邓井下的汲卤系统和汲水系统"；另一方面，"竹笕的使用节约了劳力，降低了劳动强度，缩短了工作时间，也促进了井下木梯的使用，使笕工不用手攀爬入井，劳动安全系数有所提高"②。应该说，竹笕工具这个时期不仅在诺邓使用，在五井之中的金泉井也有使用，在20世纪六七十年代使用抽水机以前都是普遍使用的汲卤工具。

  竹笕，"用于斜井提升卤水。依井的深浅，安置相应数目的'竹笕'和转卤箱（俗称'卤盆'或'水套'）。每条竹笕配备拉卤工（俗称：笕夫）1人，井浅者配置竹笕三四条，深者达三四十条，利用唧筒原理，抽吸卤水，每小时约可抽吸40次，逐级将井底卤水抽送至地面。竹笕每条长2~3

---

① 藏于中国历史博物馆。
② 朱霞：《云南诺邓井盐生产民俗研究》，云南人民出版社2009年版，第101页。

米,可扬高1~1.5米"①。

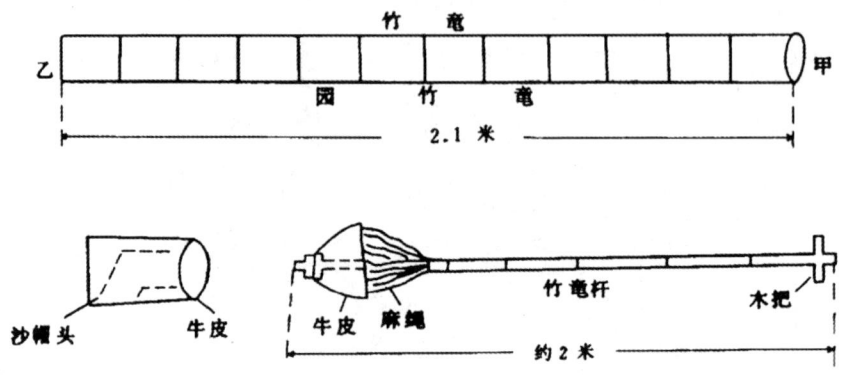

图6-5　人工汲卤用竹筧示意图②

在制盐技术中,卤水质量(浓度和盐味)对盐质和生产成本而言至关重要。就卤水浓度而言,云龙五井中的各井卤水咸淡不一,其情况是"山、师二井,卤微盐少,毋庸置喙。若金泉、天耳,井阔脉长,卤有余矣,而味淡费柴,常不能尽汲。大井、石门味稍咸,皆尽汲矣……诺邓、顺荡味更咸,不必浇灶,而遂能成沙"③。

煎煮法是云南早期较为普遍的制盐技术,相对于更为原始的炭取法制盐,其成本虽有增加,但是效率提高,盐质提升,生产周期缩短。煎煮技术的流程主要为筑灶、架锅、煮盐和制团盐。其中,煮盐又可详细分为烧锅、散水、合锅、捞盐和脱锅。制团盐主要是将煎煮获得的食盐按照托模制成形状规则的盐品,其过程又包括舂盐、捏盐、烧盐和包装。④

---

① 《云南省志·盐业志》编纂委员会:《云南省志·卷十九 盐业志》,云南人民出版社1993年版,第104页。
② 杨勋民:《云南盐务纪要》,见《云南省志·盐业志》编纂委员会《云南省志·卷十九 盐业志》,云南人民出版社1993年版,第104页。
③ [清]陈希芳:雍正《云龙州志》卷六"赋役"。
④ 李文笔、黄金鼎:《千年白族村——诺邓》,云南民族出版社2004年版,第76页。朱霞:《云南诺邓井盐生产民俗研究》,云南人民出版社2009年版,第122页。

下篇 现代篇

图6-6 近代云龙五井煎盐铁锅①

学界关于煎煮技术已有一定的论述，但是对筑灶这一环节的论述，笔者认为还存在不太清晰之处。《白盐井志》对此有过记载："凡灶土在内层者，其味咸，其质坚，淹水有力，谓之壁哥；在外层者，味略淡，质不甚坚，淹水亦有微力，谓之泥使（饼）。皆所以助卤味而成盐也。"②有学者指出："这段记述，乃是说明井盐煎盐场所的土质情况，与'挖灶'作业有一定的关系。"③结合《云龙州志》所述，金泉井"以先汲之卤熬极咸，浇灶使渗入土内，随折毁此灶，将土掩入后汲卤内，名曰下本土。砌大灶一围，安铜锅十三口，擦以油，将浮面清卤熬四昼夜成沙"。笔者仔细对照了康熙和雍正两个版本的《云龙州志》，以上记载一字无差。其含义应该是描述在砌大灶之前，如何制作用于固定整个盐灶的泥土，不然其中的"折毁此灶"等语无法理解。制作过程应为先熬制浓度较高的卤水，挖简易的炉灶，然后将上述高浓度卤水浇在灶的周围，用火烧之，盐水即渗入土内，拆掉此

---

① 该铁锅保存于大井村的农户家中，据测量，锅口外径40.5厘米，内径39厘米，深37厘米，底部直径26厘米。
② ［清］刘邦瑞：雍正《白盐井志》卷五"盐赋·盐房什物"。
③ 刘淼：《明代盐业经济研究》，汕头大学出版社1996年版，第51页。

灶，便获得下本土，再用此土砌在大灶周围，煎煮食盐。结合《白盐井志》上述内容，可知灶土分内外两层，下本土即为外层，再来理解此句含义，"在外层者，味略淡，质不甚坚，淹水亦有微力，谓之泥使（饼），皆所以助卤味而成盐也"，则有帮助成盐之作用。

筑灶之后，煎盐进入架锅环节，且锅非一口，而是数口。文献记载，金泉井"砌大灶一围，安铜锅十三口"，石门井"每灶用铜锅十八口"，诺邓井四五口，大井十七口，顺荡井"用大灶一围，铜锅八口"。此类铜锅，"口宽一尺，厚三分，深七寸，俗呼铜子锅"①。康熙年间，云龙境内各盐井的一灶之数锅，不超过十三口。按《白盐井志》所述，"锅口数不一，或中用一大锅，似饭釜形，厚四分，能容一桶水，旁用筒子锅是三口或十一口，其每灶皆添小锅二口，以浇泥饼，所以固盐本也若不用打锅者，即用筒子锅十三口或十一口，如蜂翅排列，故俗为一窝蜂，其次或七口，或五口，则所出者渐亦微矣"。云龙各井之架锅情况应与上述同。

烧锅，即"擦以油"，然后开始持续不断地煮盐，经过煮盐和制团盐，最后生产出来的盐品由骡马或背夫运至各处交换。制盐过程较为辛苦，诺邓村老人李文笔和黄金鼎在其所著的《千年白族村——诺邓》一书中，依凭他们对制盐过程的记忆，描述了这艰苦的过程。

> 背卤工人根据自身气力制备大桶（盛120斤）或小桶（盛80斤），经督卤员测定后使用……背卤工人身负上百斤卤水，在数不清的石级台阶上，迈着均匀而沉重的步伐，以"之"字形路线，忽而向左，忽而向右，哼咻！哼咻！拼力往上攀登。视路程远近，要在路边石台上歇气几次才能到灶户家里。返转时，好在已是下坡，为了多背几转，便连走带跑，加速脚步，就这样一趟又一趟，一天又一天，成年累月地背啊背，不知走了多少路程，流了多少汗水。

> 将卤水加热除去水分制成盐巴的过程，本地称为"煮水""熬盐"……一锅锅盐捞完，又一锅锅地脱，一遍遍地散脱锅水，几小时后，大锅和另几口小锅内又已成盐待捞了。就这样夜以继日地进行着。晚上煮盐叫"烧夜火"，往往深更半夜不得休息，有时通宵

---

① ［清］刘邦瑞：雍正《白盐井志》"盐赋·盐房什物"。

达旦，一时也不得休息。①

上述两位老人所述，应是自己所见所闻。笔者在云龙各盐井调查期间，各村落的老人多数都很关心自己村落的发展，对制盐历史也有各自的记忆和看法。

云龙盐业的生产历史，自汉代一直持续到20世纪末②，历经2000多年风雨历程，由于盐场无法紧跟时代步伐，难以通过技术革新来改造生产工艺，所以盐业生产逐渐衰落下来。

民国时期，云南设盐运使署与稽核所，分管盐政和盐税，云龙盐场划归白盐井区。据《民初云南盐务辑要》记载，民国初年的云南盐业分三大盐区，即黑井区、白井区和石膏井区。③云龙属白井区，官盐行销的区域主要是滇西、滇西北地区。民国元年（1912年），云龙井定盐额16 369 000斤，同石膏井持平，在整个云南各井中属于中等。④

民国初年，云南盐务机关设置云南盐务使署，各井区设督煎总分机关，白井区分别驻白井、喇井、丽江井和云龙五井。其人员构成如下：设督煎总办1员，督煎委员4员，司事书兵夫役170余人。又设白井区督销总机关，分驻白、乔、喇、丽、云五井，其人员构成如下：设督销总办1员，督销委员5员，分销边盐委员4员，转运边盐委员3员。云龙井场在石门井，"所属分石、诺、大、天、山、金、顺、师八井区"。应设督煎委员1员，督销委员1员。共有灶户445户（石门井68户，金泉井55户，诺邓井75户，顺荡井36户，大井72户，师井40户，天耳井84户，山井15户）。

民国3年（1914年）4月，白井区督煎督销总局改称为白井区盐务总局。云龙五井这个时候升格为场务分局，分局长由原来督煎委员担任，督销委员改称为收税员。

民国5年（1916年），场务分局改为公署，"云龙井三等场，设场知事一员，一、二、三等雇员八员，丁役八名。九年添设二、三等雇员各一员，

---

① 李文笔、黄金鼎：《千年白族村——诺邓》，云南民族出版社2004年版，第73—76页。
② 据资料显示是1995年政府下令停产。
③ 《民初云南盐务辑要》，见吴强、李培林、和丽琨《民国云南盐业档案史料》，云南民族出版社1999年版，第3页。
④ 《民初云南盐务辑要》，见吴强、李培林、和丽琨《民国云南盐业档案史料》，云南民族出版社1999年版，第9页。

丁役三名。十九年改场知事为场长。设佐理员二员，事务员三员，雇员七员，丁役十一名"，并设有缉私队。民国20年（1931年）设云龙盐场公署、云龙盐场警局。民国27年（1938年）改为场务所。

云龙各井依然生产筒子盐，主要是以灶煎官卖、商运民销的方式，行销滇西的腾越、永昌、永平和云龙县各地。①在上述运销体制下，盐业经营者不断增加。盐的运销"云龙井场有永济公司及永聚公司两盐商，系属包销性质。此外散商仍得自由运销"②。民国18年（1929年），云龙场会同云龙税局、云龙商会改定云龙场盐商数目清册共有盐商143号。此外，行销云龙盐的各地区也纷纷开设盐号，如"1945—1950年石门人字问之与保山刘以江在保山板桥合股开设泰昌盐号，有资金半开5000元，曾有过福特汽车一辆。1948—1950年，字问之又与保山杨春芳在板桥合股开设春记盐号，有资金半开5000元。1945—1949年，石门盐商解子执、杨子霞等6人合股在板桥开设聚兴盐号，有资金半开4000元。1946—1948年石门人李继远、解子明合股在石门开设明远盐号，有资金半开1万元"③。兴起的盐号促进了云龙盐的运销。这个时期人背马驮依然是主要的运盐方式。1938年，滇缅公路通车，距离石门井40多千米的大栗树成为中转站，促进了盐的运销。不过，这个时期的公路等级低，车辆少，运销能力有限。直至民国末期，云龙井区仍然还有1000多匹骡马承担着运盐任务。④

中华人民共和国成立初期，在国家对资本主义工商业和手工业进行改造的背景下，诺邓盐业生产也面临着一轮又一轮的改革。从1950年7月开始，诺邓盐业先后经历了私营、国营和集体经营。各项实践的关键节点是1950年7月—1951年6月，将灶数从80灶减少至32灶，其中正灶16座，副灶16座。每灶选代表1人管理本灶，原来灶户仍按产权经营，交官盐，卖私盐，形成自产自销的模式。1951年7月—1952年8月，增加国营灶，其他盐灶合并为联合

---

① 云南省云龙县志编纂委员会：《云龙县志》，农业出版社1992年版，第215页。
② 云南省志编纂委员会办公室：《续云南通志长编》（中册），云南省科学技术情报研究所印刷厂1986年版，第1135页。
③ 云南省云龙县志编纂委员会：《云龙县志》，农业出版社1992年版，第215页。
④ 云南省云龙县志编纂委员会：《云龙县志》，农业出版社1992年版，第215页。

生产。1954年3月，产权全部收归国有。①这一时期，经过产权变化，盐业持续生产过程中产量也在不断发生变化。盐产量由1952年的242吨上升到1954年的1573吨（最高），次年盐产量下降500多吨。1957年柴薪工本高，卤水淡的盐矿亏本，宝丰、天耳、石门等井停办。此后不断发生波动，经营方式也相继发生变化。具体情况见表6-4。

表6-4　1950—1984年云龙盐产量及各井情况②

年　份	产量/吨	各盐场情况
1952年	240	联合生产
1954年	1573	开始国营
1957年	636	宝丰、天耳、石门三井停办
1960年	1102	—
1963年	994	诺邓、大井改由生产大队集体经营
1964年	747	大井停办
1966年	31	—
1969年	570	大井、顺荡井由生产大队办厂
1971年	—	县办厂，1974年停办
1975年	200	师井大队办厂
1979年	631	—
1981年	426	—
1982年	373	—
1983年	293	—
1984年	277	—

---

① 李文笔、黄金鼎：《千年白族村——诺邓》，云南民族出版社2004年版，第87-88页。
② 云南省云龙县志编纂委员会：《云龙县志》，农业出版社1992年版，第216页。又见李文笔、黄金鼎《千年白族村——诺邓》，云南民族出版社2004年版，第88-89页。

由表6-4可以看出，在1963—1969年的6年间，一向以盛产盐著称的云龙地区食盐供应紧张，云龙县盐业生产出现危机。这个时期的盐产量下降，主要是因为各盐井不断停产。1970年，又出现产量下降、部分盐井停产的现象。从1970年的《云龙县手工业联社革命委员会关于石门撤销小井矿开采及现况问题的请示报告》可以看出，地方政府试图恢复盐业生产，但是受技术和条件限制，生产受阻。先是云龙县考虑恢复食盐生产问题，开发小井。石门上小井便是其中一口。该井于1970年5月16日开工，经过平地、打灶，置锅具炉条，搭盖草棚，半个月之后便投产。"不料，才煮了十多天，就发现井硐倒塌很大，卤水存量不够，生产不能正常进行。"后来，因难以挖到老硐旧槽而放弃该井的生产，估计亏损达649.99元。

20世纪末，当地政府再一次把发展云龙盐业提上日程。由《云龙盐矿前期工程概况》可知，1990之后的5年内，政府围绕盐矿资源的勘探、对建设的外部条件（即交通、能源、水、电、产地等）的调查和分析、生产工艺分析、投资估算、市场预测和效益分析等方面进行了论证，最后认为云龙盐矿具有独特的区域位置优势，要充分发挥优势，开发云龙盐矿。后经大理白族自治州计划委员会批复，同意改造诺邓、大井两个乡镇小盐矿，消灭缺碘盐，一期工程建设规模为年产精制食盐1万吨。①1995年，因煮盐所需燃料来源管理不善，林木被过度砍伐，自然生态环境遭到破坏，加上加碘技术未能过关等原因，政府下令停产。这代表着诺邓盐业时代的终结。

盐业时代，云龙五井因盐而兴，来往商人、马帮络绎不绝，云龙充满着商业气息。但是，盐业停产，云龙境内又无其他大型的企业，加之区域位置并不凸显，交通不便利，以山地文化为主的县域只能依赖传统的农业，所以很难吸引各地的商人来此谋生。所以，这样一个拥有悠久历史的村落受到冷落，在群山之间沉寂下来。

三、村寨旅游：滇藏两地传统盐村的开发与利用

21世纪初期，滇藏地区旅游业发展进入一个崭新时期。无论是西藏境内

---

① 云龙县档案馆档案资料，卷宗号：8-19-1。

的传统制盐村落，还是云南境内的古盐村，纷纷得到政府的支持，进入一个旅游开发和古村建设的重要时期。

制盐村落因为历史悠久、文献记载相对较多、文化遗传较为明显，围绕盐文化形成的饮食文化、民居、习俗等较为集中。21世纪以来，政府所颁布的各类名村名单中，盐村占了相当大的比重。

从云南境内的几个著名古村落来看，和盐有关的村落也占了一定的比例。如云南境内目前已打造成为旅游重点古镇的村落有禄丰县黑井镇、大姚县石羊古镇、剑川沙溪古镇、云龙县诺邓村及宝丰古镇等。1993年，大姚县石羊古镇被列入省级文物保护单位，1995年成为省级历史文化名镇。2005年，经云南省人民政府批准，会泽县娜姑镇、大姚县石羊镇、禄丰县黑井镇被列为云南省首批历史文化名镇。3个省级历史文化名镇中，具有悠久制盐历史的名镇占2/3。此后，黑井镇又于2006年获得"中国历史文化名镇"称号，2010年被评为"中国旅游文化名镇"。剑川沙溪古镇于2007年进入第三批"中国历史文化名镇"行列。云龙悠久的制盐历史使得其境内也出现了几处重要的古村古镇。如2007年诺邓村获得"中国历史文化名村"称号，同年宝丰古镇获得省级"历史文化名村"称号。

2012年底，住房城乡建设部等部门组织开展了全国第一次传统村落摸底调查，公布了第一批中国传统村落名录入选名单。云南省云龙县境内的制盐村落宝丰乡宝丰村、检槽乡师井村大村以及诺邓镇诺邓古村均入选。其他属于制盐古村落的还有大理白族自治州剑川县沙溪镇寺登村。2014年公布的第三批中国传统村落名录中，云龙县诺邓镇大井村、天井村以及禄丰县黑井镇黑井村入选。2016年，云龙县白石镇顺荡村入选第四批中国传统村落名录。至此，云龙县传统制盐的6个重要古村落全部入选中国传统村落名录。此外，属黑井区的禄丰县妥安乡琅井村于2013年被列入第二批中国传统村落名录。

西藏境内的制盐古村落相较于云南，数量少，且主要集中在藏东地区。尽管如此，制盐古村落的保护价值和旅游价值依然可以和云南媲美。如2012年，西藏自治区昌都地区芒康县纳西民族乡上盐井村入选第一批中国传统村落名录。从旅游业的发展来看，西藏境内的盐井已经被开发为国家4A级景区，云南省大姚县石羊古镇被开发为国家3A级景区。其他如禄丰县黑井镇、剑川县沙溪古镇等均进入旅游开发的阶段。

十一届三中全会之后，云南旅游业开始起步，此后不断发展。20世纪末，云南接待海外旅游者达104万人次，接待国内旅游者达3674万人次。在20年的时间里，云南旅游业总收入从1979年的688.9万元增加到1999年的204亿元，年均增长率达到49.13%。[①]云南省成为旅游大省。但云龙的旅游业发展缓慢，其区域位置、交通、景点知名度等均成为其旅游业发展的阻碍因素。

黑井镇景区，距云南省会昆明190千米，距楚雄州75千米，距禄丰县城84千米。景区包括古坊制盐、武家大院等，目前已开发为旅游区。每年到黑井镇的游客达20万人次，景区年收入在10万元左右。

云龙县城距离省会昆明464千米，离大理市154千米。云龙县旅游景观主要包括太极图、天池、虎头山、诺邓、宝丰、顺荡以及古桥景观。可以看出，除了太极图和天池属于自然景观且和云龙的盐业发展并无关系之外，其他景观均与盐有密切关系。从文化沉淀、村落格局以及民居、宗教、饮食等文化因子来看，制盐村落在传统村落中属于历史悠久、文化特色较为鲜明的一类，对它们的保护和利用也渐渐成为当下的主题。

诺邓古村在21世纪之初不断呈现出其独有文化特色，随着被授予各级各类名村名称，其影响力也在不断提升。2012年，诺邓火腿更是借由一部《舌尖上的中国》享誉国内。众所周知，制作优质的火腿需要用当地生产的井盐来腌制。可以看出，围绕盐井所形成的村落文化，在盐业时代终结之后仍在显现。

随着诺邓古村对外知名度的不断提升，从外地进入云龙县旅游的人数逐年增加，加快了村寨旅游的发展，诺邓古村、县城周边公路沿线的农家乐不断发展起来。截至目前，全县有乡村旅游农家乐等各类涉旅接待经营户170家，床位1500余张，其中诺邓古村就有客栈48家，床位399个。诺邓古村近60%的群众参与旅游接待、交通运输、餐饮服务等乡村旅游配套服务产业。

诺邓村各类具有当地特色的餐饮店不断涌现，如古道坊、五滴水客栈、诺邓鱼庄、太极苑鱼庄、一窝羊、傈僳人家等。随着宝丰古镇交通的改善、基础设施的不断完善，目前，宝丰古镇小吃节、游古镇、祭孔等旅游活动方

---

① 罗明义：《21世纪云南旅游业发展战略研究》，云南大学出版社2001年版，第30页。

兴未艾。天池风光、大浪坝高山草甸和麦地湾梨等特色旅游资源吸引了大量前往天池村、大浪坝旅游的游客。

2014年，云龙县共接待游客54.6万人次，同比增长30.7%；接待海外旅游者1407人次，同比增长15%；旅游总收入1.9亿元，同比增长33.9%。2015年，共接待游客58万人次，同比增长6.2%；接待海外旅游者1432人次，同比增长1.8%；旅游总收入2.03亿元，同比增长6.8%。2016年接待游客73万人次，同比增长25.9%；接待海外旅游者1469人次，同比增长2.6%；旅游总收入2.58亿元，同比增长27.1%。2017年共接待国内外游客95.17万人次，同比增长29.31%；旅游总收入3.62亿元，同比增长40.3%。[①]

西藏境内的盐井已是国家4A级景区。地方政府围绕澜沧江两岸的盐田，着力打造白盐和红盐品牌，试图将古盐田、曲孜卡温泉、上盐井天主教堂、茶马古道（扎谷西）大峡谷、文成公主庙、岗达寺、加达康巴民俗文化旅游村、澜沧江"W"形大峡谷、红拉山滇金丝猴观赏区以及盐井纳西旅游一条街整合起来，形成较有特色的传统村寨文化旅游景区。除景观之外，还将饮食文化、宗教文化融入，如藏家乐旅游就成为旅游爱好者颇为喜欢的民族风情体验方式。目前加达村有藏家乐33家，其中纳西村有28家，上盐井有22家。目前，盐井旅游收入的情况并无资料可查，但是整个芒康县的旅游业进入一个发展期。2009年，芒康县旅游业的收入并不高，全年该县接待游客17.5万余人次，收入1050余万元。[②]2014年，全县接待游客49.2万人次，实现旅游收入5652万余元。2016年，全县旅游业的收入增加至7159元。从芒康县政府公布的数据来看，2017年上半年全县接待游客23.6万人次，旅游业收入3088万元。[③]

可见，近些年旅游业已成为地方财政收入的重要来源。传统制盐村落形成的文化景观很快在旅游业发展中体现出经济价值、文化价值和审美价值，值得开发和利用。

---

① 此数据由云龙县旅游局何彦源提供，在此表示感谢。
② 温凯：《芒康县旅游收入破千万元大关》，《西藏日报》2010年2月2日，第5版。
③ 数据来自芒康县人民政府信息公开网。

第七章
盐与文明：滇藏地区多元文化的互动与交融

　　盐业的兴起能促进一个村落的发展。随着人口不断聚集，人类生存的空间里会不断增加各种要素，首先是住所，其次是与生存有关的要项，如土地的开垦、盐田的修建，此外还涉及官署（衙门）、盐局、寺庙的建设等。另外几类要项也是随着盐的运输而产生的，如道路的形成、桥梁的修建。这些能有效促进不同民族之间的交往和交融。盐在任何地方都是重要的物资。除了盐的生产和贸易，一个地方产盐，或多或少会对当地的饮食产生影响。因此，盐是一种催化剂，能促进不同文化之间的交流。盐还可以作为中介，将地方和国家紧密联系起来。这便是盐在社会中所起到的作用。

第一节　路与桥：盐的交换及其载体

无论是云南，还是西藏的东部，地理环境都比较恶劣，高山险阻，沟壑纵深，道路崎岖。在这些地方，任何一种物资的运输都要克服自然环境带来的困难。人类活动中的物资运输是借助人类的劳动或牲畜之力完成的。人畜的这一活动从一开始便离不开可以通行的道路。人类早期依赖路，桥是后来才开始修建的。可以说，桥梁修建是人类克服自然障碍的智慧体现，也是一种创造。遇水搭桥为人类通行提供了方便，今天人类已经可以搭建跨越大型河谷的桥梁。从盐的运输来看，桥梁是路的延伸，路和桥梁的完美结合使得盐这一特殊的产品可以通过人畜运往更远的地区。

一、盐路：人马通行之孔道

盐业生产的意义绝非单纯的消费，盐业生产者更希望通过盐的交换，换取更多的生活必需品，因此，盐是必须拿来交换的，这样才能实现其更加强大的社会功能。在强大的国家制度下，食盐官办成为毋庸置疑的事实，在系统化的盐业生产、运销以及监督等制度下，即便是盐工也只能从盐官那里分配到数量有限、仅够生活所需的食盐。总之，盐绝大多数是用于交换的。

盐促进各民族之间交换和贸易，盐的交换同时赋予运盐者新的生命力。他们通过交换获得生活的必需品，以此养家糊口。不少专家将对盐的需求视为一切贸易兴起的根源。盐业贸易曾被誉为人际交往中最重要的一种。因此，要理解地方社会的贸易体系以及四通八达的道路情况，可以对盐的交换和运输进行考察。①盐生产出来之后,完成相应的税课,称为官盐,即可向四面八方运输。在不同的历史阶段,小部分私盐与之并存,二者均在贸易体系中发挥作用。以下笔者将对西藏境内的盐井和滇西的云龙两个地区的盐路进行比较分析。

西藏的盐井因地处边地,历来并无销岸,但有固定的销售区域。清代以来形成了六个消费区,涉及整个川滇藏交界区,"中向芒康本地(宁静山全境)、南向建塘区(德钦、中甸)②、东向炉边区(巴塘、理塘、康定)、西北向喀木区(由左贡到察雅、昌都、丁青一带)、西向卫藏族聚居区(过怒江入桑昂曲宗,到林芝、拉萨)、西南向为珞瑜区(从桑昂曲宗到察隅、珞瑜、门瑜,最远至今印度东北部③)"④。关于盐井盐的交换通道,笔者也曾做了分析⑤,在此不再冗述。

芒康县的盐民先将从盐田收获的盐运至家中,再用骡马运到更远的村庄去交换。整体上,受西藏东部地理条件限制,盐路一方面是依托澜沧江峡谷及其东西两侧的怒江和金沙江峡谷底部的台地开辟通道;另一方面,四周的小峡谷也是运输盐的重要孔道。相较于云南盐的贸易体系,西藏盐井的盐交换多是以物易物。

盐井通向四周的盐路,主要供骡马、牦牛通行。早期盐井西部地区的藏民来盐井交换盐的时候,牦牛、骆驼多达几百头,场面十分壮观。骡马所组成的马帮,自然规模要小些,只有几匹至几十匹,很少超过50匹。人畜通行主要依赖陆路。在20世纪五六十年代以前,盐井通向四周的路上很少修建桥梁,需要去江对岸时,一种方式是靠溜索,早期这种方式在三江上游都比较常见;另一种方式是秋冬季节江水较浅、水流平缓时乘坐牛皮船。

云南省境内盐业生产历史悠久,交通路线较多,盐的贸易频繁,运销制

---

① 托马斯·塞勒:《中欧早期的制盐业:新石器时代食盐生产模式与贸易模式》,温成浩、林永昌译,见李水城、罗泰《中国盐业考古(第二集)——国际视野下的比较观察》,科技出版社2010年版,第210页。
② 应该还包括现在的维西和得荣等地。
③ 还包括云南的怒江、独龙江,即今天的贡山县。
④ 坚赞才旦、许绍明:《青藏高原的婚姻和土地:引入兄弟共妻制的分析》,中山大学出版社2013年版,第113页。
⑤ 参见李何春《动力与枷桎:澜沧江峡谷的盐与税》,中山大学出版社2016年版,第257-258页。

度相对成熟。盐通常是在其划定的销岸内，经骡马的驮运实现长途交易。这是因为盐的价格往往和运输的距离成正比。①背夫因耐力有限，不便于长距离背运，所以仅限在一定范围内交换。舒瑜在论及云龙盐业交换的时候运用三圈说②，指出诺邓盐的交换范围：最外圈是诺邓明清以来逐渐固定下来的销岸——永昌、腾越一带以及怒江的泸水地区。这一区域也是诺邓食盐贸易的最远端，其运输主要靠马帮，人力难以实现。第二圈是可以通过短距离运输实现的范围，主要包括云龙县周边的县域，如保山、永平、鹤庆、洱源等地以及云龙境内的各乡镇，如旧州、漕涧、长新、白石、关平、团结等地。最内圈为诺邓村内的交换，所换以劳务、实物为主。

云龙县境内地形复杂，高山河谷随处可见。其又因地处边地，交通状况历来落后，商品运输困难。不过，无论哪个时期，当地人民为了维持生计，需要克服各种困难，不断同外界进行物资交换。这样，很多道路在一代又一代人的行走下逐渐成了运输的重要通道。

清代，据《云龙州志》记载，以州治（现在的宝丰镇）为中心，向北走5里到邮亭，30里到石门井（现在诺邓镇云龙县党校西侧），向东转，行3里至天耳井，再行2里到山井，又行35里到关平，再行40里，一共117里，到达云龙和浪穹的交界处。往南85里即可到永平界。往西45里翻越十八寨到达者罗哨，再前行25里到达澜沧江的苏溪大渡口。在此分南路和北路：南路可达三七旧城、旧州、汤涧、汤邓、漕涧等地，共计250里交保山界；北路则溯澜沧江而上，经下坞、至罔、松牧村小渡口，到达鲁羌（今乔街），在此分二路，西北行130里可达六库，北行85里可达表村，继续往北进入兰州（现兰坪）。北路30里至石门井后，也可分二路，一则登山行15里到诺邓，经蛤蟆哨、炼场、大波浪、大览乔、燕子窝、沙浪、水场，从石门井行155里到达顺荡井。此路再前行30里，即到兰州界，一共215里。③这大致是早期没有实现汽车运输之前当地盐运输的常规路线。二则自石门河口，沿沘江而行，

---

① 托马斯·塞勒：《中欧早期的制盐业：新石器时代食盐生产模式与贸易模式》，温成浩、林永昌译，见李水城、罗泰《中国盐业考古（第二集）——国际视野下的比较观察》，科技出版社2010年版，第210页。

② 舒瑜：《微"盐"大义——云南诺邓盐业的历史人类学考察》，世界图书北京出版公司2010年版，第170—171页。

③ ［清］陈希芳：雍正《云龙州志》卷三"州署"。

图7-1 宝丰"十八寨"的盐马古道

15里至果郎,经官庄、汤邓、石场、鸡邑村、清朗等地,到达师井,计75里,再前行10里至弄居,同兰坪相交。

  上述方志所载的道路有以下特点:一是道路几乎都循着河谷,偶有翻越高山之时,如南路需要翻越十八寨。据地方文史资料显示,"十八寨"的盐道开通于明之前,此地从雒马井至兔拢垭口,海拔高差1570米,需转十八道弯才能到达,故被称为"十八转",明万历年间改成"十八寨",名称沿用至今。[1]此盐路依山势而修,大多数路段铺以石板,现存一段,宽1.5~2米,马帮行走的痕迹依稀可见。[2]二是云龙境内几条通道主要连通了各大盐井,如

---

[1] 张启发:《路上"十八寨"》,见云龙县宝丰古镇历史文化暨董泽研究会《古镇宝丰:历史文化研究论丛》(第二辑),云南科技出版社2016年版,第91页。

[2] 笔者于2018年2月,在宝丰镇文管所杨兴源老人的带领下,从宝丰出发寻十八寨而去,行程中明显感觉道路崎岖,路窄弯多,有一段五六千米的水泥路,后为土路,车辆一路颠簸,在凹凸不平的路上行走了近一个多小时,好不容易行至垭口,一出车门,立刻感觉到冷风袭来。经过查看,这里的盐马古道所保存下来的路段已经不长,多被后来修建的公路所掩盖。只见灌木之中保留有古道,有些路段,路中也已经长满树木,留下一些用石板铺成的石梯。

诺邓井、石门井、顺荡井，虽然其他盐井不见记录，但是各个方向的通道都和各盐井的盐道相连通。三是往四个方向的道路均和其他县连通，这也是盐巴向外运输的主要通道。

盐道中一些重要的设施是盐马古道的历史印记。比如从雒马井至石门井的道路中，石城一处就建有邮亭（现改为茶亭寺）。《云龙州志》记载，此亭由时任云龙知州的顾芳宗在康熙四十四年（1705年）所建。[①]修建初衷自是云龙山势

图7-2 茶亭寺

"鸟道迂回，悬车束马，难以飞渡。一当春夏，霪潦之交，洪波汩没，裹足不前，蛟螭窝其中，而猿狖号其上。昔人云：'蜀道之难，难于上青天。'以五云甸较之，觉蜀道犹为坦途也"。于是，"拨木梵石，次第兴举，又募五丁手，伐崖蟠石，建邮亭十数椽于大雒马山之巅"[②]。目前，邮亭犹存，离宝丰镇仅3千米，沿二级公路到石城村，站在公路上即可看见茶亭寺建在山腰。看似距离较近，实则需走半个多小时。沿着石城村村后的小道往左侧向东面的山上走，此路据说是早期的盐马古道。快接近邮亭之时，能看到坚实的岩石上留下的深深的马蹄印。古道仿佛被刻在岩石之上，只有这一段路，让人们不经意联想起当年的马帮盛况以及清脆的马蹄声。古道联通至邮亭，邮亭有两道门，南北各一道，这样马帮可以南北通行。再往石门方向走十几米，古道上方的一块大石头上立有一块碑，上面刻了修建邮亭的碑记。往北的一段盐马古道修在悬崖之上，临近沘江的一侧，有用石料搭建的栏杆。右侧的岩石上还可依稀看到一些碑刻，但风化严重，字迹模糊。这段古道保存良好，宽1.5～2米，是马帮曾运送物资的最佳历史见证。

---

① 在现存邮亭的左侧道路上方，立有石碑，上面清晰地写着"康熙四十四年五月立"。
② 顾芳宗：《大雒马山邮亭碑记》，见清王澍撰《云龙州志》卷十二"艺文"。

图7-3 雒马通向石门的盐马古道

盐马古道的形成自然离不开盐的运销以及对马匹的利用。云龙所在的大理地区,对马的利用历史悠久,最早可追溯到南诏时期。《蛮书》卷七所载:"马出越赕川东一带,冈西向,地势渐下,乍起伏如畦畛者,有泉地美草,宜马。"①《新唐书·南诏传》云:"越赕之西多荐草,产善马,世称越赕骏。"这表明在唐代,南诏国境内水草丰富,适合养马。至宋代,大理的马匹更加举世闻名,"蛮马出西南诸蕃,多自毗那、自杞等国。来自杞取马,于大理古南诏也。地连西戎,马生尤番。大理马,为西南蕃之最"②。宋代时中原从四川买去的"羁縻马"中有一部分就来自大理国。③大理盛产

---

① [唐]樊绰撰、向达校注:《蛮书校注》,中华书局1962年版,第200页。
② [南宋]范成大著、齐治平校补:《桂海虞衡志校补》,广西民族出版社1984年版,第18页。
③ 王明达、张锡禄:《马帮文化》,云南人民出版社1993年版,第12页。

马，这客观上促进了马帮的形成。从康熙《云龙州志》物产所记可知，云龙地区有马、骡和驴等。①

人类在不同的历史环境中要利用不同的牲畜，这为人类提供了便利，抑或省去了艰苦的劳力。"产于大理地区、丽江地区的马、骡，经过千百年的驯养，已成为一种身体健壮、四肢灵巧、气足力强、耐久性好，既可攀高坡窄路，又可涉乱石河沟的役畜，是役畜中的牛、驴无法相比的。特别是骡子，系公驴与母马的杂交后代，没有繁殖力，但遗传马、驴双方的优势，比父本、母本的性状更强，更适用于马帮运输。"②马帮在不同历史时期，其组织形式也不同。有的马帮已经成为专业户，雇佣马夫进行长途运输。这类马帮组织严密、成员较多、分工明确，马骡在二三十匹以上。云龙境内大型马帮较少，主要为小马帮，一般也就五六匹马，也有的是灶户自己养马、赶马。

不同时期，运盐的道路会发生变化，这主要受两个因素的影响：一是道路等级的提高，有更好的道路出现，人们自然放弃那些早期的古道；二是销岸的变化，一旦销岸变更，则食盐的流通方向也随之变化。云龙井盐的销岸主要是西部的保山和腾越一带，那个时候的盐路主要为石门—果郎—宝丰—大栗树—功果，然后分两路：一路为功果—瓦窑—保山—腾越，一路为功果—金和—漕涧—保山—腾越。此外，还有一条路线是石门—天池（署场、灰窑坡）—飞龙桥（桥街）③—旧州—西箐（望江坡、斋公房、大雪坪）—漕涧—保山—腾冲。从石门到漕涧这一段有百余里。④这和早期的通道相差无几，仅仅地名有些变化。

二、古桥：因盐而兴的古道遗风

西藏东部的盐井，早期很少建桥梁供运输食盐的牲畜通行，如上所述，过江必然依赖溜索和牛皮船。民国期间地质学家崔克信曾调查过盐井，提及"江

---

① ［清］王㵎：康熙《云龙州志》卷七"物产"。
② 李仕彦：《记忆大井》，云南民族出版社2007年版，第74页。
③ 清时期的苏溪渡口。
④ 李仕彦：《记忆大井》，云南民族出版社2007年版，第78页。

之两岸交通，纯赖索桥溜渡，索由两股竹篾编成，直径约三厘米，共三条，斜跨于两岸木桩上，长约五十米，自东岸斜向西岸，两条位置较低，长各约为四十米，一自东向西斜，一自西向东斜"①。目前，在盐井可见两座桥梁横跨澜沧江，一座是中华人民共和国成立后建的吊桥，可供人畜从东岸抵达西岸的加达村；另一座是2012年左右修建的钢筋混凝土桥。前者仅供人畜及拖拉机、摩托车等通行，后者各类车辆均可通行。因此，西藏东部的交通条件明显落后于云南，这在古代也是一样的。

云南境内的云龙以盛产食盐著称，在清代又有铜矿的开采，因此盐业、采矿业共同促进了云龙交通的发展。云龙五井之间的物资运输，特别是盐的运销、柴薪的采运，都需要境内和境外连通。云龙西部是著名的澜沧江峡谷，境内的沘江自兰坪经顺荡流入云龙，由北向南流经5个乡镇，即白石、长新、检槽、诺邓、宝丰等地，境内流程123千米，径流面积1888.4平方千米，最后在功果桥汇入澜沧江。此外还有一些小溪，这些共同构成了云龙境内丰富的水系。沘江因水量少，水又浅，两岸之间的距离短，多为十几二十米，因此适合建各类桥梁，故云龙县境内的古桥梁群主要分布在沘江及其支流上。

自古水多桥亦多，这充分体现了人类改造环境的能力，即为了通行，不得不遇水修桥。路和桥的完美结合才能形成完整的贸易体系。但是，从另一个层面来说，建桥需要大量资金的投入，在经济落后的时候，即使技术上能实现，也只能退而使用较为古老的交通工具。如澜沧江上游德钦境内的一段江流，20世纪以前，两岸往来依赖的是溜索。这种通行方式，不但受季节、气候的影响，而且很危险，时常有掉入江河丢掉性命的危险。所以，修桥既需要一定的经济基础，又必须具有一定的建造技术。

云龙的桥梁群，是基于历代王朝对这个区域的开发和建设，以及盐业和采矿业带动当地的经济发展之后，在沘江及其他溪流上修建而成的。众多的河流和山谷之间修建了诸如石拱桥、木梁风雨桥、藤桥、溜索、独木桥、铁链吊桥、浮桥等各式各样的桥梁。这些桥梁历史悠久，种类繁多、结构独特，因此云龙素有"滇西桥乡""古桥家园""桥梁艺术博物馆"的美

---

① 崔克信：《盐井县之地质及盐产调查》，《西康经济季刊》1944年第8期。

誉。①云龙县是云南省古代桥梁保存最多的地区，中国桥梁建筑中的"梁、浮、拱、吊"四大基本桥型都有。其中，除浮桥是在沘江枯水季节临时搭建外，其余都是永久性桥梁。

桥，是一定社会发展的产物。因此，了解云龙的桥及其在贸易中的地位和作用，必须将其放到具体的历史环境中去考察。不同类型的桥，其功能也有差异，不同阶段，桥的构造又在发生变化。就功能而言，早期所建的桥主要方便人畜往来，也承担运输的作用。抗日战争时期，一些桥则是军事战略所需，如滇缅公路云龙境内澜沧江和沘江上修建的功果桥、钢桁桥（小铁桥），就是远征军运送物资的重要通道。

任何历史时期，在重要交通要道上修建大型的或是结构复杂、有一定技术含量的桥，均需要大量资金的投入。因此，修建桥梁需要一定的经济基础作为支撑。云龙境内的各类桥梁基本反映了一定时期的经济发展水平。在采矿业和盐业发达的时期，建桥数量就多，类型也多。明清时期是云龙桥梁发展的辉煌时期，颇为有名的古桥均修建在这个阶段。

明代，云龙境内的盐业已成规模。这个时期云龙的盐业生产在原有的基础上多有发展，不断向四周贩运，在一定程度上刺激了商品的交换，促进了长距离的食盐交换和贸易。明代云龙的政治行政中心从旧州迁至宝丰（雒马），有利于盐业的发展。这个时期所修建的桥梁主要集中在产盐区域，其目的自然是提升食盐运输的便利程度。明代所建的桥梁并不多，以下简要介绍这个时期重要的几座桥梁。

砥柱桥之得名，即"州治有砥柱桥者，距署不数武，往来行役，入境即见……沘水夹泄，急湍怒号，水底立石，汹浪莫摧，昔人穿岩砌岸，织铁练，架木板，上覆几厦，以蔽风雨，此砥柱之所由名也"②。该桥由云龙知州周宪章于万历末年修建，康熙癸丑年（1673年），生员赵宗鹏、董允募捐重修。此后，康熙、雍正、乾隆、光绪、宣统、民国等不同时期均有重修的记载。③其中几次重要的重修，均为几任知州如顾芳宗、毕仕魁、陈希芳等

---

① 何凤娟：《云龙古桥发展的历史人类学考察及其价值研究》，《黑龙江史志》2012年第15期。
② ［清］陈希芳：《重修砥柱桥碑记》，见王澍撰《云龙州志》卷十二"艺文"。
③ 黄正良：《云龙桥梁文化》，云南科技出版社2012年版，第35页。

募捐或筹款完成重修。①经过分析，不断重修的原因有二：一是此桥建在当时的州署之前，跨沘江，是当时州署通向东部和北部的重要通道。《郡守陈侯重建砥柱桥落成恭纪》记载："斯桥也，内为八井之枢机，外为六州之咽喉，诚我州通衢要隘。"而且这个方向主要通向云龙五井早期保山、腾越等销岸，所以意义重大，来往人畜较多，出现"商贾车旐之迹愈重，历久而桥渐倾"②的现象。二是夏秋时节沘江江水暴涨，时常冲击桥身，所以为保证州署通向上述区域的道路通畅，需要时常重修。因州治长期设在雒马井，所以桥自然延续时间较长，直至1965年才被拆除。

明代云龙境内的桥梁，地方资料显示有五里桥和彩凤桥，均在白石镇顺荡村。显然，顺荡村境内桥梁的兴起和该处产盐有莫大关系。

五里桥始建于明崇祯年间，为伸臂式木梁桥，跨在沘江支流碧浪河上，保存至今，桥全长17.4米，宽3.8米，高5.67米，净跨径10.32米。

图7-4　五里桥③

---

① [清]王㻞：康熙《云龙州志》卷三"津桥"。
② [清]陈希芳：《重修砥柱桥碑记》，见王㻞撰《云龙州志》卷十二"艺文"。
③ 由云龙县文体局文管所提供。

彩凤桥，伸臂式木梁桥，横跨沘江上。据地方志描述，其始建于明末（1628—1644年），历代均进行过维修。该桥最初为石板桥。雍正本《云龙州志》记载："板桥，顺荡南里许，跨沘江，覆以瓦屋。"[①]目前桥长39米，跨径27米，宽4.7米，高11.3米。该桥是云龙通往兰坪、鹤庆、丽江、剑川的要津，是顺荡食盐向外运输的重要通道。[②]此桥作为顺荡村早期通过沘江的重要桥梁，历来受地方百姓和官员重视。目前西桥北侧墙上所立的《云龙州官告示碑》碑上，有题"永禁遵守"，其中较为重要的内容如下：

> 署大理府云龙州正堂加三级记录六次记功二十三次，沈为请示严禁残颓桥梁，以济行人。事据顺荡灶户等禀称，顺井有板桥一架，历今百有余年，以利颂[发]，盐斤及来往行人之要，竟有脚户牲口歇宿其上，致桥易于颓坏……运盐者隔路，货易者阻道。众井等复行募化绊工，派费修葺，脚户等毫不顾惜，仍歇桥上。伏乞州主赏示，严禁等情，此合行出示仰。塘兵乡保人等悉嗣后，来往牲口，不得蛮宿桥上。及牲口过桥务须按骑逐放，倘敢故违，立即扭解赴州。

图7-5 云龙县顺荡村彩凤桥

---

① [清]陈希芳：雍正《云龙州志》卷三"津桥"。
② 黄正良：《云龙桥梁文化》，云南科技出版社2012年版，第43-44页。

从碑文中可以看出几条重要的信息：一是此时该桥已有100余年历史，按照立碑时间为乾隆四十七年（1782年）推测，桥在1682年以前已建成。因此地方志记载建桥时间在1628—1644年大体正确。雍正本《云龙州志》完成于雍正六年（1728年），已提及彩凤桥为板桥，而康熙五十八年（1719年）所撰写的《云龙州志》同样记载有"板桥，顺荡南里许，跨沘江，覆以瓦屋"①。两个版本的记录如出一辙，表明9年时间里，桥的变化不大，或雍正本未加考证，沿用康熙本的资料。二是彩凤桥一直以来都是沘江东岸顺荡井运盐的重要通道，商贾往来，此桥承担着重要的运输任务，以致脚户和其他人员歇宿桥上，影响行人通行。

因文献资料有限，难以对明代云龙境内其他桥梁进行详细介绍，但是就这个时期桥梁修建的情况来看，受当地经济社会发展水平的限制，桥梁的类型并不多。一些特殊的桥梁，如藤桥，因建桥所用的木料及藤条不容易保存，所以修建年代较难考证。早期人们渡沘江，除了依赖藤桥之外，也靠溜索、牛皮船等古老的交通工具往来于两岸之间。

清代，云龙境内的桥梁在明代的基础上有极大的发展，不仅数量增加，类型更多样，在讲究建造工艺技术的同时，也更突出结构的美观，并和人们的生产生活紧密联系起来，如风雨桥成为清代以来当地较为常见的一种桥梁类型，除了可供人畜通行之外，还有遮风挡雨的作用。

清初，据康熙《云龙州志》记载，其境内主要的桥梁是砥柱桥、利济桥、瓦草河桥、木瓜笼桥、瓦工河桥、果郎桥、诺邓桥、普渡桥、藤桥、板桥、青云桥、世德桥、永清桥、靖北桥、古吉桥等15座桥梁。这些桥梁主要分布在州署府及其周围的诺邓、天耳、顺荡及旧州等地。可以看出，这些桥梁同盐井的发展和盐业运输有密切关系。在这些桥梁中，可以明确的是，建于明代的桥梁是砥柱桥，其他桥梁是否为明代所建尚不明确。此后，云龙境内的桥梁多为乾隆、嘉庆、道光、咸丰等时期修建。

乾隆时期所建桥梁主要是永镇桥、通京桥、安澜桥等。如永镇桥，始建于清乾隆六年（1741年），位于长新乡大达河尾与沘江交汇处，为单孔伸臂式覆瓦木桥梁，全长26米，宽4.8米，高11米。历史上该桥是云龙联系东部

---

① ［清］陈希芳：雍正《云龙州志》卷三"津桥"。

地区，如剑川、洱源的重要桥梁。①

通京桥，位于沘江流域长新乡大包罗村。康熙年间的《云龙州志》中并未提及此桥，不过由"藤桥在十二关大波浪"（原为大波浪桥②）的记载可以肯定，此桥在康熙以前为藤桥。通京桥的修建和云龙境内的白羊厂采矿业的兴起有关。据《云南铜志》记载，"白羊厂，坐落云龙州地方，距下关店十一站半，于乾隆三十五年开采。原系银厂，因硔内夹有铜气，将炼银冰燥复行煎炼。每年约出铜八九万斤至十万余斤不等，并未定额通商"③。因白羊厂采矿业的发展需要向外运输银矿，矿工所需物资也需要通过和外界交换获得。白羊厂通往各地的通道上均建有桥梁，如检槽乡炼登弄居村的双龙桥，桥为单孔石拱桥，修建于嘉庆十年（1807年），桥全长28米，宽2米，净跨径8米，高5米。此桥正是通往师井盐场的通道。④

安澜桥，位于长新乡政府驻地，据民间所述，修建时间为乾隆年间（1736—1795年）。该桥横跨沘江，为链子桥，底部铺6根铁链，上置木板，两侧各拉一根铁链，每隔1.5米左右就有链条连起侧面和底部，以保证过往行人的安全。全桥长度达47米，为云龙境内最大的链子桥。据地方志记载，该桥所在之处早期并无桥，过江靠木船。有渡口一处供船只停泊用，人称"船冲坡"，也叫"藏船坡"，后改为"长春坡"，故安澜桥也被称为"常春桥"。⑤此桥跨沘江，往北可至顺荡井，往南连通师井、石门井、诺邓井等产盐地区。从云龙五井的盐长期供应西部的腾越地区来看，此桥的修建与从北至南运输食盐有关，这样可以促进商贸往来，刺激当地交通的发展。

青云桥，离县城较近，距蟠龙公园不过1千米，是一座横跨沘江的铁链桥。全长36米，宽2.2米。从镶嵌在该桥南墙上的《新建青云桥碑记》来看，此桥为曾任山西省巡抚的石门井人杨名飏在道光四年（1824年）所建。修建之原因在碑记的内容中有所提及，即"石门关峻岭嵯峨，激湍澎湃，堪

---

① 中共云龙县委、云龙县人民政府：《云龙风物志》，德宏民族出版社2008年版，第68页。
② 黄正良：《云龙桥梁文化》，云南科技出版社2012年版，第46页。
③ 方国瑜：《云南史料丛刊》（第十二卷），云南大学出版社2001年版，第738页。
④ 中共云龙县委、云龙县人民政府：《云龙风物志》，德宏民族出版社2008年版，第66页。
⑤ 中共云龙县委、云龙县人民政府：《云龙风物志》，德宏民族出版社2008年版，第65页。

舆家以为沘江东北水口之一大都会也。先大夫有志成梁其间而未逮，癸未岁，余以母丧自秦回籍，适当秋水时至，见夫乘槎竞渡者，屡濒于危，而莫之避。询之，则曰：'采薪以供课，性命不遑恤也。'乃恻然念先人成梁之意，大且远矣。非仅培植风水之说也"。杨名飚认为建桥系于任命、国课、风脉，可谓一举三得之事。查地方志可知清代沘江下游的石门井、金泉井等处所需煮盐柴薪，需由上游的兰坪、顺荡等地顺江运输。方志提及石门井"柴自沘江推下，与金泉井无殊"，金泉井所需柴薪"自兰州（今兰坪）、顺荡一带砍伐，前一年运入溪侧，竖木闸水，积日使多，陡放冲行，名曰水仓。一次仅行半里，如此数十次，方到江畔"，这样沘江上有多处修水仓、停木柴之处。而诺邓井所需柴薪，据方志所载，"柴系四山所产杂木，或彝倮背卖，或自雇夫所采取"，大井"柴有倮彝背卖者，有自石门江畔运来者"①。这样，沘江上采木柴背卖者因盐业的发展而不断增加，所以杨名飚正是看到背运柴薪百姓的疾苦，而捐资修建了青云桥。

图7-6　青云桥

除上述介绍的部分清代所建桥梁之外，云龙境内还有石拱桥。如检槽乡境内的关帝圣君桥、双龙桥、安居桥、守象桥、仁里桥等，以及白石境内的永利桥。这些拱桥的修建时间多数不确定，但是可以推测大多数建于清代，

---

① ［清］陈希芳：雍正《云龙州志》卷六"盐政"。

还有部分修于民国时期，这同当地盐业和矿业在清代有很大发展密切相关。

总的来说，云龙境内的桥因盐而兴，种类繁多，为当地的盐及其他物资的运输提供了良好的交通条件。

第二节 从聚落到民俗：
盐在地方多元文化中的比较分析

一、制盐村落的格局及各类建筑

盐能促进聚落的形成，这已经为学界所公认。当人们发现盐卤之后，盐的特殊性使得盐的生产有较强的吸引力，于是但凡觉得有盐利可图的群体，都争相获得盐的生产权，这样人口便不断聚集起来。以制盐为主的村落，先有世居人民，后有因盐而来的生产者或交换者。当盐业达到一定规模的时候，国家力量开始渗透。此时盐官作为国家代理人进入当地。当这个村落的人口达到一定规模、文化程度不断提升之后，另一个群体也随之参与进来，这就是庙宇、道观中的出家人。从文献来看，我们不一定能掌握人口数量的变化，但是与人口聚集直接相关的各类建筑却是人口集中的体现。西藏自治区境内芒康县盐井村落以及云南省云龙县各制盐村落，其共同点都是盐促进了聚落的形成，但是各村落大小、格局、民居建筑、宗教信仰、盐场要项等有很大的差异。

（一）村落大小及其格局

从村落的繁华程度来看，滇西北的盐村比西藏自治区芒康县的盐村繁华。从人口来看，芒康县境内的晒盐三村（下盐井、上盐井、加达），人口分别为1150、735和1233；而昌都市类乌齐县吉亚村仅21户、109人；至于云龙境内的制盐村落，目前诺邓村2201人，宝丰村2791人，师井村1078人，顺荡村1600多人。可见，村落人口，云南盐村明显多于西藏境内的盐村。但是从地域来看，西藏境内的村落所占的面积比滇西地区大，这是由于西藏自治区境内地广人稀，很多地区并不适合种植或放牧。

图7-7　芒康县上盐井村天主教堂

芒康县的制盐三村和云龙县的各盐村同属澜沧江中上游，地处青藏高原的东部和东南部。二者均处在澜沧江峡谷之中，芒康县的盐井晒盐村落分布在峡谷的台地上，云龙县各盐村则分布在澜沧江主要支流沘江沿岸。芒康县的盐井和盐田海拔2200~2400米，云龙县各盐井海拔1450~2100米。

芒康县盐井各村的盐场设施（含盐井、盐田、盐仓等）远离盐民的住处，加达村的盐田离最近的村民住所仅七八十米，下盐井村的盐田离村子至少2千米，上盐井村距离该村的盐田在1.5千米左右。村落主要由房屋、土地和寺庙构成，各家各户较为分散，偶尔有几户人家集中在一起。因当地土地贫瘠，适合种植的土地并不多，人均可种植的土地仅仅0.5亩左右，耕地多数分布在房屋周围。在西藏自治区境内，人们多信仰佛教，但是西藏的佛教寺庙一般远离人口集中的村庄，历史上盐井地区记载有腊翁寺，在澜沧江西岸加达村后山的山顶上，2011年才被批准搬迁至盐井北部的曲子卡乡政府南面。盐井东岸有当地较为著名的寺庙——刚达寺，新建的庙址虽然离各村更近了，但是距离也在2千米以上。

芒康县的盐井因受中央直接管辖的年代较晚，设立盐官管理盐务已经是清末赵尔丰时期，因此汉族盐区修建的提举司、衙署、盐局等建筑在这里不见踪影，清末在此设立盐局，不过也只是租用当地的藏民房屋作为办公场所。或许是因为受经费以及环境所限，所以未能修建具有标志性的建筑。此外，在藏族聚居区是看不到龙王庙的，这是与其他地区最大的区别。据当地老人讲，清末法国传教士进入盐井，为了得到能修建教堂的土地想尽一切办法，但都未能如愿。一天，传教士和当地的头人商量，他想拥有一块牛皮大的土地。当地的头人一听，"牛皮大"的土地，传教士能拿来干什么，于是爽快地答应了。想不到，传教士将牛皮分了两三层，每层又分割成细小的皮条，最后粘起来，变成原来整张牛皮的好几倍大，于是拥有了可以修建教堂的土地。上盐井村的这个教堂成为如今西藏境内唯一的教堂。教堂的修建风格继承了西方的传统，同时又包含了藏式建筑的元素，非常有特色。

滇西的云龙县各盐村，村落同样由盐场设施、民居和庙宇等组成。但是这里的建筑不像西藏的盐村那样是各自分开的，它们都被统一起来，融入村落之中，看起来更像是一个整体。走进诺邓村，首先映入眼帘的是诺邓河南侧的古盐井，这里是古村最低的地方，其海拔为1880米，比诺邓村最高的地方（玉皇阁）低110米，地理坐标为25°55′3″N，99°22′40″E。其他建筑则分布在诺邓河的南北两侧。北侧为山坡，有虎头之势，因此诺邓即为白语中"老虎"的发音。从古盐井到玉皇阁，高差120米的半山上分布着各类建筑。从诺邓河的北岸至大榕树段主要是民居，利用地势，依山而建，实为壮观。大榕树再往上，则接连出现如盐课提举司衙门旧址、祠堂、牌坊、玉皇阁、文庙、武庙等建筑。南岸顺河而上，先是卤水龙王庙，顺着石板路往上错落地分布着民居以及万寿宫、盐局等建筑。整个村庄错落有致，曾经盐业生产者、非盐业生产者、商人、僧侣、官差都在这片区域中生活。

（二）民居建筑

人类是地球上最具创造力的群体，人类经历了不断迁徙，逐渐到定居的过程。为了躲避风雨，人类首先修建了可居住的房屋。因此，无论哪个村落，民居建筑都是主体。

澜沧江上游芒康盐井的民居多数是藏式的，各家各户在建房这件事上都比较重视，当地人以房屋的规模来显示自己的社会地位以及经济情况。当地人告诉笔者，进入一个藏族家庭，只要看他们家房屋的柱子有多粗，就能判断这家人的经济情况。后来才得知，这个地区植被稀少，木料的砍伐和运输很不容易，往往一根大柱子运到家中，成本最高可达两三千元。这样从毛料到加工，修建一栋房屋，所用的材料费可以达到十几万元。

房屋内部通常为木结构，外墙为底宽上窄的土墙。该墙取当地房屋周围的沙土，一层一层往上用力夯实。顶部先用木料、石块铺成，再倒上泥土夯实。房屋的第一层通常用于关牲畜。第二层至第三层为家人住所，含客厅、客房、储物间。厨房有的家庭为单独一间，一般在客厅的一个角落。厕所也在第二层，一般是向外修建凸出的平台，用木柴四面围住，较为简单。加达村小溪的南侧，保留了几间旧式盐民的民居，还未走进，"康巴盐民旧居遗址"几个大字便映入眼帘。同上面介绍的藏式房屋比较，这些房子更为简单，房子主体结构用木架固定，墙体分两层，第一层用江边的鹅卵石砌成，石头之间的缝隙灌入泥浆，这样能使鹅卵石稳固。第二层则用木板固定，横竖搭配。木工师傅多用榫卯结构，而较少使用钉子来固定，包括窗子，也是木制的。屋顶则和当地的藏式房子相同。据了解，这种结构的房子由汉人修建，修建时间为民国时期。房子通常第一层堆放盐巴，第二层供盐工居住。

图7-8　康巴盐民旧居遗址

云龙境内各地的制盐村落，在发现盐泉之后，便不断吸引外来人口前来从事制盐业。随着人口不断聚集，村落不断扩大，各类建筑也不断出现。这些建筑，除了民居之外，还包括物质层面的如盐井、煮盐的场所，与之相关的还有盐业管理部门的建筑，如盐局、提举司、关卡阁楼等；而精神层面的建筑则主要包括宗教或民间信仰的场所，如庙宇、戏台、学堂等。

总体来说，诺邓村各类建筑凸显了白族文化，数量最多，保存较好，最为壮观。其次为宝丰井，民居建筑围绕盐井而建，各类白族民居排列整齐，保存较好。再后为大井村（现为象麓村），这里较有代表性的主要是清代入仕人家所建的民居。其他历史上产盐的村落，如师井、石门井、顺荡井、山井、天耳井等，所保存的古代建筑已经寥寥无几。

滇西云龙的民居建筑里，诺邓村和宝丰村有异曲同工之处，两村都是因盐而兴的村落，均以白族为主要民族，历史上都曾是五井盐业管理的中心，目前所保存的民居建筑多为云龙境内盐业最发达的明清两代所建。

诺邓村因盐而兴。据史料记载，其为云龙境内较早的产盐村落，《蛮书》中提及"剑川有细诺邓井"①，但是未见云龙境内其他盐井的记载。

图7-9 诺邓村"四合五天井"民居

---

① ［唐］樊绰撰、向达校注：《蛮书校注》，中华书局1962年版，第189-190页。

诺邓整个村子在通公路之前，仅靠马帮和外界联通。偏僻的地理位置使得这样的村落仿佛隐藏在山中一般。然而随着盐业的兴起，诺邓小村被拉到更大的区域社会之中，源源不断运出去的盐巴，不仅要满足本地区的需求，还要运往腾越之地，换回来的则是糖、布匹、食油等生活物资。

诺邓的民居样式主要是"四合院""四合五天井""三坊一照壁"以及较为特别的"一颗印"等。学界曾指出白族的民居建筑主要受汉文化的影响，"移民的进入及汉文化在云南的广泛传播，是汉式建筑影响、传入白族地区的社会背景。……不论是'三坊一照壁'还是'四合五天井'，或者是在此基础上形成的一进数院的'六合同春'，都属汉式合院体系，也就是说，都是在受汉族影响的基础上融合了本土建筑的特色而发展起来的"①。这就给云龙五井民居的建筑多数为明代之后所建提供了解释。关于诺邓族群的构成，无论是当地人，还是学者，都主要持"融合说"，即先有世居人民，后有外族因盐利或官宦任职而迁入。元之后，不断迁入的族人，使得诺邓卤权从当地人手里转到杨姓等外姓人手里。②明代是云龙县外来人口增加的重要时期，地方志则简要记载"自设流迁治后，汉人慕煎煮盐利，多寓焉"③。这使得诺邓村在元明清（主要是明代）形成了有二十多姓的村落。④

目前诺邓村仍保留着100多间明清两代民居建筑，在盐业较为发达的时期，诺邓是滇西北比较富裕的村落，"莫看这里至今无一间现代建筑，却是全县解放前唯一没有一间草房或木片、竹笆房的较大村落"⑤。随着山势变化，人们修建不同样式的民居，总体上呈现出与自然的和谐之美，各家各户又不拘一格，千姿百态，人们走在乡间石板上，总能发出赞叹之声。诺邓建筑还有一个重要的特点，即融入了很多文化符号，体现了一个村庄深厚的历史积淀。建筑工艺精湛、做工精美，一院民居，从照壁、大门到厅堂，所有

---

① 董秀团：《白族民居》，云南大学出版社2006年版，第9页。
② 黄金鼎、李文笔：《千年白族村——诺邓》，云南民族出版社2004年版，第51—52页。
③ 康熙《云龙州志》卷五。
④ 黄金鼎、李文笔：《千年白族村——诺邓》，云南民族出版社2004年版，第56页。
⑤ 黄金鼎、李文笔：《千年白族村——诺邓》，云南民族出版社2004年版，第4页。

的石、木、砖雕及彩绘都有很多寓意。①院落中的门、窗、梁、柱、檐都设计精巧，雕刻图案美观精细。

二、盐与地方饮食文化

（一）西藏盐井的加加面

青藏高原受气候条件限制，生产的作物有限。尽管如此，人们依然能烹饪美食，享受生活。在盐井，有一种"加加面"深受大家的喜爱，不仅当地人过上一段时间就要做一次，那些从外地来到盐井的游客也都要尝尝。加加面又称"家家面"或"加佳面"。显然，面的制作和盐井的文化是紧密联系的，当地人无论打酥油，还是做面，自然都少不了盐井盐这一重要的调味品。

图7-10 西藏盐井制作加加面②

面的制作也有一番讲究。先将当地海拔2500米的地方所产的麦子磨成精细的粉末，然后加水，揉成面，手工拉成细丝，放入水中。待客人来时，店家将面直接放入烧滚的水中，一小碗一小碗地盛出来。每碗再加入一些肉末和佐料。桌上摆放辣椒、藏香猪肉，此外还会摆一盘石子。第一次见到石子

---

① 黄金鼎、李文笔：《千年白族村——诺邓》，云南民族出版社2004年版，第4页。
② 照片由盐井工商所阿旺朗杰提供。

不免会觉得奇怪，石子放在餐桌上有何用意？原来客人可以吃完一碗拿出来一颗石子，最后数数究竟吃了多少碗。店里有规定，能超越前人的记录，则不仅此餐免费，还可以免费住宿一晚。

当客人开始吃面的时候，服务员站在旁边，一旦客人吃完碗中的面，立即添上一碗，一般量不大，一两口可以吃完。这样反复添加，便有了"加加面"的说法。因为面的质量好，又加上有当地的盐、藏香猪肉，味道鲜美，所以深受大家的欢迎。

图7-11 盐井加加面的辅料

加加面的来源还有一则传说：盐井部落时期有两个小头人来管理地方事务。一个叫格朗旺玖，他为人善良、忠厚老实，对百姓很好。所以过年的时候，各家各户都要请他去家里吃饭，结果他很为难。思来想去，最后他和大家说，要是去了你家，别的人家肯定心里不好受，也不利于大家团结，大家的好意又不好拒绝，所以决定每一户人家都去，但是吃的量不多，这样保证了每户人家都能吃到，大家也不会闹矛盾了。后来村里选了新的头人，但是对大家不好，人们很怀念

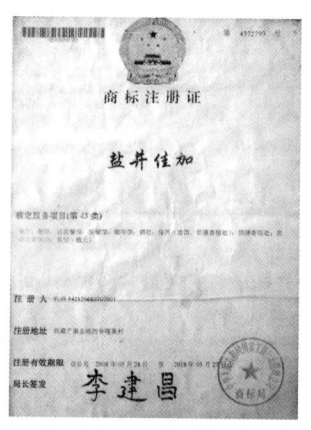

图7-12 加加面的注册商标

图7-13 盐井正宗加加面的屋内装饰

格朗旺玖,所以每当有客人到家,村民都拿加加面来招待,以示友好,所以又有"家家面"一说。此外,加加面比较长,也有和汉族地区竹子节节高类似的寓意,加加面也就有了长长久久、越过越好的意思。

据从小生活在拉萨、后来到芒康县盐井派出所工作的格桑顿珠介绍,拉萨也有加加面,不过是盐井人到拉萨开面馆,拉萨才开始有加加面的。但是相比较,人们觉得盐井的加加面味道更加正宗,大多数人认为,原因是盐井加加面的制作过程中放入的是盐井盐。

（二）滇西云龙的火腿

无论在哪个地方,使用盐来腌制食物以便长期保存都是较为传统的食物保存方式。人类较早采用腌制的方法来保存的食物,当属鱼类。在中坝遗址的考古发掘中,人们便发现古人有腌制鱼类的可能。[1]而西藏东南部的盐井、怒

---

[1] Rowan K. Flad: *Salt Production and Social Hierarchy in Ancient China*. Cambridge University Press, 2011: 7.

江贡山等地的民族也有腌制琵琶肉的习惯。①滇西的广大地区,当地白族和部分少数民族都有腌制火腿的习惯,长期以来火腿成为当地较有民族特色的佳肴。笔者从小生活在滇西北的澜沧江西岸,记忆中从小最期待过节,因为这个时候可以吃上大米,吃上火腿。每当大人将火腿切开的时候,就能闻到一股香味。笔者迫不及待地让父母切两片放入火塘中去烤,味道之美难以忘怀。此外,各家各户家中高高悬挂的火腿,在物质不丰富的年代里,是一种财富的象征。笔者在云龙调查期间,曾听到一则故事,大意如下:

> 有位父亲长期在山上居住,在那里开垦了一块土地,一年四季种植玉米、马铃薯等作物,因这块地海拔高,离自己家距离比较远,上山爬坡,几个小时才能到达。但是这里离另外的一个白族村庄比较近,于是老人经常到那个村庄去闲逛。有一次到一户人家,当时已是九、十月份,此时还未杀年猪,却见此户人家的房梁上高高悬挂着两只火腿,便觉得这户人家比较富裕,于是决定将自己的女儿许配给这户人家。想不到老人真的促成了两家联姻,将自己的四女儿嫁给了这户人家的三儿子。

滇西地区均有制作火腿的习俗,除了当地适宜的气候之外,主要还和当地产盐有关。直到今天,在当地人眼中,只有用当地产的盐才能制作出上等的火腿。制作火腿关键是先要选择肉质较好的后腿,很多人家也有将前腿一并腌制的习惯。腌制火腿也有几分讲究:一是选好日子杀猪。一般杀猪的这一天五行不要和家庭的主人相克,此外最好选择为火命的日子,这样火腿容易干,次为金命,最后为木命。若选了土命,则火腿容易生虫变质;若是水命,则火腿不容易干。二是选择的猪腿不宜过大,也不宜过小,30~40斤为宜。火腿过大则各种辅料难以入味,保存不好容易变质生虫;过小则不易长期保存。

制作火腿需要经过以下各个步骤:一是将猪腿认真地修理,使表面尽量平整,肉和骨头能紧密相连,骨肉之间的缝隙不宜过大。据有经验的老人介绍,容易生虫的地方往往是骨肉连接处。二是腌制,这又分两步。第一步为用盐腌制两到三天,以保证盐能全部渗透到肉里;第二步是取出盐腌制后

---

① 李何春:《动力与桎梏:澜沧江峡谷的盐与税》,中山大学出版社2016年版,第100页。

图7-14 诺邓盐村腌制的火腿

的猪腿,准备酒、辣椒以及茴香籽等辅料。腌制过程中,先用嘴含着酒,喷洒在猪腿的两面。然后洒上适量的盐,用力揉搓,反复几次之后,再次将辣椒、茴香籽等辅料擦在表面,这样盐和佐料将形成厚厚的一层"料衣"包裹火腿。也有一些地方在制作过程中不用辅料,仅仅用盐腌制。

  腌制好的火腿,早期人们多挂在房屋火塘的上方,烟熏一段时间之后,再移换到别的阴凉地方晾挂。如今,烧火塘的人家少了,便直接放到阴凉之处。腌制的火腿,存放三年为最佳,两年为次,一年的火腿味道差了许多。当地食用火腿的方式和烹饪方法较多,三年以上的火腿可以直接生吃。此外,可以直接煮,切片食用。也可以和莴笋等蔬菜一起炒,或同鸡肉一起炖,称为"火腿鸡"。也有人制作火腿炒饭等。

笔者在滇西调查期间，看到无论是诺邓，还是师井，当地只要生产土盐，则腌制火腿定用当地的盐。在当地人看来，只有当地盐腌制的火腿其味道才正宗。诺邓有一家人，一边煮盐，一边腌制火腿，古老的"四合院"里挂了上百只火腿。主人热情介绍，他们所煮的盐质量最好，所以用这样的盐可以腌制出最好的火腿。他们家的火腿深受欢迎，大理、昆明等地的客人，经常远程定制火腿。120元/公斤的火腿可以直接通过快递运送到客人手中。门口摆放着诺邓的筒盐，每筒重量1公斤，价格7.5元。旁边放

图7-15 滇西火腿炖鸡

置的除了包装盒之外，还有主人的名片，右侧的门上则还挂有微信二维码。如今的诺邓在媒体的宣传之下，又逐渐恢复了历史上的繁荣，每天都有四面八方的游客来到诺邓，许多外地的车辆停在停车场。诺邓村的石板路上，总有观光者漫步。

整体来说，一个地方依靠产盐，可以形成与盐有关的饮食文化。人们依赖于当地的资源，尽量发挥盐的功能，将其融入生活当中。一定的地域文化及其特点，与当地的自然资源和自然禀赋紧密相关。人类一切生产实践和文明创造都是在现有社会存在的客观条件下进行的。各地区、各民族之间经济交流、文明交流互鉴，正是基于不同文明的独特性、多样性，从而造就了人类文明的交融与进步。通过上述分析，我们可以发现，这种现象无论在西藏，还是云南，都普遍存在。

参考文献

一、史料、地方志

[1] 司马迁. 史记［M］. 长春：吉林大学出版社，2015.

[2] 桓宽. 盐铁论校注：上册［M］. 增订本. 王利器，校注. 天津：天津古籍出版社，1983.

[3] 常璩. 华阳国志校注［M］. 修订版. 刘琳，校注. 成都：成都时代出版社，2007.

[4] 陈寿. 三国志［M］. 裴松之，注. 北京：中华书局，2005.

[5] 范晔. 后汉书人物全传：2 列传［M］. 方铭，点校. 北京：北京时代华文书局，2014.

[6] 樊绰. 蛮书校注［M］. 向达，校注. 北京：中华书局，1962.

[7] 刘煦，欧阳修，宋祁，等. 旧唐书［M］. 北京：中华书局，1997.

[8] 范成大. 桂海虞衡志校补［M］. 齐治平，校补. 南宁：广西民族出版社，1984.

[9] 欧阳修，宋祁. 新唐书［M］. 北京：中华书局，1975.

[10] 孛兰肹. 元一统志［M］. 赵万里，校辑. 北京：中华书局，1966.

[11] 陈文. 景泰云南图经志书校注［M］. 李春龙，刘景毛，校注. 昆明：云南民族出版社，2002.

[12] 李元阳. 大理府志［M］. 大理：大理白族自治州文化局，1983.

[13] 刘文征. 滇志[M]. 古永继, 点校. 昆明: 云南教育出版社, 1991.

[14] 李贤, 等. 大明一统志[M]. 西安: 三秦出版社, 1990.

[18] 南诏野史会证[M]. 倪辂, 辑. 王崧, 校理. 胡蔚, 增订. 木芹, 会证. 昆明: 云南人民出版社, 1990.

[16] 宋应星. 天工开物[M]. 上海: 商务印书馆, 1933.

[17] 谢肇淛. 滇略[M]. [出版地不详]: [出版者不详], [出版时间不详].

[18] 徐弘祖. 徐霞客游记[M]. 褚绍唐, 吴应寿, 整理. 上海: 上海古籍出版社, 2010.

[19] 段鹏瑞. 巴塘盐井乡土志[M]. 铅印本. [出版地不详]: [出版者不详], 1910 (清宣统二年).

[20] 朗一棨, 等. 安宁州志: 卷六[M]. [出版地不详]: [出版者不详], [出版时间不详].

[21] 刘邦瑞. 白盐井志[M]. 雍正八年影印本. 台北: 成文出版社, 1967.

[22] 倪蜕. 滇云历年传[M]. 李埏校点. 昆明: 云南大学出版社, 1992.

[23] 沈懋价. 康熙黑盐井志[M]. 李希林, 点校. 昆明: 云南大学出版社, 2003.

[24] 檀萃. 滇海虞衡志校注[M]. 宋文熙, 李东平, 校注. 昆明: 云南人民出版社, 1990.

[25] 王㴞. 云龙州志[M]. [出版地不详]: [出版者不详], 1719 (清康熙五十八年).

[26] 陈希芳. 云龙州志[M]. [出版地不详]: [出版者不详], [出版时间不详].

[27] 魏源. 魏源全集: 第8册[M]. 长沙: 岳麓书社, 2004.

[28] 张泓. 滇南新语[M]. 北京: 中华书局, 1985.

[29] 赵琪. 浪穹县志[M]//杨世钰, 赵寅松. 大理丛书方志篇: 卷7. 北京: 民族出版社, 2007.

[30] 周钺. 云南大理文史资料选辑: 地方志之六[M]. 大理白族自治州文化局, 1984.

[31] 靖道谟. 云南通志 [M]. 鄂尔泰，等，修. 扬州：江苏广陵古籍刻印社，1998.

[32] 吴承志. 太和县志 [M]. 邓建设，点校. 合肥：黄山书社，2014.

二、著作

（一）中文

[1] 巴卧·祖拉陈瓦. 贤者喜宴：吐蕃史译注 [M]. 黄颢，周润年，译注. 北京：中央民族大学出版社，2010.

[2] 北京大学中国考古学研究中心，北京大学震旦古代文明研究中心. 古代文明：第4卷 [M]. 北京：文物出版社，2005.

[3] 陈崇凯. 西藏地方经济史 [M]. 兰州：甘肃人民出版社，2008.

[4] 达仓宗巴·班觉桑布. 汉藏史集 [M]. 陈庆英，译. 拉萨：西藏人民出版社，1986.

[5] 陈征平. 民国政治结构变动中的云南地方与中央关系研究 [M]. 北京：中国社会科学文献出版社，2012.

[6] 陈自仁. 心灵的记忆：首批国家非物质文化遗产名录中的民间文学 [M]. 兰州：甘肃人民美术出版社，2012.

[7] 《楚雄州盐业志》编纂委员会. 楚雄州盐业志 [M]. 昆明：云南民族出版社，2001.

[8] 大姚县地方志办公室. 大姚县盐业志 [M]. 楚雄日报社印刷厂，2002.

[9] 德钦县志编纂委员会. 德钦县志 [M]. 昆明：云南民族出版社，1997.

[10] 董秀团. 白族民居 [M]. 昆明：云南大学出版社，2006.

[11] 段渝，等. 西南酋邦社会与中国早期文明 [M]. 北京：商务印书馆，2015.

[12] 方国瑜. 云南史料丛刊：第六卷 [M]. 昆明：云南大学出版社，2000.

[13] 方国瑜. 云南史料丛刊：第八卷 [M]. 昆明：云南大学出版社，2001.

[14] 方国瑜. 云南史料丛刊：第二卷 [M]. 昆明：云南大学出版社，1998.

[15] 方国瑜. 云南史料丛刊：第四卷 [M]. 昆明：云南大学出版社，1998.

[16]　方国瑜. 云南史料丛刊：第十二卷[G]. 昆明：云南大学出版社，2001.

[17]　方国瑜. 方国瑜文集：第1辑[G]. 昆明：云南教育出版社，2001.

[18]　方国瑜. 云南民族史讲义[M]. 昆明：云南人民出版社，2013.

[19]　方国瑜. 云南史料目录概说：中册[M]. 北京：中华书局，1984.

[20]　方国瑜. 中国西南历史地理考释[M]. 北京：中华书局，1987.

[21]　国家民委《民族问题五种丛书》编辑委员会，《中国民族问题资料·档案集成》编辑委员会. 中国民族问题资料·档案集成：第5辑　中国少数民族社会历史调查资料丛刊：第85卷　《民族问题五种丛书》及其档案汇编[M]. 北京：中央民族大学出版社，2005.

[22]　洪贤兴，郭红. 海洋盐文化[M]. 北京：中国大地出版社，2007.

[23]　黄国信. 区与界：清代湘粤赣界邻地区食盐专卖研究[M]. 北京：生活·读书·新知三联书店，2006.

[24]　黄健，程龙刚，周劲. 抗战时期的中国盐业[M]. 成都：巴蜀书社，2011.

[25]　黄培林，钟长永. 滇盐史论[M]. 成都：四川人民出版社，1997.

[26]　黄正良，张浚，杨瑀. 古镇宝丰[M]. 昆明：云南人民出版社，2008.

[27]　黄正良. 云龙桥梁文化[M]. 昆明：云南科技出版社，2012.

[28]　霍巍. 西藏西部佛教文明[M]. 成都：四川人民出版社，2000.

[29]　坚赞才旦，许绍明. 青藏高原的婚姻和土地：引入兄弟共妻制的分析[M]. 广州：中山大学出版社，2013.

[30]　降边嘉措. 《格萨尔》初探[M]. 西宁：青海人民出版社，1986.

[31]　兰坪白族普米族自治县盐矿. 兰坪盐业志[M]. 云南省怒江州新闻出版局内部资料，1993.

[32]　兰坪县志编纂委员会委员. 兰坪白族普米族自治县志[M]. 昆明：云南人民出版社，2003.

[33]　新纂云南通志：卷6[M]. 李春龙，王珏，点校. 昆明：云南人民出版社，2007.

[34]　李何春，李亚锋. 碧罗雪山两麓人民的生计模式[M]. 广州：中山

大学出版社，2013.

[35] 李何春. 动力与桎梏：澜沧江峡谷的盐与税［M］. 广州：中山大学出版社，2016.

[36] 李丽芳. 南诏国与大理国的兴衰［M］. 昆明：云南教育出版社，2012.

[37] 李仕彦. 记忆大井［M］. 昆明：云南民族出版社，2007.

[38] 李水城，罗泰. 中国盐业考古（第二集）——国际视野下的比较观察［M］. 北京：科学出版社，2010.

[39] 李水城，罗泰. 中国盐业考古（第三集）——长江上游古代盐业与中坝遗址的考古研究［M］. 北京：科学出版社，2013.

[40] 李文笔，黄金鼎. 千年白族村——诺邓［M］. 昆明：云南民族出版社，2004.

[41] 李晓岑. 南诏大理国科学技术史［M］. 北京：科学出版社，2010.

[42] 明史食货志校注［M］. 李洵，校注. 北京：中华书局，1982.

[43] 李中清. 中国西南边疆的社会经济（1250—1850）［M］. 林文勋，秦树才，译. 北京：人民出版社，2012.

[44] 凉山彝族自治州博物馆，成都文物考古研究所. 老龙头墓地和盐源青铜器［M］. 北京：文物出版社，2009.

[45] 梁太济，包伟民. 宋史食货志补正［M］. 杭州：杭州大学出版社，1994.

[46] 廖德广. 南诏国史探究［M］. 昆明：云南民族出版社，2006.

[47] 林超民. 云南郡县两千年［M］. 昆明：云南广播电视大学，1980.

[48] 林超民，王跃勇. 南中大姓与爨氏家族研究［M］. 北京：民族出版社，2002.

[49] 林超民，等. 西南稀见方志文献：第二十四卷［G］. 兰州：兰州大学出版社，2003.

[50] 林耀华. 民族学通论［M］. 修订本. 北京：中央民族大学出版社，1997.

[51] 新纂云南通志：卷5［M］. 刘景毛，文明元，王珏，等，点校. 昆明：云南人民出版社，2007.

[52] 刘淼. 明代盐业经济研究［M］. 汕头：汕头大学出版社，1996.

[53] 鲁正清. 唐代姚州都督府［M］. 昆明：云南人民出版社，2014.

[54] 陆复初. 昆明简史：上［M］. 昆明市印刷厂，1983.

[55] 陆韧. 元明时期的西南边疆与边疆军政管控［M］. 北京：社会科学文献出版社，2015.

[56] 罗二虎. 文化与生态、社会、族群：川滇青藏民族走廊石棺葬研究［M］. 北京：科学出版社，2012.

[57] 罗明义. 21世纪云南旅游业发展战略研究［M］. 昆明：云南大学出版社，2001.

[58] 吕思勉. 隋唐五代史：隋唐卷［M］. 武汉：华中科技大学出版社，2016.

[59] 马克思，恩格斯. 马克思恩格斯全集：第46卷上册［M］. 北京：人民出版社，1995.

[60] 芒康县地方志编纂委员会. 芒康县志［M］. 成都：巴蜀书社，2008.

[61] 缪坤和. 经济史论丛：一［G］. 北京：中国经济出版社，2005.

[62] 木芹. 云南地方史讲义：下册［M］. 昆明：云南广播电视大学，1983.

[63] 林振翰. 中国盐政纪要：上册［M］. 上海：商务印书馆，1930.

[64] 新纂云南通志7［G］. 牛鸿斌，文明元，李春龙，等，点校. 昆明：云南人民出版社，2007.

[65] 欧宗祐. 中国盐政小史［M］. 太原：山西人民出版社，2014.

[66] 全国人民代表大会民族委员会云南民族调查组，云南省少数民族社会历史研究所. 明实录·有关云南历史资料摘钞：上册卷一至卷十三［M］. 昆明：云南人民出版社，1959.

[67] 任乃强. 羌族源流探索［M］. 重庆：重庆出版社，1984.

[68] 任乃强. 任乃强藏学文集：中［M］. 北京：中国藏学出版社，2009.

[69] 任乃强. 任乃强民族研究文集［M］. 北京：民族出版社，1990.

[70] 任乃强. 西康图经：民俗篇［M］. 新亚细亚学会出版科，1934.

[71] 石硕. 青藏高原东缘的古代文明［M］. 成都：四川人民出版社，2011.

[72] 石硕. 西藏文明东向发展史［M］. 成都：四川人民出版社，1994.

[73] 舒瑜. 微"盐"大义——云南诺邓盐业的历史人类学考察［M］. 北京：世界图书北京出版公司，2010.

[74] 四川大学中国藏学研究所，四川大学历史文化学院. 中国藏地考古：卷1［G］. 成都：天地出版社，2014.

[75] 四川省巴塘县志编纂委员会. 巴塘县志［M］. 成都：四川人民出版社，1993.

[76] 四川省地方志编纂委员会. 四川省志：盐业志［M］. 成都：四川科学技术出版社，1995.

[77] 四川省民族研究所，《清末川滇边务档案史料》编辑组. 清末川滇边务档案史料：中册［M］. 北京：中华书局，1989.

[78] 宋良曦，林建宇，黄健，等. 中国盐业史辞典［M］. 上海：上海辞书出版社，2010.

[79] 唐仁粤. 中国盐业史：地方编［M］. 北京：人民出版社，1997.

[80] 陶菊隐. 北洋军阀统治时期史话：第3册 督军团叛变和复辟政变时期（1916年6月至1917年7月）［M］. 北京：生活·读书·新知三联书店，1957.

[81] 铁木尔·达瓦买提. 中国少数民族文化大辞典：西南地区卷［M］. 北京：民族出版社，1998.

[82] 王吉林. 唐代南诏与李唐关系之研究［M］. 台北：黎明文化事业股份有限公司，1976.

[83] 王俊良. 中国历代国家管理辞典［M］. 长春：吉林人民出版社，2002.

[84] 王明达，张锡禄. 马帮文化［M］. 昆明：云南人民出版社，1993.

[85] 王宁生. 中国西南民族的历史与文化［M］. 昆明：云南民族出版社，1989.

[86] 王云五，等. 新唐书·食货志四［M］. 上海：商务印书馆，1928.

[87] 文物编辑委员会. 文物集刊：2［M］. 北京：文物出版社，1980.

[88] 吴强，李培林，和丽琨. 民国云南盐业档案史料［M］. 昆明：云南民族出版社，1999.

[89] 西藏昌都地区地方志编纂委员会. 昌都地区志：上册［M］. 北京：

方志出版社，2005.

[90] 西藏自治区类乌齐地方志编纂委员会. 类乌齐县志［M］. 成都：巴蜀书社，2014.

[91] 西藏自治区社会科学院，四川省社会科学院. 近代康藏重大事件史料汇编：第一篇上［M］. 拉萨：西藏古籍出版社，2001.

[92] 西藏自治区文物管理委员会，四川大学历史系. 昌都卡若［M］. 北京：文物出版社，1985.

[93] 夏建军. 说盐与用盐：食盐知识与生活用盐经验［M］. 北京：人民军医出版社，2008.

[94] 徐新建. 西南研究论［M］. 昆明：云南教育出版社，1992.

[95] 杨成彪. 楚雄彝族自治州旧方志全书：大姚卷上册［M］. 昆明：云南人民出版社，2005.

[96] 杨成彪. 楚雄彝族自治州旧方志全书：禄丰卷下册［M］. 昆明：云南人民出版社，2005.

[97] 杨福泉. 纳西族与藏族历史关系研究［M］. 北京：民族出版社，2005.

[98] 杨铭. 唐代吐蕃与西域诸族关系研究［M］. 哈尔滨：黑龙江教育出版社，2014.

[99] 杨汝梅. 民国财政论（全一册）［M］. 上海：商务印书馆，1927.

[100] 杨世钰，赵寅松. 考古文物篇：卷二［M］. 昆明：云南民族出版社，2009.

[101] 尤中. 尤中文集：第2卷［M］. 昆明：云南大学出版社，2009.

[102] 袁见齐. 袁见齐教授盐矿地质论文选集［M］. 北京：学苑出版社，1989.

[103] 袁晓文. 藏彝走廊：文化多样性、族际互动与发展：上［M］. 北京：民族出版社，2010.

[104] 云龙县宝丰古镇历史文化暨董泽研究会. 古镇宝丰：历史文化研究论丛：第一辑［M］. 昆明：云南科技出版社，2014.

[105] 云龙县宝丰古镇历史文化暨董泽研究会. 古镇宝丰：历史文化研究论丛：第二辑［M］. 昆明：云南科技出版社，2016.

[106] 云南大学历史系. 史学论丛：第四辑［M］. 昆明：云南大学出版社，1989.

[107] 云南省博物馆. 云南晋宁石寨山古墓群发掘报告［M］. 北京：文物出版社，1959.

[108] 云南省档案馆. 云南省档案馆指南［M］. 北京：中国档案出版社，1997.

[109] 云南省人民政府. 云南省志：卷四十七［M］. 昆明：云南人民出版社，2001.

[110] 云南省文物考古研究所. 云南考古文集——庆祝云南省文物考古研究所成立十周年［M］. 昆明：云南民族出版社，1998.

[111] 云南省云龙县志编纂委员会. 云龙县志［M］. 北京：农业出版社，1992.

[112] 《云南省志·盐业志》编纂委员会. 云南省志：卷十九［M］. 昆明：云南人民出版社，1993.

[113] 张刚，伍雄武. 云南民族关系的历史与经验［M］. 北京：社会科学文献出版社，2014.

[114] 张泓. 滇南新语［M］. 北京：中华书局，1985.

[115] 张银河. 盐与生活［M］. 郑州：河南人民出版社，2017.

[116] 张增祺. 滇国与滇文化［M］. 昆明：云南美术出版社，1997.

[117] 张增祺. 滇文化［M］. 北京：文物出版社，2001.

[118] 张增祺. 中国西南民族考古［M］. 昆明：云南人民出版社，2012.

[119] 章艺. 玉龙雪山的神药［M］. 昆明：云南大学出版社，2014.

[120] 赵秉理. 格萨尔学集成：第四卷［M］. 兰州：甘肃民族出版社，1994.

[121] 赵敏. 隐存的白金时代：洱海区域盐井文化研究［M］. 昆明：云南人民出版社，2011.

[122] 赵心愚. 纳西族历史文化研究［M］. 北京：民族出版社，2008.

[123] 赵寅松. 白族文化研究（2001）［M］. 北京：民族出版社，2002.

[124] 中共云龙县委，云龙县人民政府. 云龙风物志［M］. 潞西：德宏民

族出版社，2008.

[125] 中国第二历史档案馆. 中华民国史档案资料汇编：第三辑［G］. 南京：江苏古籍出版社，1991.

[126] 中国地方志集成：西藏府县志辑［G］. 成都：巴蜀书社，1995.

[127] 中国人民政治协商会议云南省云龙县委员会文史资料研究委员会. 云龙文史资料：第2辑［G］.［出版地不详］：［出版者不详］，1987.

[128] 中国人民政治协商会议云南省云龙县委员会文史资料研究委员会. 云龙文史资料：第4辑［G］.［出版地不详］：［出版者不详］，1990.

[129] 中国社会科学院考古研究所. 新中国的考古发现和研究［M］. 北京：方志出版社，2007.

[130] 中国社会科学院历史研究所清史研究室. 清史论丛：第5辑［G］. 北京：中华书局，1984.

[131] 中国社会科学院民族研究所西藏少数民族社会历史调查组所. 昌都地区社会调查材料专册（初稿）［G］.［出版地不详］：［出版者不详］，1964.

[132] 云南省志编纂委员会办公室. 续云南通志长编：中册［M］. 云南省科学技术情报研究所印刷厂，1986.

[133] 中山大学历史系孙中山研究室，广东省社会科学院历史研究所，等. 孙中山全集：第七集［G］. 北京：中华书局，1985.

[134] 朱霞. 云南诺邓井盐生产民俗研究［M］. 昆明：云南人民出版社，2009.

[135] 《藏学研究论丛》编委会. 藏学研究论丛：第三辑［G］. 拉萨：西藏人民出版社，1991.

[136] 曾凡英. 盐文化研究论丛：第六辑［G］. 成都：四川人民出版社，2013.

[137] 曾仰丰. 中国盐政史［M］. 郑州：河南人民出版社，2016.

（二）译著

[1] 石泰安. 川甘青藏走廊古部落[M]. 耿昇, 译. 成都：四川民族出版社, 1992.

[2] 石泰安. 西藏的文明[M]. 耿昇, 译. 北京：中国藏学出版社, 2012.

[3] 查尔斯·巴克斯. 南诏国与唐代的西南边疆[M]. 林超民, 译. 昆明：云南人民出版社1988.

[4] 罗伯特·C. 尤林. 陈年老窖：法国西南葡萄酒业合作社的民族志[M]. 何国强, 译. 昆明：云南大学出版社, 2012.

[5] 西敏司. 甜与权力——糖在近代历史上的地位[M]. 王超, 朱建刚, 译. 北京：商务印书馆, 2010.

[6] 马可波罗. 马可波罗行纪[M]. 沙海昂, 注. 冯承钧, 译. 北京：商务印书馆, 中国旅游出版社, 2016.

三、论文

[1] 安新固. 西藏的盐粮交换[J]. 西藏研究, 1982 (3).

[2] 陈伯桢. 中国早期盐的使用及其社会意义的转变[J]. 新史学, 2006 (4).

[3] 陈德安. 试论川西石棺葬文化与辛店文化及"唐汪式"陶器的关系[J]. 四川文化, 1989 (1).

[4] 陈然. 我国西南市场上曾流通的一种特殊货币——盐币[J]. 中国钱币, 1997 (4).

[5] 陈万勇, 范贵忠, 于浅黎. 西藏吉隆盆地上新世沉积相、粘土矿物特征及古气候[J]. 古脊椎动物与古人类, 1997 (4).

[6] 崔克信. 盐井县之地质及盐产调查[J]. 西康经济季刊, 1944 (8).

[7] 东旺·琪岭陪楚. 中甸尼西石棺葬发掘记[J]. 中甸县志通讯, 1988 (2).

[8] 多杰才旦. 试述十七条协议的伟大历史意义[J]. 民族研究, 1991 (4).

[9] 高星. "元谋人"的年龄及相关的年代问题讨论［J］. 人类学学报，2015（4）.

[10] 哈比布. 古水水电站西藏境内淹没区考古调查简报［J］. 西藏研究，2010（2）.

[11] 何凤娟. 云龙古桥发展的历史人类学考察及其价值研究［J］. 黑龙江史志，2012（15）.

[12] 何珍如. 康熙时期的云南盐政［J］. 中国历史博物馆馆刊，1983（5）.

[13] 何珍如. 明代云南的盐政［J］. 中国历史博物馆馆刊，1987（10）.

[14] 和丽琨，张卓玛. 张冲与"移卤就煤"［J］. 云南档案，2008（4）.

[15] 胡承志. 云南元谋发现的猿人牙齿化石［J］. 地质学报，1973（1）.

[16] 贾兰坡. 我国西南地区在考古学和古人类研究中的重要地位［J］. 云南社会科学，1984（3）.

[17] 坚赞才旦，王霞. 百味之首在澜沧江源头——青海囊谦泉盐产销调查［J］. 青海民族研究，2018（1）.

[18] 李何春. 清末川边改土归流时期巴塘"凤全事件"的起因及其影响［J］. 西藏研究，20017（6）.

[19] 李何春. 清末川边改土归流时期赵尔丰盐业改革措施及其意义［J］. 中国边疆史地研究，2016（2）.

[20] 李坚尚. 盐粮交换及其对西藏社会的影响［J］. 西藏研究，1994（1）.

[21] 李正亭. 明代云南开中盐法及其社会影响析论［J］. 四川理工学院学报（哲学社会科学版），2013（3）.

[22] 罗二虎. 试论青衣江上游的石棺葬文化［J］. 四川大学学报，1999（3）.

[23] 马琦. 清前中期云南盐税的定额、实征与奏销［J］. 盐业史研究，2018（2）.

[24] 潘绪源. 盐源盐业的发展沿革［J］. 盐业史研究，1988（3）.

[25] 任乃强. 说盐［J］. 盐业史研究，1988（1）.

[26] 盛茂产. 力主云南盐政改革的谷际岐［J］. 盐业史研究，1995（4）.

[27] 石硕. 西藏石器时代的考古发现对认识西藏远古文明的价值［J］. 中国藏学，1992（1）.

[28] 史文. 古羌人的起源及其迁徙［J］. 民族论坛，1987（2）.

[29] 四川成都文物考古研究所，四川凉山博物馆. 四川盐源县古代盐业与文化的考古调查［J］. 南方文物，2011（1）.

[30] 童恩正. 四川西北地区石棺葬族属试探——附谈有关古代氐族的几个问题［J］. 思想战线，1978（1）.

[31] 童蒙正. 各省截留盐税与中央财政的影响［J］. 现代评论，1926（74）.

[32] 武晓芬. 清代及民国云南盐政变化与地方经济的关系［J］. 中国经济史研究，2004（3）.

[33] 谢本书. 移卤就煤：云南盐业史上的创举［J］. 盐业史研究，1991（4）.

[34] 谢辉，江章华. 岷江上游的石棺墓［J］. 四川文物，2002（1）.

[35] 杨文顺. 唐代麽些蛮与吐蕃、南诏关系初探［J］. 云南师范大学学报，2003（3）.

[36] 佚名. 盐井县纪要［J］. 边政，1931（6）.

[37] 尤中. 滇国及其境内外的民族［J］. 思想战线，1999（6）.

[38] 尤中. 古滇国、夜郎考［J］. 史学史研究，1989（1）.

[39] 张从伟，高东林，张西营，等. 兰坪—思茅盆地与楚雄盆地古新统含盐系地球化学特征对比［J］. 盐湖研究，2011（3）.

[40] 刘杏改. 从青海考古发掘看古羌族文化与中原文化的融合［J］. 青海师范大学学报，2003（3）.

[41] 赵小平. 略论清代云南盐税及其变化［J］. 盐业史研究，2008（4）.

[42] 赵心愚. 吐蕃入滇路线及时间考［J］. 西藏民族学院学报，2004（4）.

[43] 周猛. 藏西北牧区的盐粮交换［J］. 中国民族，2012（5）.

[44] 朱霞.《滇南盐法图·安宁井》的图形与技术文献志研究［J］. 西北民族研究，2010（4）.

[45] 朱霞. 从《滇南盐法图》看古代云南少数民族的井盐生产［J］. 自然科学史研究，2004（2）.

[46] 佐伯富. 中国盐政史研究［J］. 夏宏钟，译. 盐业史研究，1990（3）.

四、报纸

[1] 次旦卓嘎. 国家文物局在昌都地区芒康县实地调研［N］. 西藏日报，2009-09-22（2）.

[2] 滇边政闻录［N］. 申报，1916-09-17（6）.

[3] 滇省内部情形之别讯［N］. 申报，1916-02-28（6）.

[4] 冯汉骥. 岷江上游的石棺葬文化［N］. 工商导报，1951-05-20.

[5] 时局危难中之财政问题［N］. 申报，1916-02-28（6）.

[6] 温凯，龚生全. 芒康县旅游收入破千万元大关［N］. 西藏日报，2010-02-02（5）.

[7] 战争中之滇黔盐务谭［N］. 申报，1916-02-29（6）.

[8] 张晓凌. 西藏尼阿木底旧石器遗址考古获重要发现——系青藏高原腹地首次发现的具有确切地层和年代学依据的旧石器时代考古遗址［N］. 中国文物报，2017-03-10（8）.

后记

记得2011年8月，我进入滇西北地区的羊拉乡从事田野调查，那是第一次接触到心目中向往已久的地方。此后，为了完成学位论文，我便不断深入川滇藏交界区，寻找自己的研究方向，最终确定将青藏高原的藏红（白）盐作为研究对象，分析不同历史时期，围绕盐及其相关的税收，地方政权同国家是如何进行互动的，从此和盐有了不解之缘。如今，我的研究区域已经不再局限于西藏东部的盐井，而是拓展到青海省南部玉树州囊谦县的8个盐场，西藏自治区昌都市类乌齐县的吉亚盐田，滇西北云龙县的8个盐村、兰坪县的啦井镇以及楚雄州境内的黑井镇等制盐古镇古村。

通过对澜沧江源头、上游以及中下游地区各盐场的分析，我发现这一流域具有丰富的盐业资源。古老而传统的制盐技术以及多民族之间因盐而起的互动关系值得民族学者进一步去探索。这让我感叹于历史上西南边疆地区的民族（族群）和其他地区人们之间的互动形式是可以通过盐这一特殊的产品来实现的。这是我热衷于盐业相关问题研究的强大动力。

此书付梓之际，首先要感谢引领我进入青藏高原相关问题研究队伍的中山大学何国强教授（藏名坚赞才旦）。其次，回想起2014年10月我参加中国盐文化研究中心在自贡举办的"川盐古道与区域发展"学术研讨会。在会上，我有幸认识了北京大学考古文博学院李水城教授。李教授主要从事盐业考古，先后和欧美等国家的学者合作开展过一些项目，是国内这个领域的专家。会后，我同李水城教授保持了一定的联系。一天，李教授发来邮件，邀请我参加由他主编的"中国盐业考古与盐业文明"丛书的撰写。那一刻，我从内心来说还是愿意承担起该项任务的，毕竟这是一次提升自我的好机会。但是仔细思考后，还是有些顾虑。毕竟我有繁重的教学任务，此项工作时间紧，任务重，恐难以完成。后来我还是在李水城教授的再三鼓励之下接下此项工作，有点赶鸭子上架的感觉。书稿写作断断续续地进行，除了教学时间，脑子里随时都在想如何将此项任务完成得更加出色。不过越到书稿写作后期，越觉得完成这项任务并不容易。尽管如此，还是硬着头皮坚持。大年初三，人们沉浸在新春的热闹喜庆中，我则埋头投入本书的写作和修改之中。今天，心中的这块石头才得以落下。

鄙人研究青藏高原的民族问题，至今已有7个年头，9次进藏，2次进青海，5次到滇西调查。每一次都有新的收获和认识。关于盐的问题，我从西藏境内芒康县盐井村的传统晒盐业开始，顺藤摸瓜，不断南下北上，从中游到上游，再到下游，不断深入调查当地的制盐技艺，思考地方文明如何通过盐这一特殊的物质来展演。有些盐场，如青海的囊谦盐场、西藏自治区的吉亚盐田以及盐井，可以让人们一睹高原盐场的风采，而滇西早期采用煮盐法制盐的一些盐场只能从文献中去解读，到田野中去感知。

盐的重要性，自人类诞生开始，便显现出来，并在很长的历史时期里扮演着重要的角色。盐可以说是族群交往的基础，能有效地促进各民族之间的合作和交流。盐自汉代成为国家严格管控的对象以来，政治性的含义、政治组织的介入，又在一定程度上刺激着盐业生产的发展。因此，人口、制度、技术作为互动影响的多重变量，推动着人类文明的演进。所以，以盐作为主线，从人类学的角度来解读民族史、区域史，具有一定的认识基础，并可在文献中找到相关的证据。而那些文献记载相对缺乏的地方，传统盐业的持续性生产又为此提供了良好的契机。这是研究澜沧江流域盐业史最好的时代。

完成此书，首先要感谢云南民族大学姚顺增教授一直以来的鞭策和鼓励。其次要感谢田野中给予我极大帮助的朋友，他们是西藏自治区芒康县的格桑顿珠、阿旺郎杰、吴飞、扎西顿珠、仁青顿珠、扎西央宗、邓培、边巴卓玛、白玛、蒋枝秀、鲁仁第、曲杰尼玛以及报道人罗松，类乌齐县的甲桑卡乡迟鹏杰书记；青海省囊谦县的学麦、丁达、尕桑才仁、桑宝、尕玛代青以及才巴求宗；云南省德钦县的沈秋林，云龙县的施晓文、李雪玲、杨利斌、杨伟飞、杨泽春、陈俊峰、杨佳、何彦源、李京锋、徐寿玲、叶文馨、杨玉琼、尹川城、尹川梅以及赵灿清老师、杨继华老师。感谢云龙县文体局原局长张启发在调研期间提供的重要文献以及对云龙县地方文化的深入介绍。感谢宝丰镇文化站的杨兴源站长，在我于宝丰调查期间提供帮助。还要感谢我的学生黄敏玲，其在文献校对方面做了一些工作，并同熊卜杰、陶彦孜两位同学参加了2018年底滇西北各盐村的调查。同时，熊卜杰、陶彦孜两位同学也参与了部分资料的整理以及文献的查阅。感谢云南省档案馆、云南省图书馆、云龙县档案馆、兰坪县档案馆在我查阅文献过程中提供了友好的帮助。

国内盐业相关问题的研究领域已有很多成果。近些年，边疆民族地区的盐业已经成为学者关注的话题，但是从民族学、人类学视角去看待边疆地区的传统盐业与地方社会的文明关系，还有继续深入研究的空间。这些年，我一直在坚赞教授鞭策下努力前行，试图把研究藏族聚居区及澜沧江流域的民族作为一项学术任务，我在很多方面还需要进一步努力提升，恳请各位同仁批评、指正。

李何春
2018年8月7日成稿于南宁
2019年2月15日修改于昆明